商品归类精要

陈征科 著

復旦大學出版社

内容简介

本书基于对《商品名称及编码协调制度》的研究以及作者多年实践经验所著。书中论述主要根据2019年《中华人民共和国进出口税则》、2017年版《进出口税则商品及品目注释》及 Harmonized Commodity Description and Coding System Explanatory Notes (6th ed.)展开，并兼有部分有关本国列目的讨论。

本书突破了同类书籍按类、章编排的传统格局，以专题形式自成体系，有的放矢。全书分为启蒙篇、应用篇、研究篇和杂说篇四个部分，包含文章百余。书中所述不少都是在实践中长期困扰归类工作者的"沉疴痼疾"，如酸乳、塑料硬管、机床附件的界定方法等。因在成书过程中参考并引用了各类标准、专业书籍、学术文献等多方资料，本书包含了许多《税则》及《税则注释》所没有的丰富信息，故可供海关在职归类人员、报关企业相关人员学习使用，或作为高校海关管理专业和报关、物流、国际货运等专业学习商品归类的参考读物，亦可供咨询业、法律服务业人士及相关领域的专家学者研究参考。

前 言

本书基于对《商品名称及编码协调制度》的研究以及作者多年实践经验所著。书中论述主要根据 2019 年《中华人民共和国进出口税则》、2017 年版《进出口税则商品及品目注释》及 Harmonized Commodity Description and Coding System Explanatory Notes（6 th ed）展开，并兼有部分关于本国子目与商品编码的讨论。此外，本书亦引用各类标准、专业书籍与文献资料为据，这些资料均应以标注版本为准。读者在使用本书时应充分考虑各种版本更替和修订的因素。

一、本书的内容

本书既名"精要"，故意在求精，而非求全。

本书突破了同类书籍按类、章编排的传统格局，以专题形式有的放矢，总体分为启蒙篇、应用篇、研究篇和杂说篇四部分内容。

启蒙篇由两部分组成：一是介绍了归类研习的一般方法；二是对常见归类难疑及重点商品进行了整理。该篇是理解应用篇和研究篇，尤其是研究篇的基础，建议比照《税则》与《税则注释》反复阅读，直至基本掌握。

应用篇包含归类应用类文章 50 余篇，涵盖了动植产品、食品饮料（动植食品分），生物产品、化工产品、材料商品（生化材料分），以及机电商品、交通工具、仪器设备（机电仪器分）。该篇以实践中常见商品的归类为主要内容，适合一般的归类工作者参考。

研究篇包含归类研讨类文章 60 余篇，包括对疑难商品与条款的深入探讨（商品研究分），归类规则与原则的逻辑思考（规则研究分），以及注释译文与原文的语义比较（译文研究分）。该篇在内容上直击灵魂，原创度极高，为本书的精华部分，较适合具备一定商品归类知识基础与工作经验的读者。

杂说篇包含归类杂谈类文章 10 余篇，其中既有对商品归类全新角度的思辨（归类新语分），也有个人与归类相关的才情抒展（归类才情分）。该篇虽

无关具体归类业务,却亦不乏具启发之言句,以供读者参考。

二、本书的使用

本书以专题形式自成体系,可单独使用,也可配合《税则》与《税则注释》进行比照阅读,可顺序浏览,亦可择要反复精读。 某些文章或在内容上互有关联,或是对同一问题不同角度之阐述,故具有相互注解的效果。

书中各篇内容的编排顺序与协调制度目录基本一致,故本书也具有一定的"工具书"属性,可供海关在职归类人员、报关企业相关人员学习使用,或作为高校海关管理专业和报关、物流、国际货运等专业学习商品归类的参考读物。

此外,因在成书过程中参考并引用了多方资料,本书还包含了许多《税则》及《税则注释》所没有的丰富信息。 同时,书中所述不少问题都是在实践中长期困扰归类工作者的"沉疴痼疾",故本书也可供咨询业、法律服务业人士及相关领域的专家学者研究参考。

三、本书的不足

本书引证有余,通达不足,论述角度虽新,却不乏僻词涩句,不少内容还有待精简,为读者理解带来了一定困难。 同时,本书主要研究对象为归类技术及相关的商品学,未涉及有关税率或监管条件的讨论。 另鉴于书中所涉部分内容在实务中尚存争议,故对此类问题的阐述均只代表作者的个人观点。

再次强调,本书属学术性质的著作,其中观点仅供实际工作与学习参考,不同观点在措辞和编排上的差异并不代表对某种观点的倾向性。 书中所涉有关条文的解释及商品的归类在实际操作中均应以相关法律法规、规定以及中国海关的官方意见为准。 同时,由于作者水平有限,书中难免存在不足与疏漏之处,欢迎广大读者批评指正。

2019 年 7 月

全书的脉络

《商品归类精要》既是理论研究与实践应用的结合,也是作者研习商品归类的心得,因此全书的基本脉络是由《启蒙篇·归类研习要略》一文提出之商品、规则、语义所构成的。

商品部分内容见于应用篇与研究篇之商品研究分。应用篇所述涵盖动植食品、生化材料与机电仪器,符合日常归类实践,故篇名"应用"。商品研究分主以商品为研究对象,辅以注释条款的讨论,故虽名"商品研究",实亦包含对列目之解析。

规则部分以《研究篇·规则研究分·商品归类的映射过程和"二分法"原则》提出之"列名法"与"筛选法"为基础。按列名归类之要点在于对商品属性、列目范围及条文适用性的精准掌握,故其本质与商品研究相通。"筛选法"是在某一商品按不同条款看上去可归入多个商品编码时,按适用顺序筛选编码的过程,又包括单纯筛选与复合筛选两种情况。单纯筛选是单一标准的筛选,包括具体列名、基本特征、从后归类、排他条款、另有规定五种标准;复合筛选是基于"互排性"建立的标准,其本质为特别规定优先于一般的规定。

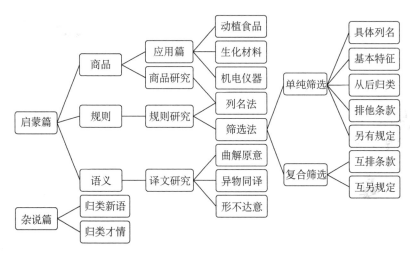

语义部分的研究对象主要为协调制度及其注释译文与原文的关系。对协调制度的翻译，一般采取直译，偶尔采用意译，但应避免形式主义的硬译和自由主义的滥译。存在问题的译文，其差缪可大致归结为曲解原意、异物同译和形不达意三类。

目 录

001　协调制度与商品归类概述

⚓ 启蒙篇

005　归类研习要略

009　归类难疑串解

029　重点商品串珠

⚓ 应用篇

动植食品分

041　杂碎的归类

042　帝王蟹的归类

043　鱿鱼的生物分类与商品归类

045　奶粉的归类

047　发酵乳的归类

048　蜂蜜、蜂王浆及相关产品的归类

051　"麝香草"和"麝香植物"的区别与归类

052　菊科植物的生物分类与商品归类

054　茶的归类

056　绿茶制品的归类

057　油脂加工工艺及相关产品的归类

059　苦杏仁油和甜杏仁油的归类

061　大豆油脱臭馏出物的归类分析

063　月饼的归类

065　保健品的归类

067　饮料酒的归类

070　果蔬汁型啤酒的归类分析

生化材料分

073　氯化钠水溶液的归类

075　羟胺及其盐和衍生物的归类

076　过磷酸钙和钙的磷酸盐的区别与归类

077　磺（酰）胺、氨基磺酸和硫酰胺的区别与归类

079　氨基酸的归类

081　核苷酸和核酸的区别与归类

083　β-内酰胺酶抑制剂的作用机理与归类

086　糖的概念与归类

088　生物样本及相关产品的归类

089　细胞产品的归类

091　多克隆抗体的归类分析

092　利那洛肽的归类分析

094　涂料的归类

095　表面活性剂的作用机理与归类

098　去油污（脂）剂的作用机理与归类

101　蜡在协调制度的分布与归类

104　改性聚合物的归类

106　复合材料制品的归类

108　人造革的归类

110　强化木地板的国家标准与归类

112　首饰的材质构成与归类

115　安全别针和回形针的区别与归类

机电仪器分

116　机器或机械器具用刮刀的归类

118　自动导引车 AGV 的归类

121　阴模模内成型模具的归类分析

123　滚动轴承、滑动轴承和轴承座的归类

126　汽车轮毂轴承单元的演化与归类

128　空中防撞系统的归类分析

130　取像模块的结构与归类

132　几种美容仪的归类

134　CT 和 ECT 的原理与归类

137　水陆两用自推进式机器的归类分析

141　机动车辆发动机、驾驶室、底盘及其组合体的归类

143　几种带轮产品的归类

研究篇

商品研究分

149　酸乳和其他发酵乳的区别研究

151　协调制度所称"谷物"的范围研究

153　绿茶浓缩液和茶多酚的工艺对比研究

156　两种油脂"脱水"工艺的比较研究

157　子目 2202.1 和 2202.9 的商品范围及区别研究

163　25.30 品目注释和第七十一章附录所列"天青石"的区别研究

165　烯丙菊酯和炔丙菊酯的归类与列目研究

167　"抗血清"和"免疫制品"的区别研究

169　酶联免疫吸附分析诊断试剂盒的归类研究

172　挥发性有机溶剂的界定标准研究

174　有机表面活性剂的亲水性研究

178　"共聚物"和"化学改性聚合物"的关系研究

- 182 聚乙烯醇缩醛归类思路的比较研究
- 183 塑料硬管的界定标准研究
- 184 热带木与红木范围的比较研究
- 187 44.20和94.03品目注释所列"衣帽架"的区别研究
- 189 第七十一章未列"宝石"种类的研究
- 194 83.02和87.08品目注释所列"脚踏板"的区别研究
- 195 提升机、卷扬机和曳引机的商品范围及区别研究
- 198 磨床、研磨机和砂轮机的商品范围及区别研究
- 202 84.79品目注释所列"发动机启动器"的商品范围研究
- 204 子目8480.71"注模或压模"的商品范围研究
- 211 "滑轮"和"滑轮组"的商品范围研究
- 213 "磁化后准备制永磁铁的物品"的商品范围研究
- 214 85.15品目注释所列两种"焊头"的区别研究
- 216 85.33和85.41品目注释所列"变阻器"的区别研究
- 218 混合集成电路和多元件集成电路的比较研究
- 221 子目9031.20"试验台"的商品范围研究
- 228 品目90.32下两类自动控制仪器及装置的比较研究

规则研究分

- 233 商品归类的映射过程和"二分法"原则
- 240 商品归类中的规则和原则
- 243 "逐级归类"原则应用案例集解
- 245 "具体列名"原则的比较研究
- 248 "基本特征"原则的比较研究
- 250 "从后归类"原则的比较研究
- 253 商品归类的"互排条款"研究
- 256 品目条文包含"基本特征"的现象研究
- 258 总规则三(二)于多功能货品的适用性研究
- 261 我国子目层级的归类条款适用顺序研究

267　互变异构体的归类规则研究

271　品目 30.02 所称"免疫制品"之商品范围注疏

272　聚合物混合体子目归类规则注疏

273　"合成橡胶"注释条款注疏

275　功能和用途的区分与归合

278　零件归类的"最小单元"原则研究

281　组合货品作为零件的归类原则研究

283　机器零件和功能机组的"列名"原则研究

286　"功能机组"于"零件"品目的适用性研究

287　齿轮及齿轮传动装置注释条款注疏

288　装有工作机器的机动车底盘或货车归类规则注疏

译文研究分

290　注释译文差缪综述

298　注释译文的"异物同译"现象研究

302　含"whether…or…"结构的注释译文研究

305　含"not…and…"结构的注释译文研究

306　非天然苷的注释译文研究

308　印刷油墨的注释译文研究

310　化学改性聚合物的注释译文研究

311　石墨或其他碳精制品的相关译文研究

314　陶瓷的分类及相关品目的译文研究

315　功能机组英汉版注释的对比研究

317　机床用零件、附件的相关译文研究

322　机床用磁性夹具的注释译文研究

323　装有工作机器机动车辆的注释译文研究

325　水平仪和水准仪的区分标准及相关译文研究

327　X 射线断层检查仪的注释译文研究

杂说篇

归类新语分

- 331 归类行文略讲
- 333 归类应试论集
- 341 商品归类的三要素
- 342 智能化归类前瞻

归类才情分

- 344 联想记忆法
- 345 商品归类与熵
- 346 商品归类的体用观
- 347 商品归类和十二星座
- 353 两小儿辩归类
- 354 直译、意译与妙译
- 355 归类至人

附录

- 359 归类水平趣味自测
- 367 参考文献

协调制度与商品归类概述

商品名称及编码协调制度（The Harmonized Commodity Description and Coding System），又称协调制度（Harmonization System, HS），是一个用于对贸易产品进行分类的国际标准化目录及编码系统。《协调制度公约》于1988年生效，此后由世界海关组织（WCO）制定和维护。

协调制度是将经济活动与商品类别逻辑整合的产物，分为21类、97章（包括一个空章）。通常情况下，协调制度的类、章是依据商品的制造程度或技术复杂性编排的，例如，活动物和植物这样的天然产品列于靠前的类，而机械仪器、交通工具等更为先进的商品则列于靠后的类。

协调制度中的商品编码由六位数字组成，前两位数字代表所在的章节（Chapter），前四位数字称为品目（Heading），第五和第六位数字则代表所在的子目（Subheading）。例如，商品编码3802.10是指第三十八章（杂项化学产品）中的品目38.02（活性碳；活性天然矿产品；动物炭黑，包括废动物炭黑）下的子目3802.10（活性碳）。

除了商品编码及对应的描述性条款之外，协调制度的很多类、章都包含相关的类注和章注，这些注释旨在明确货物的适当分类。例如，第一类的类注一规定："本类所称的各属种动物，除条文另有规定的以外，均包括其幼仔在内。"

《协调制度公约》允许各缔约方在六位商品编码下作进一步的细分，并根据各自的关税、统计等需求添加法律说明。缔约方一般将关税设定在八位的"税号"水平，与统计或监管相关的分类要求则通常设于八位税号之下，以构成总共十位或十位以上的商品编码。

确定商品编码的过程被称为"商品归类"，所有的商品都可依据归类总规则（GRI）归入相应的商品编码。某种商品应归入的编码通常由多种因素决定，包括其组成、状态、功能等。例如，新鲜的辣椒应归入子目0709.60，而辣椒粉应归入0904.22。

虽然所有的商品及商品的所有部分都能够在协调制度目录中进行归类，但

只有少数商品在协调制度中有着明确的列名。任何未列名的产品可归入所谓的"兜底"品目或子目,"兜底"的商品编码通常出现在相关品目或子目的最后。例如,活的青蛙应按其他活动物归入品目 01.06,这是因为品目 01.01 至 01.05 所列的活动物都没有包括青蛙。

最后,商品归类并不总是直观的。例如,很多汽车的零配件并不作为机动车辆的零件、附件归入品目 87.08,汽车的座椅应按家具类的坐具归入子目 9401.20,其列目为"机动车辆用坐具"。很多时候,贸易商独自承担着被要求准确归类的法律责任。根据违规的严重程度,不正确的商品归类可能导致相应的处罚,通关延误或扣押,或者拒绝享有某些进口的权益。

启蒙篇

SHANGPIN GUILEI JINGYAO

归类研习要略

商品归类的研究和学习方法，往往与个人的职业性质、教育背景乃至性格、禀赋相关，所以很难说出一种适合所有人的门径。不过总体上，归类的研习离不开商品、规则和语义三方面的进修。

一、商品知识

对商品的了解是一切归类工作的基础。不懂商品，谈何归类？若不具备一定的商品学基础，相当一部分注释条款读起来都会感到晦涩难懂。

这一阶段应尽可能系统地研习各类商品，具体途径主要包括：总注释和品目注释中介绍商品的内容，相关国际、国家与行业标准，专业工具书籍、各类高等院校教材乃至学术文献资料等。

（一）注释条款

不少总注释和品目注释都包含了丰富的商品学内容。例如，第四十一章总注释介绍了从生皮加工至皮革的完整工艺，58.04品目注释罗列了各种网眼织物的织法等。学习注释条款不仅可获取对应的商品知识，同时也有助于熟悉各类商品在协调制度中的分布。

（二）相关标准

有很多商品的范围在注释条款里并没有明确规定，因此往往需要借鉴相关国际、国家或行业标准作为补充。例如，CODEX STAN 243—2003《发酵乳》、GB/T 6477-2008《金属切削机床 术语》、JB/T 10238—2017《滚动轴承 汽车轮毂轴承单元》等。

（三）其他资料

商品学并不限于术语和定义的掌握，很多时候还需要了解物理、化学、生物等学科的专业知识，因此一些工具书、高等院校教材以及学术文献资料就具有相当的参考价值。一些基础学科，如生物分类学、有机化学、热力学等，可通用于多类商品，也有仅对应单一类别商品的专业学科，例如，乳品化学、焊接原理、半导体工艺等，可根据自身的专业特长与兴趣爱好按计划

分层学习。

二、规则意识

学习商品知识只能了解一种商品在协调制度中的大致"方位",而这些方位往往不止一处,若想作出精确定位,就需要进一步培养严谨的规则意识。否则空有商品大致所在的模糊概念,便很容易深陷各种"具体列名"的泥潭而不能自拔。

归类的规则数不胜数,但要点不外乎两者——适用范围和适用顺序。

(一) 适用范围

每条注释都有各自的适用范围,其中有些对适用范围有着明确规定,有些则没有。在没有特别规定时,注释的适用范围应默认为其所在的类、章或品目。

例如,第一类的两条类注为:

一、本类所称的各属种动物,除条文另有规定的以外,均包括其幼仔在内。

二、除条文另有规定的以外,本协调制度所称干的产品,均包括经脱水、蒸发或冷冻干燥的产品。

其中,类注一仅在第一类有效,而类注二为整个协调制度有效,因此第二类植物产品所称的"干",也可适用第一类类注二的规定。

又如,根据总规则三(二):

(二)混合物、不同材料构成或不同部件组成的组合物以及零售的成套货品,如果不能按照规则三(一)归类时,在本款可适用的条件下,应按构成货品基本特征的材料或部件归类。

由于该条规则的适用范围仅限于混合物、不同材料构成或不同部件组成的组合物以及零售的成套货品,因此总规则三(二)不适用于由单一成分、材料或部件构成但具有多种功能(或用途)的货品。

(二) 适用顺序

不同规则的适用范围有时候会发生交叉,进而产生冲突,这时就需要确认应以何者为准,此即归类规则的适用顺序。不同类型的规则适用顺序也各有特点,以下介绍三种常见的情况。

1. 总规则。

所谓总规则一至四的"顺序适用",其实是指在规则一至四之间存在冲突

时,适用顺序靠前的规则应优先于靠后的规则适用。反之,在不矛盾的前提下,不同的总规则也可一并使用。

例如,82.06品目条文已规定零售成套货品归类的情况下,便无须再适用规则三(二)的规定。反之,规则二(二)几乎总是与规则三同时使用,因为两者在内容上为互补关系,并不存在冲突。

2. 排他条款。

排他条款意味着当一个商品看上去可归入两个或两个以上品目时,应优先归入被"不包括"的那个品目,可以理解为不同类、章和品目之间的"顺序适用"。

例如,第十六类不包括硫化橡胶制的物品,因此硫化橡胶制的机器、机械器具、电气器具或其他专门技术用途的物品应优先归入被"不包括"的品目40.16。

3. 另有规定。

很多注释条款都有"除……另有规定的以外"的表述,这意味着"另有规定"的条款应优先于该条注释适用,可以理解为不同类注或章注之间的"顺序适用"。

例如,根据第十六类类注三:

三、两部及两部以上机器装配在一起形成的组合式机器,或具有两种及两种以上互补或交替功能的机器,除条文另有规定的以外,应按具有主要功能的机器归类。

因此,具有多种功能的加工中心应径直归入品目84.57,而无须适用类注三按主要功能归类,因其在84.57品目条文已"另有规定"。

三、语义辨识

丰富的商品知识和严谨的规则意识为归类实践打下了坚实的基础,并足以在面对多数问题时游刃有余,而随着归类经验的积累,整个协调制度的框架和脉络在头脑中变得愈发明晰,对注释语义的辨识也将更为敏锐。

这一阶段的修习内容主要包括以下三个方面。

(一)研究译文

涉猎翻译理论的基本知识,对英汉版本的注释条款作比照研究,斟酌不同语言环境下可能存在歧义的译文。

(二) 规范术语

将注释条款使用的术语同行业进行比较，在不影响协调制度固有架构的前提下，规范注释术语的使用。

(三) 归纳假设

对协调制度的列目规律加以归纳，当遇到归类难疑而又无据可依时，有条件地进行推论和假设。

商品、规则、语义的修习到此地步，研习归类的目标已非单纯地追求正确之"果"，而是深入地探究其所因之"理"，进而达到"归类至人"的境界。

归类难疑串解

归类总规则

1. 类、章及分章的标题仅为查找方便而设，对商品归类不具有法律效力。

2. 品目条文及任何相关的类、章注释是在确定归类时应首先考虑的规定。

3. 总规则二（一）的规定一般不适用于第一类至第六类所包括的货品。因此，化妆品的半成品即使在成分上已具有成品的基本特征，也不能适用总规则二（一）归入品目 33.04。

4. 在判断总规则三（一）所称"列名比较具体的品目优先于列名一般的品目"时，没有一刀切的"规则"，其一般的原则为：列出品名比列出类名更为具体；如果某一品目所列名称更为明确地述及某一货品，则该品目要比所列名称不那么明确述及该货品的其他品目更为具体。

5. 总规则三（二）的归类方法仅适用于：混合物；不同材料的组合货品；不同部件的组合货品；零售的成套货品。

6. 对于不同的货品，使用总规则三（二）确定其基本特征的因素会有所不同，这些因素包括货品所含材料或部件的性质、体积、数量、重量或价值，或者所含材料对货品用途的作用。

7. 总规则三（二）所称"不同部件组成的组合物"，不仅包括各部件相互固定组合在一起，构成了实际不可分离整体的货品，还包括其部件可相互分离的货品，但这些部件必须是相互补足，配合使用，构成一体并且通常不单独销售的。

8. 总规则三（二）所称"零售的成套货品"，不适用于将可选择的不同产品包装在一起组成的货品。例如，包含一瓶烈性酒和一瓶葡萄酒的礼盒。

9. 总规则四所称"类似"取决的因素包括货品名称、特征、用途等。

10. 总规则六所称"除条文另有规定的以外"，是指"除类、章注释与子目条文或子目注释不相一致的以外"。因此，在子目的归类中，当子目条文或子目注释和类、章注释不相一致时，应优先适用子目条文或子目注释。

第一类

活动物；动物产品

1. 蛇及龟鳖属于爬行动物；虾、蟹属于甲壳类动物；鱿鱼、鲍鱼属于软体动物；海蜇、海胆属于其他水生无脊椎动物。

2. 熏制前或熏制过程中烹煮了的熏鱼及熏制的甲壳动物、软体动物或其他水生无脊椎动物，以及蒸过或用水煮过的带壳甲壳动物仍归入第三章。

3. 第三章的"团粒"是指直接挤压或加入少量黏合剂制成的粒状产品；第二类和第四类的"团粒"是指直接挤压或加入按重量计比例不超过3%的黏合剂制成的粒状产品。

4. 以一种物质（如油酸酯）代替乳中一种或多种天然成分（如丁酸酯）而制得的产品应归入品目19.01或21.06。

5. 品目04.09也包括除蜜蜂（Apis mellifera）之外的其他昆虫所产的蜂蜜，可离心分离、仍存于蜂巢内或是带有蜂巢碎块，但不得加糖或其他任何物质。因此，添加微量维生素、柑橘酸和柠檬香精的天然蜂蜜应归入品目21.06。

6. 协调制度所称"兽牙"也包括犀角。

7. 协调制度所称"马毛"是指马科、牛科动物的鬃毛和尾毛，但马毛纱线及织物应归入第五十一章。

第二类

植物产品

1. 品目07.10的冷冻蔬菜可以经过蒸或水煮，但不能烹煮。

2. 第十章的谷物不仅包括禾本科的植物，也包括非禾本科的荞麦和昆诺阿藜。

3. 品目13.02包括其他品目未列名的植物提取物，因此该品目不包括麦精（品目19.01）、咖啡、茶或马黛茶的精汁（品目21.01）、烟草精（品目

24.03)。

4. 有些植物产品因主要用于制药而归入品目 12.11，但这并不意味着当这些植物产品混合后或虽未混合但已制成一定剂量或作为零售包装后，就可作为药品归入品目 30.03 或 30.04。品目 30.03 或 30.04 所称"药品"，仅指具有治疗或预防疾病作用的产品，而广义的"药品"含义较广，既包括药品，又包括无治疗或预防疾病作用的产品（例如，滋补饮料、营养食品、血型试剂）。

第三类

动、植物油、脂及其分解产品；精制的食用油脂；动、植物蜡

1. 品目 15.18 所列经化学方法改性的油、脂，不包括变性的油、脂及其分离品，后者是指加入变性剂使其不能供食用的油、脂，这些货品应归入其相应的未变性油、脂及其分离品的品目。

2. 品目 15.04 及 15.06 至 15.15 还包括这些品目所列油脂的分离品，所用分离的方法不会引起上述油、脂化学结构的任何变化。

3. 品目 15.18 所称"脱水"是一种化学方法，不包括油脂精炼过程中的物理脱水。

第四类

食品；饮料、酒及醋；烟草、烟草及烟草代用品的制品

1. 子目 1602.10 的"均化食品"是用肉、食用杂碎或动物血经精细均化制成的；子目 2005.10 的"均化蔬菜"是蔬菜经精细均化制成的；子目 2007.10 的"均化食品"是果实经精细均化制成的；品目 21.04 的"均化混合食品"是用两种或两种以上的基本配料，例如，肉、鱼、蔬菜或果实等，经精细均化制成的。

2. 品目 19.02 的包馅食品可以含有按重量计超过 20% 的香肠、肉、食用杂碎、动物血、鱼、甲壳动物、软体动物、其他水生无脊椎动物及其混合物，但限于包馅的面食，因此包馅鱼丸不能归入品目19.02。

3. 用油炸面团制成的类似膨化的食品应归入品目19.05。

4. 品目21.05不包括制冰淇淋用的混合物及基料，它们应按其基本材料归类（例如，归入品目18.06、19.01或21.06）。

5. 品目22.01的"汽水"是在压力下充入二氧化碳气体的普通饮用水，因此含有天然或添加二氧化碳的矿泉水应作为"矿泉水"归类。

6. 品目22.02的饮料通常是可即供饮用的。

7. 品目22.04的餐后葡萄酒有时也称为利口酒，其不同于归入品目22.08的利口酒，后者是一种添加糖、蜂蜜或其他天然甜料以及精汁或香精的酒精饮料。

8. 第二十二章不包括料酒（品目21.03）及中药酒（品目30.03或30.04）。

9. 品目23.04也包括适于供人食用的非组织化脱脂大豆粉。

10. 配制饲料（品目23.09）和某些兽医制品（品目30.03或30.04）一般可以通过活性物质的浓度与包装进行区分。

第五类

矿 产 品

1. 第二十五章的产品可经加热，以除去水分、杂质或达到其他目的，但此种热处理不应改变产品的化学或晶形结构。然而，促使品目25.13及25.17的产品发生化学或晶形结构变化的热处理是允许的，因为这些品目的条文已列明可进行热处理。

2. 放射性矿砂应归入第五类，而不归入品目28.44或28.45。

3. 品目26.01至26.17所称的"矿砂"，是指冶金工业中提炼汞、品目28.44的金属以及第十四类、第十五类金属的矿物，但不包括用于提炼稀土金属的矿砂（品目25.30）。

4. 破碎陶器应归入品目25.30。

| 第六类 |

化学工业及其相关工业的产品

1. 第二十八章第四分章包括"一种金属"的氢氧化物,因此镍钴锰氢氧化物和镍钴铝氢氧化物应归入品目28.53。

2. 放射性化学元素或放射性同位素的无机或有机化合物及其溶液,即使放射性比度低于74贝克勒尔/克(0.002微居里/克),仍应归入品目28.44;合金、分散体(包括金属陶瓷)、陶瓷产品及含有放射性物质(元素、同位素及其化合物)的混合物,如果放射性比度大于74贝克勒尔/克(0.002微居里/克),应归入品目28.44。

3. 甲烷和丙烷即使是纯净的也应归入品目27.11。

4. 按体积计算纯度在95%及以上的乙烷和乙烯,纯度在90%及以上的丙烯应归入品目29.01,低于上述纯度的乙烷、乙烯和丙烯归入品目27.11。

5. 以干燥产品的重量计纯度在85%及以上的油酸应归入品目29.16,纯度在90%及以上的其他脂肪酸通常归入品目29.15、29.16或29.18,纯度在90%及以上的脂肪醇通常归入品目29.05,低于上述纯度的脂肪酸和脂肪醇应归入品目38.23。

6. 与"母体"氨基酸连结的非"母体"片段上的任何含氧基不作为子目归类时考虑的因素。

7. 硝基及亚硝基不属于品目29.29的含氮基官能团。

8. 品目29.30的有机硫化合物不包括磺化衍生物,但磺草酮应归入品目29.30,因为磺草酮中硫原子所在的基团不是磺基,而是甲砜基。

9. 同时含有直接与碳原子相连接的硫原子及其他非金属或金属原子的化合物应按有机硫化合物归入品目29.30,而不是从后归入品目29.31。

10. 品目29.32、29.33及29.34不包括三元环环氧化物,但分子结构中同时包含氮杂环结构和三元环氧结构的化合物(例如,阿那昔酮)应归入品目29.34。

11. 品目29.34包括不论是否已有化学定义的核酸,但归入品目29.34的核苷酸必须有化学定义或者符合第二十九章章注一的其他规定。

12. 品目29.40不包括含三个碳原子的丙糖。

13. 品目 29.41 的抗菌素是活微生物分泌出来的具有杀死其他微生物或抑制其他微生物生长的物质，因此环丙沙星应归入品目 29.33，氧氟沙星应归入品目 29.34。

14. 品目 30.02 所称的"免疫制品"不包括抗血清。

15. 品目 30.04 所称的"非混合产品"包括：溶于水的非混合产品；第二十八章及第二十九章的所有货品；以及品目 13.02 的单一植物浸膏，只经标定或溶于溶剂的。

16. 化学避孕药应归入品目 30.06，而不是品目 30.03 或 30.04。

17. 未硬化明胶制的药用胶囊应归入品目 96.02。

18. 某些珠光颜料是由二氧化钛涂布于云母制成的，因此含有较高比例的二氧化钛，但这些产品应作为其他着色料归入子目 3206.49，而不是按以二氧化钛为基本成分的颜料归入 3206.11 或 3206.19。

19. 玻璃粉应归入品目 32.07，而不是第七十章。

20. 品目 32.08 包括由品目 39.01 至 39.13 所列产品溶于挥发性有机溶剂的溶液（胶棉除外），因此该品目不包括聚乙烯蜡在挥发性有机溶剂中的分散体。

21. 第三十二章章注四所述的溶液，其溶剂重量必须超过溶液重量的 50%，但归入同品目的油漆及清漆没有这一规定。因此，以合成聚合物或化学改性天然聚合物为基本成分的高固体份涂料，即使有机溶剂的含量低于 50%，也可归入品目 32.08。

22. 品目 32.09 所称"水介质"不仅限于水，也包括水与水溶性溶剂的混合物组成的介质。

23. 品目 32.08 和 32.09 不包括以天然橡胶为基本成分的清漆及大漆。

24. 品目 33.01 的精油可通过有机溶剂或超临界流体萃取新鲜植物的原料制得，其与品目 13.02 植物浸膏的区别在于，品目 33.01 的精油大多数是挥发性的，而 13.02 的植物浸膏除了挥发性组分之外，还含有通常比例极高的其他植物物质（例如，叶绿素、鞣酸、苦味素、碳酸化合物和其他提取物，但芳香物质除外）。

25. 注射用透明质酸钠应作为美容品归入品目 33.04。

26. 第三十四章章注三的规定适用于品目 34.02 所称的"有机表面活性剂"，但不适用于归入同品目的表面活性剂制品、洗涤剂及清洁剂。

27. 品目 34.03 所称"石油或从沥青矿物提取的油类"是指品目 27.10

第一款所列产品，而非指整个第二十七章的商品。因此，基本成分为聚四氟乙烯和液化烃的干性润滑剂，不应作为含有石油或从沥青矿物提取的油类归入子目3403.19。

28. 品目34.04不包括人造蜡或调制蜡混于、分散于或溶解于某种液体介质中所形成的物质。

29. 混合物中含有"食物或其他营养物质"不一定就不能归入第三十八章。作为化工产品的物质（例如，食品添加剂或加工助剂），如具有的某种营养价值仅为附属于化工产品自身功能的，不应视为"食物或营养物质"。

30. 品目38.08的杀虫剂也包括具有驱虫或诱虫作用的产品，但用作药剂或兽药的杀虫剂应归入品目30.03或30.04。

31. 品目38.08的杀菌剂的作用对象为真菌，消毒剂的作用对象为不良细菌、病毒或其他微生物。

32. 品目38.10的金属表面酸洗剂也包括用碱（例如，氢氧化钠）作为基料的制剂。

33. 品目38.12所称"复合""配制"及"制剂"，除人为混合或调配的混合物之外，也包括从一同系物（例如，品目38.23的脂肪酸或脂肪醇）所得的反应混合物。

34. 品目30.02及30.06的货品优先于品目38.22所列的诊断或实验用试剂归类；品目38.22所列的检定参照物优先于品目30.02及30.06的货品归类；第二十八章或第二十九章的产品优先于品目38.22所列的检定参照物归类。

35. 由氯化钠添加亚硝酸钠（亚硝化盐）或硝酸钠（硝化盐）的腌制用盐应归入品目38.24，添加糖的同样产品应归入品目21.06。

第七类

塑料及其制品；橡胶及其制品

1. 归入第三十九章的预聚物，其平均单体单元可以低于五个。

2. 某些单体单元是无规则取向的聚合物，如乙烯-乙酸乙烯酯共聚物，不存在结构重复单元。

3. 如果在液状及浆状的聚合物中加入了某种物质，所得产品更为具体地列入协调制度的其他品目的，这些产品则不归入第三十九章。例如，制成的矿物油添加剂（品目 38.11）。

4. 子目注释关于聚合物名称冠有"聚（多）"的规定对于聚乙烯醇来说，并不要求名为乙烯醇的单体单元按重量计占 95% 及以上。然而，乙烯乙酸酯和乙烯醇两者的单体单元含量在聚合物中按重量计必须达到 95% 及以上。

5. 用表氯醇进行化学改性的酚醛树脂应作为环氧树脂归入品目 39.07，而不是按未改性的酚醛树脂归入品目 39.09。

6. 环氧化动植物油不属于品目 39.07 的环氧树脂，其应归入品目 15.18。

7. 不饱和聚酯是指具有足够的未饱和烯键的聚酯。

8. 由 60% 的聚酰胺-6 和 40% 的聚酰胺-6,6 组成的聚合物混合体应归入子目 3908.90，而不是 3908.10。

9. 由单一种类的热塑性材料的废碎料及下脚料制得的初级形状材料，应归入品目 39.01 至 39.14，而不是 39.15。

10. 第三十九章包括截面尺寸超过 1 毫米的塑料单丝和表面宽度超过 5 毫米的塑料扁条及类似品，但上述单丝和扁条制成的缏条、织物、篮筐或柳条编结品应归入第四十六章。

11. 第三十九章包括泡沫塑料与纺织物（第五十九章注释一所规定的）、毡或无纺织物复合制成的板、片及带，其中的织物仅起增强作用的。对此，无花式、未漂白、漂白或匀染的纺织物、毡或无纺织物如仅附在这些板、片及带的一面，应视为仅起增强作用；而使用花式、印花或更为精细加工（例如，拉绒）的纺织品及特种产品，如起绒织物、网眼薄纱、花边及品目 58.11 的纺织产品，均应视为超出仅起增强作用。

12. 品目 39.17 所称"管子"包括香肠用肠衣。

13. 品目 40.02 所称"合成橡胶"适用于不饱和合成物质，因此二元乙丙橡胶和硅橡胶应归入第三十九章。

14. 有关用硫磺硫化的标准仅适用于第四十章章注四，即为了确定一种物质是否合成橡胶。一旦某种物质被确定为"合成橡胶"，不论其是以硫磺还是其他硫化剂（例如，氯化硫、某些多价金属氧化物、硒、碲、二硫化秋兰姆及四硫化秋兰姆、某些有机过氧化物及合成聚合物）硫化的，其产品均可作为品目40.07至40.17的硫化橡胶产品对待。

15. 第四十章章注五（二）所称"少量"指一般不超过5%，所称"微量"指一般低于2%。

第八类

生皮、皮革、毛皮及其制品；鞍具及挽具；旅行用品、手提包及类似容器；动物肠线（蚕胶丝除外）制品

1. 绵羊及羔羊的带毛生皮应归入第四十一章，但阿斯特拉罕、喀拉科尔、波斯羔羊或类似羔羊、印度、中国或蒙古羔羊的带毛生皮应归入第四十三章。山羊或小山羊的带毛生皮应归入第四十一章，但也门、蒙古或西藏自治区的山羊及小山羊的带毛生皮应归入第四十三章。

2. 品目42.02所列"衣箱、提箱、小手袋、公文箱、公文包、书包、眼镜盒、望远镜盒、照相机套、乐器盒、枪套及类似容器"可用任何材料制成（该章注释二和三另有规定的除外）。

3. 品目43.03不包括仅以毛皮镶边的产品。

第九类

木及木制品；木炭；软木及软木制品；稻草、秸秆、针茅或其他编结材料制品；蓝筐及柳条编结品

1. 第四十四章品目中所称"木"，一般也包括竹及其他木质材料，但呈原木状的竹或主要作编结用的其他木质材料，不论是否经劈开、纵锯或切段，应归入品目14.01。此外，子目4410.1所称"木制"也不包括竹制。

2. 玻璃、大理石、金属或其他材料制的木制品的零配件如果与木制品一同报验，不论其是否装配在一起，均应按木制品归类。

3. 用于屋顶、墙壁或地板作结构件的建筑板材，由一碎料板外层和一绝缘塑料层组成，不论塑料层有多厚，都应归入品目44.10。

4. 品目44.13的强化木板不包括有时也被称为强化木地板的浸渍纸层压

木质地板。

第十类

木浆及其他纤维状纤维素浆；回收（废碎）纸或纸板；纸、纸板及其制品

1. 纸浆除可用于造纸业以外，也可作为纤维素的原料用于制造各种产品，例如，人造纤维纺织材料、塑料、清漆及炸药，也可用于制牲口饲料。

2. 表面施胶（surface sizing）和涂布（coating）是两种不同的工艺，前者为品目48.01至48.05的纸及纸板所允许经过的加工，后者通常对应于品目48.10或48.11的产品。

3. 品目48.10的纸及纸板所涂布的无机涂料可含有少量的有机物质以提高纸张的表面特性等。

4. 印有图案、文字或图画的纸、纸板、纤维素絮纸及其制品，如果所印图案、文字或图画作为其主要用途，应归入第四十九章，但印有图案、文字或图画的壁纸和纸标签应归入第四十八章。

5. 第四十九章所称"印刷"不包括着色、装饰性或重复图案的印制，但品目84.43包括印制重复图案、重复文字或全色的机器。

第十一类

纺织原料及纺织制品

1. 弹性纱线不包括变形纱线。

2. 经染白的纱线属于漂白纱线，不属于染色纱线。经染白的机织物属于漂白机织物，不属于染色机织物。

3. 第五十章至第五十五章的机织物包括由若干层平行纱线以锐角或直角相互层叠，在纱线交叉点用黏合剂或以热黏合法粘合而成的织物。

4. 除条文另有规定的以外，第十一类的各种服装即使成套包装供零售

用，也应按各自品目分别归类。

5. 第五十章的"丝"包括蜘蛛丝及海丝或贝足丝。

6. 品目 58.01 的起绒机织物不包括将普通织物经过刮绒或拉绒制成的与起绒织物相似的织物，这些织物一般归入第五十章至第五十五章。

7. 除条文另有规定的以外，第五十九章所称的"纺织物"，仅适用于第五十章至第五十五章、品目 58.03 及 58.06 的机织物、品目 58.08 的成匹编带和装饰带及品目 60.02 至 60.06 的针织物或钩编织物。因此，用塑料涂布起绒机织物制得的人造革不能作为用塑料涂布的纺织物归入品目 59.03。

8. 品目 61.05 和 62.05 的男衬衫仅包括 shirts；品目 61.06 和 62.06 的女衬衫包括 blouses、shirts 和 shirt-blouses。

9. 品目 61.09 所称"T恤衫"为无领、无扣、领口无门襟而且开口有高有低，无男女式之分。

10. 品目 61.12 和 62.11 的"滑雪服"只适用于"滑雪连身服"或"滑雪套装"。

11. 式样已明显为男式或女式的服装在归类时可无须判断门襟左右。

12. "婴儿服装及衣着附件"不包括婴儿尿布（品目 96.19）。

13. 胸罩、束腰带、紧身胸衣、吊裤带、吊袜带、束袜带和类似品及其零件，不论是否针织或钩编的，都应归入第六十二章。

14. 针织或钩编的围巾和手帕应作为衣着附件归入品目 61.17；非针织或钩编的围巾和手帕，如果每边均不超过 60 厘米，应作为手帕归入品目 62.13，任何一边超过 60 厘米的手帕应归入品目 62.14。

15. 类似帐篷结构的大篷车车篷应作为帐篷归入品目 63.06。

第十二类

鞋、帽、伞、杖、鞭及其零件；已加工的羽毛及其制品；人造花；人发制品

子目 6402.12、6402.19、6403.12、6403.19 及 6404.11 所称"运动鞋靴"，仅适用于：带有或可装鞋底钉、止滑柱、夹钳、马蹄掌或类似品的体育专用鞋靴，滑冰靴、滑雪靴及越野滑雪用鞋靴、滑雪板靴、角力靴、拳击靴及赛车鞋。

第十三类

石料、石膏、水泥、石棉、云母及类似材料的制品；陶瓷产品；玻璃及其制品

1. 用以将玻璃片、石英片等切成圆片的顶钻，如果其工作刃未涂研磨料时是光滑的，应归品目 68.04；如果工作刃口呈锯齿状（不论是否涂有研磨料），则应归入品目 82.07。

2. 陶瓷的种类并不限于陶和瓷，因此第六十九章也包括除陶器和瓷器之外的陶瓷产品。

3. 归入品目的 69.02 或 69.03 的耐火制品不但要能耐高温，而且还应在高温下工作。因此，用烧结氧化铝制成的纺织机导纱器则应归入 69.09，因其不是作为耐火材料使用。

4. 协调制度所称"玻璃"，包括熔融石英及其他熔融硅石。

第十四类

天然或养殖珍珠、宝石或半宝石、贵金属、包贵金属及其制品；仿首饰；硬币

1. 子目 7110.11 及 7110.19 所称"铂"不包括铱、锇、钯、铑及钌。

2. 品目 71.13 所列贵金属或包贵金属制的首饰，可镶嵌宝石；品目 71.16 所列用天然或养殖珍珠、宝石或半宝石（天然、合成或再造）制成的物品，不能含有贵金属或包贵金属（作为小配件的除外）；品目 71.17 所列仿首饰，不能含有贵金属或包贵金属（电镀或作为小配件的除外），也不能含天然或养殖珍珠、宝石或半宝石。

3. 品目 71.13 所称"首饰"包括：个人佩戴的小物品和通常放置在衣袋、手提包或佩戴在身上的个人用品；品目 71.17 所称"仿首饰"仅限于个人佩戴的小物品。

第十五类

贱金属及其制品

1. 协调制度所称"通用零件"包括管子附件,但不包括管。

2. 品目83.06的贱金属制的框架及镜子属于"通用零件",但归入同品目的贱金属铃、钟、锣及类似品不是。

3. 协调制度所称"贱金属"不包括金属陶瓷,但含有两种或两种以上贱金属的贱金属制品在归类时,金属陶瓷应视为一种贱金属。

4. 第十五类所称"合金",包括金属粉末的烧结混合物、熔化而得的不均匀紧密混合物及金属间化合物,但不包括金属陶瓷。

5. 贱金属与非金属或品目28.05的金属形成的合金中,如果贱金属的总重量等于或超过所含其他元素的总重量,应作为贱金属合金归类,如果贱金属的总重量低于其他元素的总重量,这类合金通常归入品目38.24。但上述规则不适用于第七十二章的铁合金和第七十四章的铜母合金。

6. 德银不是银合金,而是一种铜镍锌合金。

7. 除某些品目条文另有规定的以外,表面处理或用以改善贱金属性能及外观,防止其锈蚀等的其他加工(包括镀层),不影响货品的归类。

8. 第七十二章的平板轧材也包括直接轧制而成并有凸起式样的产品以及穿孔、抛光或制成瓦楞形的产品,但不具有其他品目所列制品或产品的特征。

9. 明显作为机器零件的结构件应归入第十六类,但具有钢铁结构体特征的船桅、舱口、舷梯、栏杆、舱壁及船体的零件应归入品目73.08。

10. 品目73.21所称"家用"也包括野营用。

11. 品目74.10的铜箔与品目76.07的铝箔的厚度限制不包括纸张等衬底材料的厚度,但包括清漆等涂层的厚度。

12. 第八十二章也包括由天然、合成或再造宝石或半宝石制的工作部件装于贱金属、硬质合金或金属陶瓷支架上而构成的工具。

13. 品目82.07所列可互换工具仅适用于:手工工具;品目84.57至84.65或84.79的机床;品目84.67的工具;品目84.30的凿岩机或钻探机。

14. 品目82.08的机器或机械器具的刀及刀片(knives and cutting blades, for machines or for mechanical appliances)不包括刮板

（scraper）或刮刀（doctor）。

|第十六类|

机器、机械器具、电气设备及其零件；录音机及放声机、电视图像、声音的录制和重放设备及其零件、附件

1. 第十六类不包括硫化橡胶制的机器、机械器具、电气器具或其他专门技术用途的物品，但硬质橡胶制的同类产品可归入第十六类。

2. 能同时主要用于品目 85.17 和 85.25 至 85.28 所列机器的零件，应归入品目 85.17，而不是 84.87 或 85.48。

3. "多功能机器"和"组合机器"按具有主要功能的机器归类的前提为"除条文另有规定的以外"，因此，能进行多种机械加工操作的加工中心应归入品目 84.57。

4. "组合机器"的连接方式包括：一台机器装在另一台机器的内部或上面，各台机器永久性地连在一起，或装在同一个底座、支架或机壳内。地板、混凝土底座、墙、隔板、天花板等，即使经专门装配以备安装机器或器具，不能视为将有关机器或器具连成一体的共同底座。

5. "功能机组"中的独立部件，可以是由管道、传动装置、电缆或其他装置连接的，也可以是分开的。可一并作为"功能机组"归类的部件，仅包括在作为一个整体的功能机组中起主要功能作用的机器或机组，但不包括执行辅助功能而不是执行整套设备的主要功能的机器或器具。

6. 第十六类类注五关于"机器"的规定仅适用于类注一至四，而不是整个协调制度，因此品目 84.87 所列的机器零件也包括船用推进器及桨叶。

7. 附属的仪器及装置，如果与所属机器设备同时报验，并专用于测量、检测、控制或调节某种机器或装置，应与有关机器设备一并归类。但用以检测、控制或调节多台机器（不论是否同一类型）的附属仪器及装置应归入其所属的适当品目。

8. 品目 84.07 包括由该品目的发动机、螺旋桨及操舵装置组成的"舷外发动机"。"舷外发动机"是一套独立的不可分割的装置，因此固定装在船身尾部内的发动机并配有固定装在船舶外面相应位置上的操舵螺旋桨不作为"舷外

发动机"归类。

9. 品目84.07和84.08也包括将内燃机装在一个带轮底盘或滑行装置上所组成的移动式内燃机，以及装有机械驱动装置，可在一定程度上自动推进（但未构成第八十七章所列的车辆）的移动式内燃机。

10. 子目8413.11及8413.19所称"计量装置"专指液体排出量容积的测控装置。

11. 品目84.18的压缩式冷藏设备主要部件有：压缩机、冷凝器或液化器、蒸发器。但压缩机与冷凝器装配在同一底座组成的设备，即使未装有蒸发器，也可作为整机归入品目84.18。

12. 装有机械装置，但无直接或间接加热器件的容器，如果未明确列入其他品目，应归入品目84.79。

13. 品目84.20的机器主要由两个或多个平行的滚筒或轧辊组成。这些滚筒或轧辊旋转时，其表面较为紧密地相接触，并进行下列工作：把可塑状态的材料喂入滚筒，滚轧成薄片；薄片材料（金属或玻璃除外）从滚筒间通过时，在其表面产生某种效果；施料或表面涂料；织物黏合。

14. 品目84.21的液体过滤机器也可用以从浆状材料（例如，陶瓷材料或精矿砂）中除去液体。

15. 纸浆制的滤块应归入品目48.12，其他许多过滤件（陶瓷、纺织品、毡等）应按其构成材料归类，而不应作为过滤装置的零件归入品目84.21。

16. 品目84.24包括液体或粉末的喷射、散布或喷雾的机械器具，但归入同品目的喷枪及类似器具也可通过喷射强大的压缩空气流来工作。

17. 品目84.25所列"提升机"的结构须包含"一套较为复杂的滑轮、缆、链条、绳索等"，因此不包括剪叉式液压提升机或翻斗提升机。

18. 品目84.25的卷扬机也可用作某些品目84.28的升降机的驱动装置。

19. 从甜菜中萃取糖汁的浸提容器和"热法浸提器"一同报验时应归入品目84.38，但"热法浸提器"单独报验时应归入品目84.19。

20. 子目8443.16所称"苯胺印刷机（flexographic printing machinery）"实指柔板印刷机，因此不限于使用苯胺染料的印刷机器。

21. 五轴联动数控机床中的"轴"指坐标轴（axis），注释所列多轴钻床中的"轴"指主轴（spindle）。

22. 单独报验的自动数据处理设备，即使用于从事数据处理以外的某项专门功能，也应归入品目 84.71。

23. 品目 84.79 所列"处理金属用的机器"，包括用浸入法镀锡的机器以及用绝缘或保护材料卷绕或包覆电缆的特种机器。

24. 在纸上涂敷研磨料的机器应归入品目 84.79，而不是 84.41。

25. 作为安全装置用于代替阀门的爆破隔膜（塑料或金属薄圆片）应按构成材料归类，而不归入品目 84.81。

26. 未构成完整的阀门，但在机器内起控制流量作用的机器零件，应按有关机器的零件归类。 例如，内燃机的进气阀或排气阀（品目 84.09）；空气或其他气体压缩机的进气阀或增压阀（品目 84.14）。

27. 品目 84.82 的滚珠轴承也包括配有滚珠轴承的滑动装置。

28. 最大直径及最小直径与标称直径相差均不超过 1%或 0.05 毫米（以相差数值较小的为准）的抛光钢珠，不论是否用于滚动轴承，都应归入品目 84.82；紫铜、青铜、塑料等其他材料制的滚珠，只有用作滚动轴承的零件时，才能归入品目 84.82。

29. 品目 84.86 所列"制造平板显示器用的机器及装置"不包括制造玻璃或者将印刷电路板或其他电子元件装配在平板上的设备。

30. 与第八十四章相反，第八十五章包括由陶瓷材料或玻璃制成的货品，但品目 70.11 所列的玻璃外壳（包括玻璃泡及玻璃管）除外。

31. 品目 85.01 包括配有皮带轮、齿轮或齿轮箱，或配有软轴以驱动手工工具的电动机。

32. 供焊接设备用的发电机如果与焊头（welding head）或焊接器具一同报验，应归入品目 85.15。

33. "精度低于千分之一"的意思是精度的"值"大于千分之一，另见品目 84.60 的"定位精度"。

34. 品目 85.05 的"磁化后准备制永磁铁的物品"在报验时是不具备磁性的。

35. "重量在 20 千克及以下"并不一定是"家用"的。

36. 品目 85.14 所列工业用电炉也包括餐馆用的微波炉。

37. 品目 85.25 所列"电视摄像机"是将捕获的图像转换为电信号并作为视频图像传输到设备外部某个位置进行观察或遥控录像；"数字照相机"及

"视频摄录一体机"是将捕获的图像转换为电信号并作为静像或运动画面记录在设备内。因此,不能存储图像或运动画面的工业相机在确定本国子目时应作为"电视摄像机"归类,而不是"数字照相机"。

38. 品目 85.33 所列变阻器,也包括电动机启动器及控制器,其由多个电阻器组成,配有必要的开关装置,可将电动机电路中的一个或多个电阻器接上或切断。

39. 品目 85.39 所列灯泡、灯管的用途并不限于照明。例如,紫外线灯管可用于医疗、实验、杀菌或其他用途;红外线灯泡可用于医疗,也可在工业上作热源用。因此,一般工业用的紫外线辐照设备应归入品目 85.43,而不是作为照明装置归入 94.05。

40. 品目 85.41 包括由 IGBT 芯片与二极管封装在一起制成的 IGBT 模块(packaged IGBT devices)。

41. 品目 85.41 的二极管、晶体管及类似的半导体器件(devices)报验状态包括已装有外壳的器件(components)、未装配的元件(elements)以及未切成形的晶片(wafers)。

第十七类

车辆、航空器、船舶及有关运输设备

1. 既可在道路上又可在轨道上行驶的特殊构造车辆应归入第八十七章;水陆两用的机动车辆应归入第八十七章;可兼作地面车辆使用的特殊构造航空器应归入第八十八章。

2. 水陆两用的气垫运输工具应归入第八十七章。

3. 自走式机器及其他移动式机器应根据各种因素,特别是底座的种类这一因素来确定归类。装在浮动底座上的所有移动式机器应归入第八十九章。

4. 装在拖拉机上作为可互换工具的农业机械,即使在报验时已经装在拖拉机上,农业机械和拖拉机仍应分别归类。

5. 配有内装式设备的机动犁雪车或吹雪车一律归入品目 87.05。

6. 品目 87.16 所列手或脚驱动的车辆也包括"脚蹬雪橇(Kicksleds)"。

7. 品目 87.16 不包括不带底盘的小型带轮购物容器，但这并不意味着归入品目 87.16 的产品必须带有底盘。

8. 第八十九章不包括单独报验的所有船舶或浮动结构体的零件（船体除外）及附件。

|第十八类|

光学、照相、电影、计量、检验、医疗或外科用仪器及设备、精密仪器及设备；钟表；乐器；上述物品的零件、附件

1. 归入品目 90.01 的玻璃制光学元件必须经过光学加工，但非玻璃制的光学元件不论是否经过光学加工都可归入品目 90.01。

2. 品目 90.11 的显微照相及显微电影摄影用显微镜，也包括将普通显微镜与照相机或电影摄影机用简单的适配器临时装配在一起而构成的状态。

3. 计量或检验用的光学仪器、器具或机器，如果既可归入品目 90.13，又可归入品目 90.31，则应归入品目 90.31。

4. 品目 90.18 的注射器包括普通注射器、穿刺注射器、麻醉注射器、冲洗注射器、伤口清洗注射器、吸引器（带或不带唧筒）、眼、耳或喉的注射器、子宫及其他妇科注射器。

5. 通过不断变换病人躺卧重心位置以预防或治疗褥疮的褥垫也属于品目 90.19 所称按摩器具的范围，这种褥垫可通过对皮肤的按摩效果预防组织坏死。

6. 子目 9027.10 所列"气体或烟雾分析仪"是指用于分析炼焦炉、煤气发生炉、高炉等的可燃气或燃烧副产品（燃烧过的气体）的仪器，因此不包括检测空气中尘埃量的仪器。

7. 品目 90.30 的仪器及装置测量的"电量"除了电流、电压、电阻及电导率、功率、电容及电感、两个电量的比值外，也包括频率、波长、射频、相位角、功率因数、磁场或磁通、材料的电磁特性、同步特性。

8. 品目 90.30 也包括用于无线电或有线电通信测量的电气或电子仪器。

9. 品目 90.32 所列液体或气体的流量、液位、压力或其他变化量的自动控制仪器及装置或温度自动控制装置，可不依靠要被自动控制的因素所发生的

不同的电现象来进行工作差。但电量自动调节器及自动控制非电量的仪器或装置，必须依靠要被控制的因素所发生的不同的电现象进行工作。

10. 品目90.32的某些仪器及装置可不带有将测量值与期望值进行比较的装置，它们通过开关直接进行控制，例如，在达到设定值时打开开关。

11. 如果品目90.32的自动调节或控制设备是与执行机构组装在一起的，整个装置应按照归类总规则一或三（二）的规定进行归类。

12. 品目92.07的通过电产生或扩大声音的乐器，仅限于如果没有电气或电子组件，即不能发出声音和进行演奏的乐器。

第十九类

武器、弹药及其零件、附件

品目93.07包括只作仪仗或装饰用，或只用作舞台道具的剑（包括藏有剑的手杖）、短弯刀、刺刀、长矛、梭镖、戟、曲刀、短剑及匕首等武器。

第二十类

杂 项 制 品

1. 品目94.06的活动房屋可以配有电气配件、暖气及空调设备、卫生设备、厨房设备及固定装于或准备装于房屋内的家具。

2. 品目95.03的玩具不包括宠物玩具。

3. 在品目95.06中，拳击练习用吊球及吊袋、拳击或摔跤台应作为"一般的体育活动、体操或竞技用品及设备"归入子目9506.91，但击剑用具、击剑用钝头剑、军刀、轻剑及其零件等应作为"其他运动及户外运动用具"归入子目9506.99。

4. 圆珠笔的笔尖钢珠应归入品目73.26或84.82。

| 第二十一类 |

艺术品、收藏品及古物

  品目97.01至97.05的物品即使超过一百年，也仍应归入这些品目内，而不归入品目97.06。因此，清朝制作的佛像应作为雕塑品归入品目97.03，而不是作为超过一百年的古物归入97.06。

重点商品串珠①

1. 未炼制的猪脂肪应归入品目02.09；炼制的猪油应归入品目15.01。

2. 普通奶粉归入品目04.02；婴幼儿配方奶粉归入品目19.01；特殊配方婴儿奶粉归入品目21.06。

3. 酸乳应归入品目04.03；乳酸应归入品目29.18；死的乳酸菌应归入品目21.02；活的乳酸菌应归入品目30.02。

4. 可可味酸奶应归入品目04.03；可可味冰淇淋应归入品目21.05；可可味牛奶应归入品目22.02。

5. 天然黄油应归入品目04.05；人造黄油应归入品目15.17。

6. 天然蜂蜜应归入品目04.09；蜂王浆应归入品目04.10；人造蜜应归入品目17.02；天然蜂蜜和人造蜜的混合品应归入品目17.02；以天然蜂蜜为基料制成的糖食应归入品目17.04；加蜂王浆的天然蜂蜜应归入品目21.06。

7. 天然麝香应归入品目05.10；人造麝香应归入第二十九章。

8. 辣椒应归入第七章；辣椒干和辣椒粉应归入品目09.04。

9. 豆类蔬菜应归入第七章；大豆应归入品目12.01。

10. 甜玉米应归入第七章；玉米应归入品目10.05。

11. 巴旦杏应归入品目08.02；杏仁应归入品目12.12。

12. 麝香草（Thyme）应归入品目09.10；麝香植物（Ambrette）应归入品目12.11。

13. 食用高粱应归入品目10.07；种用糖用高粱应归入品目12.09；甜高粱应归入品目12.12；饲料高粱及草高粱应归入品目12.14；帚用高粱应归入品目14.04。

14. 芫荽应归入品目07.09；芫荽子应归入品目09.09；芫荽油应归入品目33.01。

15. 莳萝应归入品目07.09；莳萝子应归入品目09.10；莳萝油应归入品目33.01。

16. 混合果茶应归入品目08.13；绿茶应归入品目09.02；马黛茶应归入

品目 09.03；小茴香茶应归入品目 09.09；菊花茶应归入品目 12.11；玛咖茶应归入品目 12.12；掺乳糖的人参精茶应归入品目 21.06。

17. 咖啡应归入品目 09.01；咖啡蜡应归入品目 15.21；咖啡精汁及浓缩品应归入品目 21.01；咖啡碱应归入品目 29.39。

18. 芥子应归入品目 12.07；固定芥子油应归入品目 15.14；芥子粉应归入品目 21.03；芥子精油应归入品目 33.01。

19. 大豆粉应归入品目 12.08；改善了组织结构的大豆粉应归入品目 21.06；非组织化的脱脂大豆粉应归入品目 23.04。

20. 天然树胶应归入品目 13.01；天然橡胶应归入品目 40.01。

21. 人参精应归入品目 13.02；麦精应归入品目 19.01；咖啡、茶或马黛茶的精汁归入品目 21.01；烟草精应归入品目 24.03。

22. 劈开的柳条应归入品目 14.01；木片条应归入品目 44.04。

23. 棉短绒应归入品目 14.04；棉花应归入品目 52.01 或 52.03；岩石棉应归入品目 68.06；玻璃棉应归入品目 70.19。

24. 羊毛蜡应归入品目 15.05；具有蜡质特性的氢化油应归入品目 15.16；巴西棕榈蜡应归入品目 15.21；石蜡应归入品目 27.12；聚乙烯蜡应归入品目 34.04；具有蜡质特性的工业单羧酸脂肪酸及工业脂肪醇应归入品目 38.23。

25. 甜杏仁油（植物油）应归入品目 15.15；苦杏仁油（精油）应归入品目 33.01。

26. 蔗糖应归入品目 17.01；三氯蔗糖应归入品目 29.32。

27. 乳糖应归入品目 17.02；半乳糖应归入品目 29.40。

28. 白巧克力应归入品目 17.04；巧克力应归入品目 18.06。

29. 可可豆应归入品目 18.01；可可脂应归入品目 18.04；可可碱应归入品目 29.39。

30. 绿茶的精汁及浓缩品应归入品目 21.01；茶多酚应归入品目 38.24。

31. 矿泉水应归入品目 22.01；海水应归入品目 25.01；重水应归入品目 28.45；蒸馏水应归入品目 28.53。

32. 无醇啤酒应归入品目 22.02；麦芽酿造的啤酒归入品目 22.03；姜啤酒及草药啤酒归入品目 22.06；麦芽酒应归入品目 22.06。

33. 葡萄酒应归入品目 22.04 或 22.05；葡萄干酒应归入品目 22.06。

34. 乙醇应归入品目 22.07 或 22.08；甲醇和丙醇应归入品目 29.05。

35. 天然硫磺应归入品目 25.03；升华硫磺、沉淀硫磺、胶态硫磺应归入品目 28.02。

36. 天然石墨应归入品目 25.04；人造石墨应归入品目 38.01。

37. 煤精应归入品目 25.30；其他褐煤应归入品目 27.02。

38. 蛭石应归入品目 25.30；膨胀蛭石应归入品目 68.06。

39. 天青石（Celestite）应归入品目 25.30；天青石（Lapis）应归入品目 71.03。

40. 未经琢磨的琥珀应归入品目 25.30；已加工的琥珀应归入品目 96.02。

41. 柴油应归入品目 27.10；生物柴油应归入品目 38.26。

42. 不同种类矿物蜡的混合物应归入品目 27.12；不同种类动、植物蜡的混合物应归入品目 34.04；动、植物蜡和矿物蜡的混合物应归入品目 34.04。

43. 磷酸二钙应归入品目 28.35；二过磷酸钙应归入品目 31.03。

44. 联氨和羟胺及其无机盐应归入品目 28.25；联氨和羟胺的有机衍生物应归入品目 29.28。

45. 贵金属汞齐应归入品目 28.43；贱金属汞齐应归入品目 28.53；同时含有贵金属和贱金属的汞齐应归入品目 28.43。

46. 多聚甲醛应归入品目 29.12；聚甲醛应归入品目 39.07。

47. 环酯应归入品目 29.17；内酯应归入品目 29.32。

48. 三聚氰胺应归入品目 29.33；三聚氰胺树脂应归入品目 39.09。

49. 诺氟沙星原药应归入品目 29.33；氧氟沙星原药应归入品目 29.34；利君沙原药应归入品目 29.41。

50. 油漆应归入品目 32.08、32.09 或 32.10；粉状油漆应归入第三十九章。

51. 压印箔应归入品目 32.12；转印贴花纸应归入品目 49.08。

52. 松针油应归入品目 33.01；液体松香应归入品目 38.03；松节油和松油应归入品目 38.05；松香、松香精及松香油应归入品目 38.06。

53. 假牙模膏应归入品目 33.06；用于制陶瓷假牙的制剂，以高岭土、石英及长石为基本成分的混合物，应归入品目 38.24。

54. 剃须膏应归入品目 33.07；剃须皂应归入品目 34.01。

55. 壬基酚聚氧乙烯醚应归入品目34.02；聚氧乙烯蜡应归入品目34.04；聚氧乙烯应归入品目39.07。

56. 金属及其他材料制成的焊粉应归入品目38.10；仅由金属粉末构成的焊剂应归入第七十一章或第十五类。

57. 带黏合剂粉状磁铁氧体应归入品目38.24；永磁铁应归入品目85.05。

58. 未装配的压电晶体一般归入品目38.24、71.03或71.04；压敏电阻应归入品目85.33；已装配的压电晶体应归入品目85.41。

59. 二元乙丙橡胶应归入品目39.01或39.02；三元乙丙橡胶应归入品目40.02。

60. 醇酸树脂应归入子目3907.5；无油醇酸树脂应归入子目3907.9。

61. 有机玻璃应归入第三十九章；玻璃应归入第七十章。

62. 婴儿奶瓶的塑料制奶嘴（哺乳奶嘴）应归入品目39.24；塑料制安抚奶嘴应归入品目39.26。

63. 塑料制的公文套应归入品目39.26；公文包应归入品目42.02；皮革或再生皮革制的公文袋应归入品目42.05。

64. 硫化橡胶制的潜水衣应归入品目40.15；配有机械装置的金属潜水衣应归入品目84.79。

65. 动物服装应归入品目42.01；皮革或再生皮革制的衣服应归入品目42.03；毛皮制的衣服应归入品目43.03；针织或钩编的服装应归入第六十一章；非针织或钩编的服装应归入第六十二章；纺织材料制的旧衣服应归入品目63.09；石棉衣服应归入品目68.12。

66. 马鞍应归入品目42.01；摩托车鞍座应归入品目87.14；汽车座椅应归入品目94.01。

67. 铁道及电车道枕木应归入品目44.06；铁道及电车道铺轨用钢铁材料应归入品目73.02；已装配的轨道应归入品目86.08。

68. 木制衣帽架（coat or hat rack）应归入品目44.20；木制衣架（clothes hanger）、衣帽架（hall stand）应归入品目94.03。

69. 印刷地图应归入品目49.05；立体地图应归入品目90.23。

70. 植物纺织纤维应归入第五十三章；合成纤维短纤应归入品目55.03；人造纤维短纤应归入品目55.04；碳纤维应归入品目68.15；玻璃纤维应归入

品目 70.19；光导纤维应归入品目 90.01。

71. 纺织材料制的渔网应归入品目 56.08；捕虫网应归入品目 95.07。

72. 用纱线、绳索制成的鞋带应归入品目 56.09；用编带制成的鞋带应归入品目 63.07。

73. 旧鞋靴应归入品目 63.09；石棉制鞋靴应归入品目 68.12；矫形鞋靴应归入品目 90.21；装有冰刀或轮子的滑冰鞋应归入第九十五章。

74. 旧帽类应归入品目 63.09；羊皮帽应归入品目 65.06；石棉帽应归入品目 68.12；玩偶帽应归入品目 95.03。

75. 陶瓷应归入第六十九章；玻璃瓷应归入第七十章；金属陶瓷应归入第十五类。

76. 聚光灯泡玻璃反射器（spotlight bulb reflectors）应归入品目 70.11；乳白玻璃反光罩（alabaster diffusers）应归入品目 94.05。

77. 未经光学加工的玻璃制光学元件应归入品目 70.14；未经光学加工的石英制光学元件应归入品目 90.01。

78. 玻璃制仿水晶应归入品目 70.18；火山玻璃（黑曜石）应归入品目 71.03；α-石英制合成水晶应归入品目 71.04。

79. 玻璃仿宝石制的装饰品应归入品目 70.18；玻璃仿宝石制的仿首饰应归入品目 71.17。

80. 超过一百年的珠宝应归入品目 71.01 至 71.03；超过一百年的珠宝首饰应归入品目 97.06。

81. 贵金属制的钥匙圈应归入品目 71.13；钢铁制的钥匙圈应归入品目 73.26。

82. 表链应归入品目 71.13 或 71.17；表芯应归入品目 91.08；表壳应归入品目 91.13。

83. 空心钻钢应归入品目 72.28；钢铁钻管应归入品目 73.04。

84. 电梯层门应归入品目 73.08；电梯轿门应归入品目 84.31。

85. 天线杆应归入品目 73.08；基站天线应归入品目 85.17；电视广播接收天线应归入品目 85.29。

86. 钢铁制普通铆钉应归入品目 73.18；贱金属制的管形铆钉及开口铆钉应归入品目 83.08。

87. 安全别针应归入品目 73.19；回形针应归入品目 83.05。

88. 非电热的钢铁制家用炉应归入品目 73.21；非电热的工业炉应归入品目 84.17；工业用电炉应归入品目 85.14；家用电热炉应归入品目 85.16。

89. 电解精炼用的铜阳极应归入品目 74.02；电镀铜阳极板应归入品目 74.19。

90. 螺丝刀应归入品目 82.05；折叠刀应归入品目 82.11；剃刀应归入品目 82.12；剪刀应归入品目 82.13；裁纸刀应归入品目 82.14；黄油刀应归入品目 82.15；电动剃须刀应归入品目 85.10；手术刀应归入品目 90.18；刺刀应归入品目 93.07。

91. 手动加油壶及润滑脂枪应归入品目 82.05；压缩空气润滑脂枪应归入品目 84.67。

92. 车厢的脚踏板（foot rest）应归入品目 83.02；车身两侧的脚踏板（running-board）应归入品目 87.08。

93. 贱金属制的铭牌应归入品目 83.10；发光铭牌应归入品目 94.05。

94. 点燃式活塞内燃发动机应归入品目 84.07；压燃式活塞内燃发动机应归入品目 84.08；内燃机气压辅助起动发动机应归入品目 84.12；涡轮增压器应归入品目 84.14；电动机应归入品目 85.01；发动机起动电机应归入品目 85.11。

95. 废气涡轮机应归入品目 84.11；废气涡轮增压器应归入品目 84.14。

96. 船用喷水推进器应归入品目 84.12；船用桨轮推进器应归入品目 84.87。

97. 液体泵应归入品目 84.13；空气泵应归入品目 84.14。

98. 沐浴露的泵头应归入品目 84.13；化妆喷雾器的喷头应归入品目 96.16。

99. 旋转喷雾器应归入品目 84.24；香水喷雾器应归入品目 96.16。

100. 炉用燃烧器应归入品目 84.16；炉用燃烧器用的点火器应归入品目 96.13。

101. 液体或气体的过滤、净化机器及装置应归入品目 84.21；固体矿物质的筛选或分离机器应归入品目 84.74。

102. 感量低于 50 毫克的天平应归入品目 84.23；感量为 50 毫克或更精密的天平应归入品目 90.16。

103. 提升机（hoist）应归入品目 84.25；升降机（lift）应归入品目

84.28。

104. 卷纸机应归入品目 84.39；纵切复绕机应归入品目 84.41。

105. 裁切纸质照片用的器具应归入品目 84.41；照相或电影暗室用的胶卷裁剪机器及器具应归入品目 90.10。

106. 喷焊器应归入品目 84.68；电气焊接装置应归入品目 85.15；同时用气体及电进行焊接的装置应归入品目 85.15。

107. 飞机、船舶用的风挡刮水器应归入品目 84.79；机动车辆用的风挡刮水器应归入品目 85.12。

108. 滚动轴承应归入品目 84.82；滑动轴承应归入品目 84.83。

109. 船舶用传动装置应归入品目 84.83；车辆或飞机发动机用传动装置应归入品目 84.83；车辆用传动装置应归入品目 87.08；飞机用传动装置应归入品目 88.03。

110. 机械密封件应归入品目 84.84；油封环应归入品目 84.87。

111. 旋转式变流机应归入品目 85.02；静止式变流器应归入品目 85.04。

112. 具有变流功能的半导体模块，由两个及两个以上半导体器件组成或由单个半导体器件与其他器件或装置构成的，应归入品目 85.04；由单个半导体器件组成的（包括由 IGBT 芯片与二极管封装组成的 IGBT 模块），应归入品目 85.41；构成多元件集成电路的，应归入品目 85.42。

113. 主要由单个线圈组成的电感器应归入品目 85.04；主要由一个线圈绕制于软铁芯上而构成的电磁铁应归入品目 85.05。

114. 原电池应归入品目 85.06；蓄电池应归入品目 85.07；光电池应归入品目 85.41。

115. 焊头（welding head）应作为焊接机器及装置归入品目 85.15 下的整机子目；钎焊头（soldering head）则应按零件归入子目 8515.90。

116. 利用超声波工作的倒车雷达应归入品目 85.12；利用无线电工作的前车雷达应归入品目 85.26。

117. 声频扩大器应归入品目 85.18；高频或中频放大器应归入品目 85.43。

118. 数码相机应归入品目 85.25；胶片相机应归入品目 90.06。

119. 无线电遥控设备应归入品目 85.26；无绳红外线遥控器应归入品目

85.43。

120. 主要利用温度、压力等进行工作的非线性半导体电阻器（热敏电阻器、压敏电阻器、磁电阻器等）应归入品目85.33；依靠外加电场引起电阻率的变化而进行工作的半导体器件应归入品目85.41。

121. 印刷电路板应归入品目85.34；集成电路应归入品目85.42。

122. 封闭式聚光灯（sealed beamlight）应归入品目85.39；聚光灯（spotlight）应归入品目94.05。

123. 电子三极管应归入品目85.40；晶体三极管应归入品目85.41。

124. 利用外部光电效应（光电发射）进行工作的光电发射管应归入品目85.40；在可见光线、红外线或紫外线的作用下，利用内在的光电效应，引起电阻率的变化或产生电动势而进行工作的光敏半导体器件应归入品目85.41。

125. 发光二极管应归入品目85.41；发光二极管灯泡应归入品目85.39；发光二极管灯具应归入品目94.05。

126. 激光二极管应归入品目85.41；激光器应归入品目90.13。

127. 单根纤维被覆的光缆应归入品目85.44；单根纤维未被覆的光缆应归入品目90.01。

128. 装有发动机及驾驶室的机动车底盘应归入品目87.02至87.04；装有发动机的机动车辆底盘应归入品目87.06；机动车辆的车身应归入品目87.07；未装有发动机的机动车底盘应归入品目87.08。

129. 坦克应归入品目87.10；自行火炮应归入品目93.01。

130. 儿童两轮车应归入品目87.12；儿童三轮脚踏车应归入品目95.03。

131. 照相闪光灯装置应归入品目90.06；照相照明装置应归入品目94.05。

132. 光学显微镜应归入品目90.11；电子显微镜应归入品目90.12。

133. 专用于大地测量的光学水准仪应归入品目90.15；其他水平仪或水准仪一般应归入品目90.31。

134. 紫外光射线疗法设备应归入品目90.18；X射线治疗设备应归入品目90.22。

135. 闪烁摄影装置应归入品目90.18；闪烁计数器应归入品目90.30。

136. 温度计应归入品目90.25；恒温器应归入品目90.32。

137. 气体流量计应归入品目 90.26；供应气体的计量仪表应归入品目 90.28。

138. 测量声量的仪器设备应归入品目 90.27；电声测量仪器应归入品目 90.30。

139. 乐器架应归入品目 92.09；炮架应归入品目 93.05；落地式乐谱架应归入品目 94.03；化妆喷雾器的架座应归入品目 96.16；相机三脚架应归入品目 96.20。

注：

① 文中所列均为对应名称的货品在通常情况下的归类，部分商品在特定情况下的归类或与所述存在出入。

应用篇

SHANGPIN GUILEI JINGYAO

动植食品分

杂碎的归类

杂碎（offal），又称杂肉（variety meats）或器官肉（organ meats），包括了屠宰动物除肌肉和骨骼以外的大多数器官。杂碎的归类通常可分为四种情况：

一、主要供人食用的杂碎①

主要供人食用的杂碎，如头及头块（包括耳）、脚、尾、心、舌、厚横隔膜、薄横膈膜、胎膜、咽喉、胸腺，若加工程度没有超出鲜、冷、冻、干、熏、盐腌或盐渍，应归入第二章。

二、专供制药用杂碎

专供制药用的杂碎，如胆囊、肾上腺、胎盘，若为鲜、冷、冻或用其他方法临时保藏的，应归入品目05.10；经干制的则归入品目30.01。

三、既可供食用，又可供制药用的杂碎②

既可供食用，又可供制药用的杂碎，如肝、肾、肺、脑、胰腺、脾、脊髓、卵巢、子宫、睾丸、乳房、甲状腺、脑下腺，临时保藏以供药用的应归入品目05.10；干制的应归入品目30.01；适合供人食用的应归入第二章；不适合供人食用的应归入品目05.11。

四、可供人食用或有其他用途杂碎③

可供人食用或有其他用途的杂碎，如皮张，适合供人食用的应归入第二章；不适合供人食用的一般归入品目05.11或第四十一章。

此外，动物（鱼除外）的肠、膀胱、胃不论是否可供食用，均归品目05.04；可供人食用的鱼杂碎一般应归入第三章，不适合供人食用的鱼杂碎应归入品目05.11。

注：
① 由于杂碎的可食用性因文化和地区而异，故归类时对食用杂碎品种的界定应以协调制度及其注释的列举为准。
② 所称"既可供食用，又可供制药用的杂碎"是就杂碎的品种而言，具体用途为供食用还是制药，应根据杂碎的实际报验状态确定。
③ 所称"可供人食用或有其他用途的杂碎"是就杂碎的品种而言，具体用途为供食用还是其他用途，应根据杂碎的实际报验状态确定。

帝王蟹的归类

金霸王蟹[2]

帝王蟹（king crab）一般指体型较大的蟹，属于石蟹科（Lithodidae）甲壳类动物[1]。

因品目03.06下的十位商品编码列有"金霸王蟹（帝王蟹）"，故归类实践中常见将任意属种帝王蟹不加区分地归入上述编码的做法，但事实上帝王蟹涵盖了约十余属百余种甲壳类动物，而"金霸王蟹（帝王蟹）"则仅指学名为 Lithodes aequispinus 的一种帝王蟹。也就是说，并非所有的帝王蟹均可归入列为"金霸王蟹（帝王蟹）"的商品编码。

如前所述，金霸王蟹（Golden king crab）是一种学名为 Lithodes aequispinus 的帝王蟹，其应归入 03061490.11（冻的）、03063399.11（活的）或 03063399.19（鲜或冷的）。

另四种帝王蟹，仿石蟹(仿岩蟹)（Paralomis verrilli）、堪察加拟石蟹

（Paralithodes camtschaticus）、短足拟石蟹（Paralithodes brevipes）、扁足拟石蟹（Paralithodes platypus）则应归入 03061490.19（冻的）或 03063399.19（活、鲜或冷的）。其中，堪察加拟石蟹和扁足拟石蟹其实就是俗称之红帝王蟹（Red king crab）与蓝帝王蟹（Blue king crab）。

红帝王蟹③

蓝帝王蟹④   加利福尼亚巨蟹⑤

除了上述几种列名的帝王蟹外，其他帝王蟹，如加利福尼亚巨蟹（Paralithodes californiensis）、长刺石蟹（Lithodes longispina）等，就只能归入兜底的 03061490.90（冻的）或 03063399.90（活、鲜或冷的）了。

注：
① 《韦氏大学英语词典》：king crab-any of several very large crabs.
② 图片来源：www.adfg.alaska.gov.
③ 图片来源：The Children's Museum of Indianapolis［CC BY-SA 3.0（https://creativecommons.org/licenses/by-sa/3.0)］.
④ 图片来源：Scott Van Sant［Public domain］.
⑤ 图片来源：User:Moondigger［CC BY-SA 2.5（https://creativecommons.org/licenses/by-sa/2.5)］.

鱿鱼的生物分类与商品归类

鱿鱼（squid）一般指软体动物门（Molluscs）头足纲（Cephalopoda）枪形目（Teuthoida）的动物。

在《税则》中，鱿鱼列于子目 0307.4，并按生物学属种在本国子目作了进一步拆分：柔鱼属（Ommastrephes）、枪乌贼属（Loligo）、双柔鱼属（Nototodarus）和拟乌贼属（Sepioteuthis）的非种苗鱿鱼应归入 0307.4291（活、鲜或冷的）或 0307.4310（冻的）；其他属种的非种苗鱿鱼，如秘鲁鱿鱼（Dosidicus gigas），应归入 0307.4299（活、鲜或冷的）或 0307.4390（冻的）。

柔鱼属和双柔鱼属为柔鱼科（Ommastrephidae）鱿鱼；枪乌贼属和拟乌贼属为枪乌贼科（Loliginidae）鱿鱼；秘鲁鱿鱼为茎柔鱼属（Dosidicus），亦属柔鱼科鱿鱼。在对不同属种的鱿鱼归类时，应注意生物分类与本国子目的对应关系。

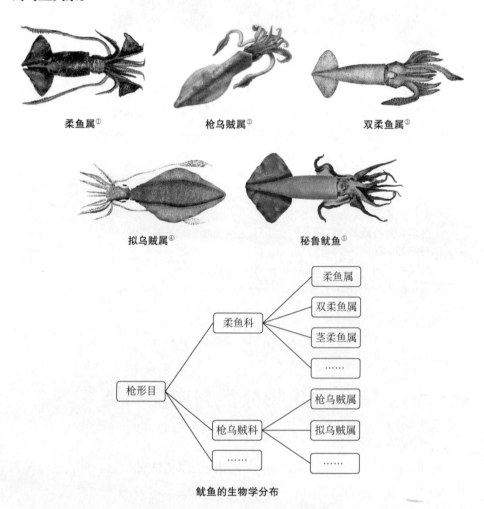

鱿鱼的生物学分布

注：

① 图片来源：British Museum（Natural History）（Bulletin of the British Museum（Natural History））［Public domain］，via Wikimedia Commons.

② 图片来源：Comingio Merculiano（1845-1915）［Public domain］，via Wikimedia Commons.

③ 图片来源：R. L. Hudson［Public domain］，via Wikimedia Commons.

④ 图片来源：F. Schönfeld（Natural history of Victoria F. McCoy）［Public domain］，via Wikimedia Commons.

⑤ 图片来源：Anonymous Unknown author（Bulletin of the United States Fish Commission）［Public domain］，via Wikimedia Commons.

奶粉的归类

奶粉一般指乳粉或调制乳粉，是以生牛（羊）乳为原料，经加工制成的粉状产品①。此外，也有专门针对患有特殊疾病或特殊医疗状况的婴儿设计的特殊配方婴儿奶粉②。

一、普通奶粉

普通奶粉是将牛奶或羊奶去除水分后制得的粉末，主要营养成分为乳糖、乳蛋白（酪蛋白、乳清蛋白）、乳脂、矿物质、维生素及其他微量成分。

普通奶粉一般应按浓缩的乳归入品目04.02，但添加的物质不应超出第四章总注释的规定④。

普通奶粉③

二、配方奶粉

配方奶粉⑤

配方奶粉是为满足婴幼儿的营养需要，在普通奶粉基础上去除部分酪蛋白，增加乳清蛋白，并添加维生素、核苷酸、不饱和脂肪酸等营养成分制得的冲调食品。

配方奶粉所添加的物质超出了第四章总注释的规定，故应按品目04.01至04.04所列货品制的其他品目未列名食品归入

品目 19.01。适合供婴幼儿食用的零售包装配方奶粉应归入本国子目 1901.1010。

三、特殊配方婴儿奶粉

乳蛋白部分水解婴儿配方奶粉⑥

一些特殊生理状况的婴儿，需要食用经过特别加工处理的婴儿配方食品。特殊配方婴儿奶粉属于医学配方食品，包括无乳糖配方或低乳糖配方奶粉、乳蛋白部分水解配方奶粉、乳蛋白深度水解配方或氨基酸配方奶粉、早产/低出生体重婴儿配方奶粉、氨基酸代谢障碍配方奶粉等。

特殊配方婴儿奶粉通常以科技方法调配，即通过在牛奶中加入或抽取出某些物料而制成（例如以果糖替代乳糖），故应归入品目 19.01 或 21.06⑦。其中，乳蛋白部分水解配方、乳蛋白深度水解配方、氨基酸配方、无乳糖配方特殊婴儿奶粉应归入十位商品编码 21069090.01。

注：

① GB 19644-2010《食品安全国家标准 乳粉》："3.1 乳粉 milk powder 以生牛（羊）乳为原料，经加工制成的粉状产品。3.2 调制乳粉 formulated milk powder 以生牛（羊）乳或及其加工制品为主要原料，添加其它原料，添加或不添加食品添加剂和营养强化剂，经加工制成的乳固体含量不低于 70% 的粉状产品。"

② 特殊配方婴儿奶粉适用 GB 25596-2010《食品安全国家标准 特殊医学用途婴儿配方食品通则》："3.2 特殊医学用途婴儿配方食品 指针对患有特殊紊乱、疾病或医疗状况等特殊医学状况婴儿的营养需求而设计制成的粉状或液态配方食品。在医生或临床营养师的指导下，单独食用或与其他食物配合食用时，其能量和营养成分能够满足 0~6 月龄特殊医学状况婴儿的生长发育需求。"但我国目前尚无针对较大婴儿（6~12 月龄）或幼儿（12~36 月龄）的特殊医学用途配方食品标准。

③ 图片来源：Belgomilk（Template：Ontwerp Belgomilk）[GFDL (http://www.gnu.org/copyleft/fdl.html) or CC BY-SA 3.0 (https://creativecommons.org/licenses/by-sa/3.0)], via Wikimedia Commons.

④ 第四章总注释第一款："上述第（一）项至第（五）项的产品，除含有天然乳成分（例如，添加维生素或天然盐的乳）外，还可以含有乳品液态运输时为保持其天然浓度而加入的少量稳定剂（例如，磷酸二钠、柠檬酸三钠、氯化钙）及少量抗氧剂或乳中一般没有的维生素。这些乳品还可含有加工所需的少量化学品（例如，碳酸氢钠）；成粉状或粒状的乳品可含有防结素（例如，磷脂、无定形二氧化硅）。"

⑤ 图片来源：www.illuminate.com.cn.

⑥ 图片来源：product.suning.com/0070073241/103954442.html.

⑦第四章章注四:"本章不包括:……(二)以一种物质(例如,油酸酯)代替乳中一种或多种天然成分(例如,丁酸酯)而制得的产品(品目 19.01 或 21.06)"。

发酵乳的归类

发酵乳是乳在特征菌作用下发酵制成的食品,包括酸乳和其他发酵乳。 酸乳区别于其他发酵乳的特征为以嗜热链球菌(Streptococcus thermophilus)及保加利亚乳杆菌(Lactobacillus bulgaricus)作为发酵菌种①。

一、风味酸乳

风味酸乳以乳为原料,经保加利亚乳杆菌和嗜热链球菌发酵制成,并添加有果酱、白砂糖和食品添加剂。

风味酸乳的添加物质未超出品目 04.03 的允许范围,发酵菌种也符合"酸乳",应作为酸乳归入子目 0403.10。

风味酸乳②

二、益生菌酸乳

益生菌酸奶③

益生菌酸乳以乳为原料,在嗜热链球菌和保加利亚乳杆菌发酵的基础上进一步添加其他微生物(例如,嗜酸乳杆菌、乳双歧杆菌及植物乳杆菌)制成。

益生菌酸乳中的其他微生物是作为益生菌添加,其主要发酵菌种还是保加利亚乳杆菌和嗜热链球菌,故仍可按酸乳归入子目 0403.10。

三、开菲尔酸乳酒

开菲尔(kefir 或 kephir)是以牛乳、羊乳或山羊乳为原料,添加含有乳酸菌和酵母菌的开菲尔粒发酵剂,经发酵酿制而成的传统酒精发酵乳饮料。

开菲尔酸乳酒④

开菲尔使用的发酵剂不符合"酸乳"的规定,应按其他发酵乳归入子目 0403.90。

四、乳酪

乳酪通过将乳发酵酸化,加凝乳酶凝固,分离固体后压制而成。

乳酪为品目 04.06 列名产品,应归入品目 04.06。

乳酪①

五、乳酸菌饮料

乳酸菌饮料由发酵乳经进一步兑水制成,配料包括白砂糖、柠檬酸、酸乳味香料、大豆多糖等,可直接饮用。

乳酸菌饮料的生产工艺超出了第四章所允许的范围,属于可即供饮用的饮料,应按其他无酒精饮料归入品目 22.02。

乳酸菌饮料⑥

注:
① 又见本书《研究篇·商品研究分·酸乳和其他发酵乳的区别研究》。
② 图片来源:www. brightdairy. com.
③ 图片来源:www. brightdairy. com。
④ 图片来源:Leslie Seaton from Seattle, WA, USA [CC BY 2.0 (https://creativecommons.org/licenses/by/2.0)], via Wikimedia Commons。
⑤ 图片来源:I, J. P. Lon [GFDL (http://www.gnu.org/copyleft/fdl.html), CC-BY-SA-3.0 (http://creativecommons.org/licenses/by-sa/3.0/) or CC BY-SA 2.5 (https://creativecommons.org/licenses/by-sa/2.5)]。
⑥ 图片来源:item.jd.com/24544981639.html。

蜂蜜、蜂王浆及相关产品的归类

一、蜂蜜及其制品

(一)天然蜂蜜

天然蜂蜜(natural honey)一般指蜜蜂或其他昆虫所产的蜜①,主要成分为果糖和葡萄糖,并含有少量蔗糖、麦芽糖、糊精、树胶、有机酸、挥发油、色素、蜡、天然香料、植物残片(特别是花粉粒)等。因蜂种、蜜源、环境之不同,天然蜂蜜的化学组成会有较大差异。

在协调制度中,天然蜂蜜列于品目04.09,但根据该品目注释:

天然蜂蜜[2]

本品目包括蜜蜂或其他昆虫所产的蜂蜜,不论是离心分离、仍存于蜂巢内或是带有蜂巢碎块,但不得加糖或其他任何物质[3]。

因此,添加有柠檬萃取液、柠檬酸和维生素C的天然蜂蜜应作为其他未列名的食品归入品目21.06。

柠檬蜂蜜[4]

(二) 人造蜜

人造蜜(artificial honey)是以蔗糖、葡萄糖或转化糖为基料,通常还加入香料或色料混合制成的仿天然蜂蜜产品。人造蜜应归入品目17.02。

此外,根据17.02品目注释的规定,天然蜂蜜和人造蜜的混合品也归入该品目。

(三) 以天然蜂蜜为基料制成的糖食

以天然蜂蜜为基料制成的糖食,如哈尔瓦甜食(halva),应作为不含可可的糖食归入品目17.04[5]。

哈尔瓦甜食[6]

二、蜂王浆及其制品

蜂王浆[7]

(一) 蜂王浆

蜂王浆(royal jelly),又名蜂皇浆,是一种青年工蜂咽头腺的分泌物,用于供给幼虫和成年蜂王的营养,其主要成分为水、蛋白质、单糖、脂肪酸和10-羟基-2-癸烯酸(10-HDA),并含有微量的矿物质、抗菌成分、维生素B5、维生素B6和维生素C。蜂王浆应按未列名的食用动物产品归入品目04.10。

(二) 蜂王浆口服液

蜂王浆口服液是以蜂王浆、党参、大枣、枸杞子、五味子、蜂蜜、山梨酸钾为主要原料的口服制剂,用于免疫力低下者的免疫调节。该商品应按其他未列名的食品归入品目 21.06。

蜂王浆口服液①

天然蜂蜜和蜂王浆的复合制品②

三、天然蜂蜜和蜂王浆的复合制品

蜂王浆与蜂蜜按比例调配，能有效延长蜂王浆活性的保存时间。天然蜂蜜和蜂王浆的复合制品同样应归入品目 21.06。

蜂蜜、蜂王浆及相关产品所含成分与归类的对应关系

商品	成分				归类
	天然蜂蜜	蜂王浆	人造蜜	其他物质	
天然蜂蜜	○	×	×	×	04.09
蜂王浆	×	○	×	×	04.10
人造蜜	×	×	○	×	17.02
天然蜂蜜、人造蜜混合品	○	×	○	×	17.02
哈尔瓦甜食	○	×	×	○	17.04
添加香精等的天然蜂蜜	○	×	×	○	21.06
蜂王浆口服液	○	○	×	○	21.06
蜂蜜、蜂王浆复合制品	○	○	×	×	21.06

注：

① 其他昆虫如蜜蜂亚科（Apinae）、无刺蜂（Meliponinae）、熊蜂（Bombinae）、马蜂亚科（Polistinae）的蜜蜂（honey wasp）、蚁亚科（Formicinae）和臭蚁亚科（Dolichoderinae）的蜜蚁（honey ant）等。

② 图片来源：Scott Bauer, USDA ARS [Public domain], via Wikimedia Commons.

③ 04.09 品目注释中蜜蜂的原文为 bees (*Apis mellifera*)。
④ 图片来源：item. jd. hk/32385578547. html.
⑤ "halva" 的种类很多，某些品种完全不含蜂蜜，如由芝麻酱、白糖、葡萄糖、植物油等制得的产品。
⑥ 图片来源：Politikaner [CC BY-SA 3. 0 (https：//creativecommons. org/licenses/by-sa/3. 0)], from Wikimedia Commons.
⑦ 图片来源：Méhpempö Bolt [CC BY-SA 3. 0 (https：//creativecommons. org/licenses/by-sa/3. 0)], from Wikimedia Commons.
⑧ 图片来源：item. jd. com/10337465646. html.
⑨ 图片来源：item. jd. com/2184510. html.

▶ "麝香草"和"麝香植物"的区别与归类

"麝香草"和"麝香植物"是两种《税则注释》列名的商品，分别出现于品目 09.10 和 12.11 的注释。尽管两者在中文名称上似有关联，实际上却对应于两种完全不同的植物。

09.10 品目注释所列"麝香草"的原文为"Thyme"，是一种唇形科（Lamiaceae）百里香属（Thymus）的植物。

12.11 品目注释所列"麝香植物"的原文为"Ambrette (musk) (Hibiscus abelmoschus)"，是一种锦葵科（Malvaceae）秋葵属（Abelmoschus）的植物②。注释所列其实是该种植物的子（seed），黄葵子有麝香味，是高级的调香料，亦可入药，具利水通淋、消肿解毒、下乳的功效。

麝香草(Thyme)①

麝香植物(Ambrette)③

麝香植物(Ambrette)的子④

"麝香草"和"麝香植物"的生物分类与归类

科	属	注释列名	归类
唇形科	百里香属	麝香草（包括野麝香草）	09.10
锦葵科	秋葵属	麝香植物（黄葵）：子	12.11

因此，百里香的干叶应作为"麝香草（Thyme）"归入品目09.10，而不是"麝香植物（Ambrette）"所在的12.11，因百里香的拉丁学名 Thymus mongolicus Ronn 表明其是一种百里香属（Thymus）的植物。

注：
① 图片来源：Henry Brisse（upload by user：Abalg）（from the aforementioned site）[GFDL（http://www.gnu.org/copyleft/fdl.html）or CC-BY-SA-3.0（http://creativecommons.org/licenses/by-sa/3.0/）]，via Wikimedia Commons.
② Hibiscus abelmoschus 为 Abelmoschus moschatus 的异名。
③ 图片来源：yakovlev.alexey from Moscow, Russia（Abelmoschus moschatus（Malvaceae））[CC BY-SA 2.0（https://creativecommons.org/licenses/by-sa/2.0）]，via Wikimedia Commons.
④ 图片来源：Maša Sinreih in Valentina Vivod [CC BY-SA 3.0（https://creativecommons.org/licenses/by-sa/3.0）or GFDL（http://www.gnu.org/copyleft/fdl.html）], from Wikimedia Commons.

菊科植物的生物分类与商品归类

一、菊科植物的生物分类

菊花（Chrysanthemum morifolium）、甘菊（Chrysanthemum lavandulifolium）、洋甘菊（Matricaria chamomilla）、雏菊（Bellis perennis）和雪菊（Coreopsis tinctoria）都属于菊科（Asteraceae）植物，其中菊花和甘菊为菊属（Chrysanthemum）植物，洋甘菊为母菊属（Matricaria）植物，雏菊为雏菊属（Bellis）植物，雪菊为金鸡菊属（Coreopsis）植物①。

菊花、甘菊、洋甘菊和雏菊的生物分类

科	属	植物
菊科	菊属	菊花
		甘菊
	母菊属	洋甘菊
	雏菊属	雏菊
	金鸡菊	雪菊

菊科植物偶见混用中文名称的情形，其中尤以甘菊和洋甘菊为甚，故归类时应以产品的拉丁学名为准。

二、菊科植物的商品归类

根据 06.03 品目注释："主要用作香料、药料、杀虫、杀菌或类似用途的花、花瓣及花蕾，如果其报验时的状态已不适合制花束或作装饰用，不能归入本品目（品目 12.11）。"故报验状态不适合制花束或作装饰用的菊花、甘菊、洋甘菊、雏菊和雪菊应归入品目 12.11。

《税则》品目 12.11 下列有本国子目 1211.9015"菊花"，但并未阐明其具体所指代的生物学范围是"菊科""菊属"还是"菊种"[②]。

根据对 1211.9015"菊花"生物学范畴的不同理解，可导致各菊科植物不同的归类结果：在将 1211.9015 所列"菊花"理解为"菊科"的场合，菊花、甘菊、洋甘菊、雏菊及雪菊均可归入 1211.9015；在将 1211.9015 所列"菊花"理解为"菊属"的场合，仅菊属的菊花与甘菊可归入 1211.9015，洋甘菊、雏菊与雪菊应作为其他主要用作药料的植物归入 1211.9039；在将 1211.9015 所列"菊花"理解为"菊种"的场合，仅菊花可归入 1211.9015，甘菊、洋甘菊、雏菊与雪菊应归入 1211.9039[③]。

注：
① 洋甘菊有时也可指罗马洋甘菊（Anthemis nobilis），是一种春黄菊属（Anthemis）的植物。
② 1211.9015 为本国子目，故在确定商品范围时不参考《税则》中其对应的英文"Flos chrysanthemi"。
③ 由于子目 0603.14 所列"菊花"的原文为"Chrysanthemums"，即菊属植物，故实践中一般也"参照"子目 0603.14 的范围，认为 1211.9015 所列"菊花"指菊属植物，即

菊花与甘菊归入1211.9015，洋甘菊、雏菊与雪菊归入1211.9039。

茶 的 归 类

一、茶属植物茶

茶一般指山茶属（Theaceae）植物，GB/T 30766-2014《茶叶分类》将茶叶按加工工艺和产品特性分为了绿茶、红茶、黄茶、白茶、乌龙茶、黑茶及再加工茶。

根据09.02品目注释："本品目包括从茶属（山茶属）植物获得的各种不同的茶。"故由茶属植物制得的茶应归入品目09.02。

09.02品目注释还规定："本品目包括茶花、茶芽、茶渣、结成小球或小片的茶末（叶、花、芽的碎末）以及压制成各种形状和尺寸的茶。在蒸制过程（例如，发酵过程）加入精油（例如，柠檬油或佛手柑油）、人造香精（可呈晶体状或粉末状）、各种芳香植物的某部分或果实（例如，茉莉花、干橙皮或干丁香）的茶，也应归入本品目。"因此，该品目也包括以茶叶为原料制成的粉茶、紧压茶和花茶。

花茶①

二、马黛茶

马黛茶是冬青属（Ilex或holly）灌木的干树叶，有时称为巴拉圭茶（Paraguay tea）或耶苏兹茶（Jesuits'tea），应归入品目09.03。

马黛茶②

三、草本植物茶

不含茶属植物但习惯上也被称作茶的产品包括菊花、薄荷、枸杞等，这类产品多按作药用或香料的植物归入品目12.11，但必须由单一品种的植物或植物某部分（包括子仁及果实）构成。

品目 12.11 不包括在其他品目列名更为具体的产品，例如用于泡茶的混合干果（品目 08.13）、小茴香（品目 09.09）等。

部分归入品目 12.12 的其他供食用植物产品也可用于泡茶，如玛咖粉。

菊花茶③

由不同种类的植物或植物某部分，或由单一品种或不同种类的植物或植物某部分与其他物质混合制成的草本植物茶应归入品目 21.06，例如某些保健茶，但不能以茶或马黛茶为基本成分。

四、茶的制品

萃取茶是以茶为原料，萃取茶叶中的可溶物，滤除茶渣制得的茶汁，也可经浓缩、干燥制成固态茶。萃取茶应按茶的精汁或浓缩品归入品目 21.01。

品目 21.01 还包括以茶或马黛茶的精汁及浓缩品为基本成分的制品和以茶或马黛茶为基本成分的制品，如由速溶茶粉、植脂末、白砂糖等制成的固体饮料，以及玄米和绿茶简单混合制成的玄米绿茶。

以茶或其他草本植物为主要原料加工而成的可即供饮用的茶饮料应按其他无酒精饮料归入品目 22.02。

固体饮料④

茶饮料⑤

注：

① 图片来源：Badagnani ［GFDL (http://www.gnu.org/copyleft/fdl.html) or CC BY 3.0 (https://creativecommons.org/licenses/by/3.0)］, from Wikimedia Commons.

② 图片来源：No machine-readable author provided. Jorgealfonso assumed (based on copyright claims). [CC BY-SA 2.5 (https://creativecommons.org/licenses/by-sa/2.5)], via Wikimedia Commons.

③ 图片来源：Taman Renyah [CC BY-SA 3.0 (https://creativecommons.org/licenses/by-sa/3.0)], from Wikimedia Commons.

④ 图片来源：www.lipton.com.cn.

⑤ 图片来源：www.nongfuspring.com.

绿茶制品的归类

一、抹茶

抹茶由纯绿茶干燥研磨成粉，可直接泡水饮用，也可加工制作成其他食品。

抹茶①

根据第九章总注释："这类产品可以是完整的，也可以捣碎或制成粉末。"抹茶由纯绿茶研磨制成，应按茶归入品目09.02。

二、玄米绿茶

玄米绿茶是由绿茶与玄米混合制成，既保持有茶叶的自然香气，又增添了炒米的芳香。

玄米绿茶应按以茶为基本成分的制品归入品目21.01。

玄米绿茶②

三、绿茶浓缩液

绿茶浓缩液③

绿茶浓缩液是由绿茶经浸提、过滤、浓缩、杀菌和罐装等工艺制得的原茶提取物，主要成分为茶多酚、咖啡因和游离氨基酸等。

绿茶提取液应作为茶的浓缩精汁归入品目21.01。

四、茶多酚

茶多酚（Tea Polyphenols）是茶叶中多酚类物质的总称，包括黄烷醇类、花色苷类、黄酮类、黄酮醇类和酚酸类等。有些时候，茶多酚在商业上也被称为"绿茶提取物"。

归类决定 Z2013‐0034 将一种含量 95.8% 的茶多酚归入了品目 38.24，其加工工艺为：绿茶原料、破碎、纯水提取、离心、浓缩、乙酸乙酯萃取精制、喷雾干燥、粉末过筛、包装。

茶多酚的生产过程和绿茶浓缩液相近，但可从成分和用途两方面进行区别。茶多酚在提取过程中已基本去除了茶叶中的其他成分，绿茶浓缩液除了茶多酚之外，还含有咖啡因、游离氨基酸等其他茶叶成分。此外，茶多酚一般作为添加剂广泛应用于保健品、食品、饮料、化妆品等领域，而绿茶浓缩液主要作为原浆或主剂应用于茶饮料的生产[5]。

商业名称为"绿茶提取物"的茶多酚[4]

注：

① 图片来源：Matcha Tea（Matcha Tea Factory alternatively Matcha）[CC BY-SA 3.0 (https://creativecommons.org/licenses/by-sa/3.0)], via Wikimedia Commons.

② 图片来源：Postcol [CC BY-SA 4.0 (https://creativecommons.org/licenses/by-sa/4.0)], from Wikimedia Commons.

③ 图片来源：www.china.cn/kucunriyonghuaxp/4244056584.html.

④ 图片来源：nutrifirst-biz.sell.everychina.com/p-107586670/showimage.html.

⑤ 又见本书《研究篇·商品研究分·绿茶浓缩液和茶多酚的工艺对比研究》。

油脂加工工艺及相关产品的归类

协调制度及其注释对动、植物油脂类产品的规定多侧重于单一、混合油脂及化学改性、变性油脂的区分上，关于油脂加工过程中各种衍生产品的归类规

定则比较简略。以下主要介绍油脂水解和精炼工艺中相关产物及其衍生产品的归类。

一、油脂水解

油脂水解的基本机理是将甘油三酯分解成为甘油和游离脂肪酸的反应，主要产物是甘油水（品目15.20）和粗脂肪酸（品目38.23）。甘油水经蒸发、蒸馏后可进一步得到甘油（品目15.20或29.05）。粗脂肪酸应用较广泛，如经分馏可得到各种单羧脂肪酸（品目29.15等），中和可得到皂基（品目34.01），加氢还原制得脂肪醇（品目38.23），还可用于制备各种有机表面活性剂（品目34.02）和盥洗用品（第三十三章）等。

二、油脂精炼

未加工油脂的基本成分是甘油三酯、游离脂肪酸及各类杂质。油脂精炼包括脱胶、脱酸、脱色、脱臭、脱蜡、分提等工艺。

（一）脱胶

油脂脱胶主要是利用油脂胶杂中磷脂的表面活性，加水令其形成胶粒，从而吸附其他杂质的过程（水化脱胶），此外还有酸炼脱胶、吸附脱胶、电聚法脱胶和热凝聚脱胶等工艺。脱胶后生成的油脚归入品目15.22。

（二）脱酸

油脂脱酸是指用碱中和油脂中的游离脂肪酸（碱炼脱酸）以去除影响油脂品质的游离脂肪酸及其他杂质（如蛋白质、黏液质、色素、磷脂等物质）的过程，基本反应机理即皂化反应，最后得到的皂料是粗皂与中性油、脂及各种杂质的混合物（品目15.22），进一步加工才可制得的肥皂（品目34.01）。

（三）脱色

油脂脱色工艺用于生产较高品级的油脂，如色拉油、人造奶油及某些化妆品的原料油等的场合。油脂中含有有机色素、有机降解物和色原体，为获得油脂色泽的改善，需要进行脱色处理。目前工业生产应用最为广泛的是用膨润土、活性炭、沸石、硅藻土等吸附剂进行脱色。使用过的脱色土归入品目15.22。

（四）脱臭

油脂脱臭的基本方法是真空减压蒸馏，其副产品脱臭馏出物（品目

15.22)具有较高经济价值,衍生产品也更加丰富,但应注意对脂肪酸馏出油(品目 38.23)和脱臭馏出物的区分,前者游离脂肪酸含量很高而后者多低于 50%[①]。

脱臭馏出物的基本组成包括游离脂肪酸、生育酚、甾类化合物和脂肪酸甘油酯的混合物,提取得到的生育酚(品目 29.36)及甾类化合物都是颇具价值的药用原料。 为进行分离,往往需预先将游离脂肪酸甲酯化,剩余的脂肪酸甲酯可用于制备生物柴油(品目 38.26)。

(五) 脱蜡

油脂脱蜡包括碱炼法、表面活性剂法和凝聚剂法等工艺,虽然各种脱蜡手段的基本原理相同,但加工方式不同,产物也不尽相同。 动、植物蜡主要成分是高级脂肪酸和高级脂肪醇形成的酯,但脱蜡得到的副产品多为含蜡皂角(品目 15.22),而非蜂蜡、巴西蜡、棕榈蜡及虫蜡等单一蜡(品目 15.21)。

(六) 分提

油脂分提是利用高级脂肪酸甘油三酯的同质多晶现象,使油脂冷却析出晶体后进行晶、液分离,从而得到固态脂和液态油的过程。 具体工艺也分为干法、表面活性剂法、溶剂法和液-液萃取法等。 油脂分提没有引起油脂化学结构上的变化,因此其产物应按油脂分离品归入品目 15.04 及 15.06 至 15.15。

值得注意的是,因分提工艺同样适用于混合脂肪酸、脂肪酸酯等油脂衍生物,切忌因工艺相近而将成分相差甚远的分提产物加以混淆,混合脂肪酸、脂肪酸酯等油脂衍生物的分提产物一般归入品目 38.23、38.24 等。

注:
① 又见本书《应用篇·动植食品分·大豆油脱臭馏出物的归类分析》。

苦杏仁油和甜杏仁油的归类

杏仁(Amygdalus Communis)是蔷薇科杏的种子,包括苦杏仁和甜杏仁。在《税则》中，苦杏仁和甜杏仁虽列在相邻的本国子目：1212.9911"苦杏仁"，1212.9912"甜杏仁"，但苦杏仁油和甜杏仁油却是两种差异甚大的商品[①]。

一、苦杏仁油

苦杏仁油在第三十三章注释附表列名，故应归入品目 33.01。

品目 33.01 的主要精油、香膏及提取的油树脂一览表

精	油：	
桦木子油	酒花油	胡椒油
苦杏仁油	风信子油	胡椒薄荷油
苦橙油	海索油	橙叶油

根据 33.01 品目注释：

苦杏仁油[②]

精油来自于植物，是香料、食品及其他工业的原料。它们通常具有复杂的组分，含有各种比例的醇、醛、酮、酚、酯、醚及萜烯。这些精油不论是否因去萜而改变香味，仍应归入本品目。其中大多数精油是挥发性的，其沾于纸上的污点通常很快消失。

可见，附表所列"苦杏仁油"是以苯甲醛为主要成分的一种精油，而不同于以甘油三酯为主的甜杏仁油。

二、甜杏仁油

（一）未制成零售包装

甜杏仁油由杏树果实压榨而得，是主要成分为甘油三酯的一种植物油，不同于品目 33.01 的以苯甲醛为主要成分的"苦杏仁油"，未制成零售包装的甜杏仁油应按其他固定植物油归入品目 15.15。

（二）制成零售包装

甜杏仁油具有良好的亲肤性，因此常用作中性按摩基础油，但当制成零售包装时，就需要考虑适用第六类类注二优先归入其他品目的可能。

根据第六类类注二：

甜杏仁油[③]

二、除上述注释一另有规定的以外，凡由于按一定剂量或作为零售包装而可归入品目 30.04、30.05、30.06、32.12、33.03、33.04、33.05、33.06、33.07、35.06、37.07 或 38.08 的货品，应分别归入以上品目，而不归入本协调制度的其他品目。

一种考虑为将用作按摩基础油的甜杏仁油作为护肤品归入品目 33.04。该问题的焦点在于按摩基础油是否可视作一种品目 33.04 的护肤品。

33.04 品目条文的原文为："Beauty or make-up preparations and preparations for the care of the skin (other than medicaments), including sunscreen or sun tan preparations; manicure or pedicure preparations."则该品目下的产品应为 preparations，即制剂。

按摩基础油常用于稀释按摩精油，并与精油配制成为按摩油，故不应视为一种品目 33.04 所列的 preparations for the care of the skin，因此制成零售包装的甜杏仁油仍可作为植物油归入品目 15.15[④]。

注：
① 商业名为"苦杏仁油"或"甜杏仁油"的产品实际上多指扁桃仁(almond)油。
② 图片来源：www.aroma-zone.com。
③ 图片来源：item.jd.com/889712.html。
④ 归类实践中亦见将按摩基础油视作护肤品归入品目 33.04 的做法，这取决于对零售包装此类产品的商品定性。

大豆油脱臭馏出物的归类分析

大豆油是世界上生产量和消费量最大的植物油，其毛油是含有复杂成分的混合物，在制成供人食用的色拉油和烹调油前需进行包括脱臭在内的一系列精制工序。

一、大豆油脱臭馏出物的商品介绍

已鉴定的大豆油气味成分有乙醛、正己醛、丁酮、丁二酮、3-羟基丁酮、庚酮、辛酮、乙酸、丁酸、乙酸乙酯、二甲硫等十多种。脱臭的目的，就是去除碱炼后残留在油中带有不愉快气味的组分，同时也能去除色素、甾醇、烃类及其他由氢过氧化物热分解形成的化合物，并破坏任何存在于油中的过氧化物。合理的进行脱臭，可以改善油的滋味、气味、色泽及氧化稳定性。

油脂脱臭就是利用油脂中的臭味物质和甘油三酯的挥发度有很大的差异，在高温高真空条件下，借助水蒸气蒸馏脱除臭味物质的工艺过程。在这一过程中，水蒸气通过含有臭味组分的油脂时，汽、液表面相接触，水蒸气被挥发的臭味组分所饱和，并按分压的比率逸出，从而达到脱除臭味组分的目的。

脱臭工艺目前以连续和半连续式工艺为主，此外还有应用较少的间歇式工艺及薄膜工艺。大豆油脱臭过程汽提出的挥发性组分，因其中含有经济价值较高的生育酚和甾类化合物，一般在排气通道中连接捕集器加以捕集。这部分挥发性物质即为大豆油脱臭馏出物，主要用于提取其中的生育酚和甾醇，因此其使用价值取决于成分比例。

大豆油脱臭馏出物的主要成分包括游离脂肪酸、生育酚、甾醇、甾醇酯、甘油一酯、甘油二酯和甘油三酯，根据原料和工艺的不同，实际产品各组分的比例也会有所浮动。

二、大豆油脱臭馏出物的归类分析

在协调制度中，与大豆油脱臭馏出物相关的产品包括：豆油分离品（品目15.07）、脂肪酸馏出油（品目38.23）以及炼油副产品（品目15.22）。

（一）大豆油脱臭馏出物和豆油分离品

根据第十五章总注释：

品目15.04及15.06至15.15还包括这些品目所列油脂的分离品，只要这些分离品在协调制度其他品目未具体列名（例如，鲸蜡应归入品目15.21）。以下是分离的主要方法：

1. 通过压榨、倾析、冬化及过滤进行干分离；

2. 溶剂分离；

3. 借助表面活性剂分离。

分离不会引起上述油、脂化学结构的任何变化。

注释规定品目15.04及15.06至15.15所列油脂分离品的工艺不会引起油、脂化学结构的变化，但由于脱臭汽提工艺在高温下不可避免地伴随化学变化，如脱臭馏出物中部分甘油二酯和脂肪酸就是大豆油中甘油三酯的水解产物,因此虽然大豆油脱臭馏出物确为一种"豆油分离品",但不能归入品目15.07。

(二) 大豆油脱臭馏出物和脂肪酸馏出油

根据38.23品目注释:

> 脂肪酸馏出油,作为精制工序的一部分将油、脂加蒸汽真空蒸馏制得。脂肪酸馏出油的特征是游离脂肪酸(ffa)含量很高。

大豆油脱臭馏出物的生产工艺和脂肪酸馏出油相似,但其游离脂肪酸含量常介于30%~60%,故不符合"游离脂肪酸(ffa)含量很高"的规定。另一方面,大豆油脱臭馏出物主要用于提取生育酚和甾醇,提取前须先将其中游离脂肪酸酯化为脂肪酸酯或皂化为脂肪酸盐,故其所含游离脂肪酸未构成产品的基本特征,产品本身更不能直接作为脂肪酸使用。

事实上,38.23品目注释所称"脂肪酸馏出油"应指某些高酸值油脂(如未精炼毛糠油,游离脂肪酸含量可达25%)的蒸馏脱酸产物,而非低酸值油脂(如大豆毛油,游离脂肪酸含量约0.5%~5%)的蒸馏脱臭产物。蒸馏脱酸和蒸馏脱臭工艺虽同属物理精炼,但细节上前者要求更高的除酸蒸馏强度,并可直接获得游离脂肪酸含量非常高的副产物脂肪酸,而后者得到的副产品游离脂肪酸含量较低,主要价值在于其中所含的生育酚和甾醇。

基于上述差异,从产品的最终用途和本身属性看,大豆油脱臭馏出物也不能归入品目38.23。

(三) 大豆油脱臭馏出物和炼油副产品

副产品是在生产主要产品的同时,从同一种原材料中,通过同一生产过程附带生产出来的非主要产品。从生产工艺和来源看,大豆油脱臭馏出物无疑就是一种炼油副产品,故根据第十五章总注释:

> 炼油副产品,如"油脚"及皂料,归入品目15.22。

大豆油脱臭馏出物应作为炼油副产品归入品目15.22。

月饼的归类

月饼作为一种久负盛名的中国传统糕点,在以往的国际贸易中并不常见,但近几年中国的一些优质品牌也逐渐享誉全球，开始营销至美国、加拿大、澳洲、新加坡及马来西亚等。

月饼按加工工艺可分为热加工类（烘烤类、油炸类等）和冷加工类（熟粉类等），按地方派式特色可分为广式月饼、京式月饼、苏式月饼、潮式月饼、滇式月饼、晋式月饼、琼式月饼、台式月饼、哈式月饼等。

根据 GB/T 19855-2015《月饼》：

3.1 月饼 moon cake

使用小麦粉等谷物粉或植物粉、油、糖（或不加糖）等为主要原料制成饼皮，包裹各种馅料，经加工而成，在中秋节食用为主的传统节日食品。

在协调制度中，月饼没有专门的列目，因此不同类型的月饼根据制作材料与加工工艺的不同，其归类也不尽相同。

一、凤梨月饼

凤梨月饼[①]

凤梨月饼是一种以凤梨馅料、低筋面粉、转化糖浆、油、枧水等为主要食材制作的传统广式月饼，为烘烤类月饼，应按其他烘焙糕饼归入品目 19.05。

二、冰皮月饼

冰皮月饼不同于由糖浆做皮而呈金黄色的传统月饼，其原料含有糯米，保存于冷藏柜，故外观呈白色。 冰皮月饼制作特点是无需烘烤，工艺简单，馅料包括莲蓉、豆沙等。

冰皮月饼[②]

冰皮月饼是一种冷加工月饼，不能按烘焙糕点归入品目 19.05，而应按细粉、粗粒、粗粉、淀粉或麦精制的其他品目未列名的食品归入品目 19.01[③]。

三、鲜肉月饼

鲜肉月饼[④]

鲜肉月饼顾名思义，其馅主要为鲜肉（猪肉），是苏式月饼的一种。

鲜肉月饼虽经烘烤，但根据第十九章章注一（一）：

一、本章不包括：

（一）按重量计含香肠、肉、食用杂碎、动物血、鱼、甲壳动物、软体动物、其他水生无脊椎动物及其混合物超过20％的食品（第十六章），但品目19.02的包馅食品除外；

因此，鲜肉月饼应按其他方法制作或保藏的猪肉归入品目16.02。

四、冰淇淋月饼

冰淇淋月饼是以冰淇淋为馅料制成的月饼，大多采用牛奶、奶油为主料，属于西点的一种，应按冰淇淋及其他冰制食品归入品目21.05。

冰淇淋月饼[5]

注：

① 图片来源：item.jd.com/29909402660.html.

② 图片来源：item.jd.com/30190875829.html.

③ 关于冰皮月饼是否可作为包馅面食归入品目19.02，取决于对19.02所称"面食（Pasta）"范围的理解。本文假设其不属于品目19.02的面食。

④ 图片来源：item.jd.com/30129983769.html.

⑤ 图片来源：item.jd.com/1638866437.html.

▶ 保健品的归类

保健品一般是指保健食品，但广义的保健品也包括保健化妆品、保健用品等。

根据GB 16740-2014《食品安全国家标准　保健食品》：

2.1　保健食品

声称并具有特定保健功能或者以补充维生素、矿物质为目的的食品。即适用于特定人群食用，具有调节机体功能，不以治疗疾病为目的，并且对人体不产生任何急性、亚急性或慢性危害的食品。

在协调制度中,保健品没有专门的列目,故不同种类的保健品归类亦各不相同。 以下介绍几种常见的保健品及它们的归类。

一、高丽参元饮品

高丽参元饮品①

高丽参元饮品的主要原料为高丽参、水、肉桂、枸杞子、大枣、生姜、果糖、柠檬酸,具有免疫调节的保健功能,可直接饮用。

高丽参元饮品可直接饮用,应作为其他无酒精饮料归入品目 22.02。

二、玛咖粉

玛咖粉②

玛咖是一种纯天然食品,营养成分丰富,对人体有滋补强身的功用。 玛咖粉以玛咖为原料,经切片、干燥、粉碎、灭菌等步骤制成。

玛咖粉的加工程度未超出品目 12.12 所允许的范围,应按主要供人食用的植物产品归入品目 12.12③。

三、冰糖燕窝

冰糖燕窝④

冰糖燕窝配料为燕窝、水、冰糖,为燕窝经炖煮等加工制得的即食食品。

冰糖燕窝应按其他品目未列名的食品归入品目 21.06⑤。

四、深海鱼油胶囊

深海鱼油胶囊⑥

深海鱼油胶囊主要成分为深海鱼油(富含 EPA,即二十五碳五烯酸和 DHA,即二十二碳六烯酸),由明胶胶囊包裹,适宜成年人服用。 鱼油为单一成分,胶囊仅为便于服用和保存。

深海鱼油胶囊应按除鱼肝油以外的鱼油归入品目 15.04⑦。

五、清脂瘦身贴

清脂瘦身贴是将山药、黄芪、五味子、白芍、山楂、茯苓、赤芍、牡丹皮、大黄、桃仁、五倍子、木瓜、白芷、荷叶、番泻叶、冬瓜皮、泽泻、菊花、金银花水煮提取二次,合并提取液、浓缩,加入加热后的热熔胶与樟脑、冰片混合成膏,摊涂在无纺布上,中心加以磁铁,覆盖离型纸,切片包装而成,适用于腰腹部,起减肥保健的作用。

清脂瘦身贴为外用的减肥保健品,应按其他税目未列名的化工品归入品目 38.24。

清脂瘦身贴⑧

注:
① 图片来源:item.jd.com/637437.html.
② 图片来源:item.jd.com/11152307689.html.
③ 如果认为玛咖具有药用价值,亦可考虑归入品目 12.11。因此,玛咖的归类取决于对此种植物功效的定性。
④ 图片来源:item.jd.com/11467176939.html.
⑤ 又见归类决定 Z2006-1182。
⑥ 图片来源:item.jd.hk/2356469.html.
⑦ 又见归类决定 Z2010-0003。
⑧ 图片来源:item.jd.com/27572455246.html.

饮料酒的归类

酒的种类繁多,不同类别酒的生产原料、制备工艺及酒精度数也各不相同。 饮料酒按生产原料可分为谷物酒、水果酒、奶蛋酒、蜂蜜酒、混合酒等,按酒精含量可分为低度酒、中度酒和高度酒,按酒的性质则可分为发酵酒、蒸馏酒和配制酒。

一、饮料酒的国家标准

根据 GB/T 17204-2008《饮料酒分类》:

2.1 饮料酒 alcoholic beverages

酒精度在 0.5%vol 以上的酒精饮料，包括各种发酵酒、蒸馏酒及配制酒。

标准将全部饮料酒按大类分为发酵酒（4.1）、蒸馏酒（4.2）以及配制酒（4.3），每个大类下再进一步划分出啤酒（4.1.1）、葡萄酒（4.1.2）、白酒（4.2.1）等小类，其与协调制度第二十二章品目的对应关系如表所示。

协调制度品目（全部或部分）与 GB/T 17204-2008 的对应关系

协调制度	GB/T 17204-2008
22.03 麦芽酿造的啤酒	4.1.1 啤酒（无醇啤酒除外）
22.04 鲜葡萄酿造的酒，包括加酒精的	4.1.2 葡萄酒
22.05 味美思酒及其他加植物或香料的用鲜葡萄酿造的酒	
22.06 其他发酵饮料	4.1.3 果酒
	4.1.4 黄酒
22.08 蒸馏酒	4.2.1 白酒
	4.2.2 白兰地
	4.2.3 威士忌
	4.2.4 伏特加
	4.2.5 朗姆酒
	4.2.6 杜松子酒
	4.2.7 奶酒（蒸馏型）
	4.2.8 其他蒸馏酒
22.06 其他品目未列名的发酵饮料的混合物及发酵饮料与无酒精饮料的混合物	4.3 配制酒
22.08 利口酒及其他酒精饮料	

二、饮料酒的列目分布

在协调制度中，饮料酒主要列于第二十二章的相应品目，包括啤酒、葡萄酒、蒸馏酒、利口酒等。

（一）啤酒

品目 22.03 特指由麦芽酿造的啤酒。不是麦芽酿造的啤酒，如姜啤酒、草药啤酒等应按其他发酵饮料归入品目 22.06。用麦精及酒糟制得的麦芽酒也应归入品目 22.06。

此外，品目 22.03 也不包括无醇啤酒，因其酒精含量按容量计已低于 0.5%，故应按其他无酒精饮料归入 22.02。

麦芽酿造的啤酒[①]

（二）葡萄酒

品目 22.04 和 22.05 的葡萄酒必须是由新鲜葡萄汁经酒精发酵制得的，不包括 22.06 的葡萄干酒。

品目 22.04 主要包括普通葡萄酒、掺酒精葡萄酒、汽酒及有时也被称为利口酒的餐后葡萄酒（区别于品目 22.08 的利口酒），22.05 则为用鲜葡萄酒和植物叶、根、果子等浸剂或芳香料浸剂制成的各种饮料酒。

葡萄酒[②]

（三）其他发酵饮料

品目 22.06 包括两类商品：

一是除品目 22.03 至 22.05 所列以外的各种发酵饮料，包括苹果酒、梨酒、蜂蜜酒、葡萄干酒、麦芽酒、云杉酒、清酒或米酒、棕榈酒、姜啤酒及草药啤酒等，属于发酵酒的兜底税目；

二是无酒精饮料与发酵饮料的混合物及各种发酵饮料的混合物，对应于 GB/T 17204-2008 中的部分配制酒。例如，柠檬水与啤酒或酿造酒的混合物，啤酒与酿造酒的混合物。

蜂蜜酒[③]

（四）其他酒精饮料

品目 22.08 的蒸馏酒、利口酒及其他酒精饮料均为通过蒸馏工艺制得的烈性酒，其中蒸馏酒特指通过蒸馏葡萄酒、苹果酒、其他发酵饮料、发酵粮食或发酵的其他植物产品但不加香料制得的烈性酒，利口酒则为已添加糖、蜂蜜或其他天然甜料以及精汁或香精的酒精饮料。

利口酒[④]

三、饮料酒的归类实例

以两款梅酒为例,说明饮料酒归类的一般方法。

第一种梅酒主要原料为纯米酒、梅、冰糖、红紫苏,其不属于品目 22.03 所列的啤酒或品目 22.04、22.05 所列的葡萄酒,故应作为其他发酵饮料归入品目 22.06。

第二种梅酒的配料为米烧酒、梅子、果糖,其基酒米烧酒属于蒸馏酒,添加梅子和果糖后,应作为利口酒归入品目 22.08。

归入品目 22.06 的梅酒[5]

归入品目 22.08 的梅酒[6]

注:
① 图片来源:item.jd.com/1080068.html.
② 图片来源:item.jd.com/1175516.html.
③ 图片来源:item.jd.com/100000234055.html.
④ 图片来源:item.jd.com/31873763171.html.
⑤ 图片来源:www.wineplus.com.tw/products_4.php? pid = 1432.
⑥ 图片来源:item.jd.com/4662211.html.

▶ 果蔬汁型啤酒的归类分析

果蔬汁型啤酒是一种通过在啤酒中添加一定量的果蔬汁制成的饮料酒。

一、果蔬汁型啤酒的国家标准

在 GB/T 17204-2008《饮料酒分类》中，果蔬汁型啤酒被归为啤酒的一种，但不同于以啤酒为酒基制成的配制酒：

4.1.1 啤酒 beer

以麦芽、水为主要原料，加啤酒花（包括酒花制品），经酵母发酵酿制而成的、含有二氧化碳的、起泡的、低酒精度的发酵酒。

果蔬汁型啤酒[①]

……

4.1.1.3.7 果蔬类啤酒 fruit and vegetable beer

a) 果蔬汁型啤酒（beer with fruit and vegetable flavor）：添加一定量的果蔬汁，具有其特征指标和风味，并保持啤酒基本口味，其他指标应符合相应的啤酒要求。

……

4.3 配制酒（露酒）blended alcoholic beverage

以发酵酒、蒸馏酒或食用酒精为酒基，加入可食用或药食两用的辅料或食品添加剂，进行调配、混合或再加工制成的、已改变了其原酒基风格的饮料酒。

果蔬汁型啤酒和配制酒的区别主要在于，前者仍保持有啤酒基本口味，后者已改变了原酒基风格[②]。

二、果蔬汁型啤酒的归类分析

符合 GB/T 17204-2008 规定的果蔬汁型啤酒，既是一种啤酒，又属于发酵酒与无酒精饮料的混合物，故其归类涉及 22.03（麦芽酿造的啤酒）和 22.06（其他品目未列名的发酵饮料与无酒精饮料的混合物）两个品目。

22.03 品目注释允许该品目的啤酒加糖（特别是蔗糖）、着色料、二氧化碳及其他物质，且未限定可添加"其他物质"的具体范围，因此加有果蔬汁的啤酒，只要保持啤酒的基本口味，仍可视为一种品目 22.03 的商品。

反之，尽管品目 22.06 包括无酒精饮料与发酵饮料的混合物，且于注释列有柠檬水与啤酒的混合物，但因该品目具有"其他品目未列名"的"兜底"性质，故在归类的适用顺序上低于"列名"的品目 22.03。这意味着即使果蔬汁型啤酒在成分上属于发酵饮料与无酒精饮料的混合物,但如果其同时也属于一种麦芽酿造的啤酒,仍应优先归入品目 22.03。

注:

① 图片来源:item.jd.com/28321583918.html.

② 是否保持啤酒的基本口味仍是一个较为主观的标准,故操作上也可参照 GB 7718-2011《食品安全国家标准　预包装食品标签通则》的规定:"4.1.2.1.1 当国家标准、行业标准或地方标准中已规定了某食品的一个或几个名称时,应选用其中的一个,或等效的名称。"即通过包装标签上的名称辅助判断饮料酒的属性。例如,如果一种以啤酒为酒基的饮料酒包装标签出现了"配制酒"的字样,通常即可认为其原酒基风格已发生了改变。

生化材料分

氯化钠水溶液的归类

氯化钠水溶液为氯化钠溶于水中配制成的溶液,其常见形式为生理盐水,即生理学实验或临床上常用的渗透压与动物或人体血浆的渗透压基本相等的氯化钠溶液。

浓度为0.9%的生理盐水渗透压与人体血液近似,故常作为药品。生理盐水亦可外用,如作清洁伤口、换药等医疗用途,或供家庭卫生用。在科研中,生理盐水则可作为采样液或稀释液,用于维持细胞的正常形态。

在协调制度中,氯化钠水溶液在品目25.01具体列名:"纯氯化钠,不论是否为水溶液",但同时该品目注释的排他条款也规定:

本品目不包括:

……

(二)装于安瓿的氯化钠溶液,包括海水,以及其他制成药品的氯化钠(第三十章),以及制成零售包装的卫生用氯化钠溶液(医药用的除外),无论是否经消毒(品目33.07)。

因此,根据具体用途及是否配定剂量或制成零售包装,各类氯化钠水溶液的归类可归纳如下:

一、未配定剂量或制成零售包装

根据第二十八章章注三:

三、除第六类注释一另有规定的以外,本章不包括:

(一)氯化钠或氧化镁(不论是否纯净)及第五类的其他产品;

即未配定剂量或制成零售包装的氯化钠水溶液应归入品目25.01。同时，由于25.01品目条文有"不论是否为水溶液"的规定，故纯氯化钠的水溶液应作为纯氯化钠归入本国子目2501.0020，而不应考虑该品目下的其他子目。

二、配定剂量或制成零售包装

配定剂量或制成零售包装的氯化钠水溶液在归类时适用的主要依据为第六类类注二：

二、除上述注释一另有规定的以外，凡由于按一定剂量或作为零售包装而可归入品目30.04、30.05、30.06、32.12、33.03、33.04、33.05、33.06、33.07、35.06、37.07或38.08的货品，应分别归入以上品目，而不归入本协调制度的其他品目。

静脉注射用
生理用盐水①

该类产品的归类与包装和用途密切相关，配定剂量或制成零售包装的氯化钠水溶液主要可用作药品、卫生用及科研试剂等。

（一）药品

根据25.01品目注释："本品目不包括：……（二）装于安瓿的氯化钠溶液，包括海水，以及其他制成药品的氯化钠（第三十章）"，因此不论是否装于安瓿瓶的氯化钠水溶液，只要制成了药品，如静脉注射用的生理盐水，即应归入品目30.04。

（二）卫生用生理盐水

生活中常见专供家庭卫生用的生理盐水，例如专用于清洗婴儿眼鼻的生理盐水，根据25.01品目注释："本品目不包括：……制成零售包装的卫生用氯化钠溶液（医药用的除外），无论是否经消毒（品目33.07）"，故这类产品应入归品目33.07。

婴儿眼鼻清洗用生理盐水②

（三）科研用氯化钠水溶液

氯化钠水溶液在微生物检测中可用作样品采集的稀释液，这类产品即使为安瓿瓶装，只要没有制成药品，也不能归入品目30.04③。同时，因其成分也不符合38.22品目条文关于"配制试剂"的规定，故仍应作为一般的氯化钠水溶液归入品目25.01。

注：
① 图片来源：commons.wikimedia.org/wiki/File：Iv1-07_014.jpg。
② 图片来源：item.jd.hk/4648352.html。
③ 尽管25.01品目注释的排他条款规定："本品目不包括：……（二）装于安瓿的氯化钠溶液，包括海水，以及其他制成药品的氯化钠（第三十章）"，但不应理解为在任何情况下安瓿瓶装的氯化钠溶液都应归入第三十章，归入第三十章的氯化钠溶液通常须制成药品。

羟胺及其盐和衍生物的归类

羟胺（hydroxylamine）是一种分子式为NH_2OH的无机化合物，一般在有机合成中用作还原剂。不过，商业上有时也将"羟胺"作为羟胺及其各种盐和衍生物的统称，故此类产品在归类时应注意确认分子式和CAS号，而不是仅根据商品名称。

一、羟胺

羟胺，又称胲，CAS号：7803-49-8，分子式NH_2OH。
品目28.25包括"胲（羟胺）及其无机盐"，故羟胺作为一种列名的无机化学品，应归入品目28.25。

羟胺①

二、羟胺的无机盐

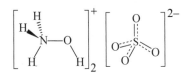

硫酸羟胺②

硫酸羟胺（hydroxylamine sulfate），又称硫酸胲，CAS号：10039-54-0，分子式$H_8N_2O_6S$。

硫酸羟胺属于羟胺的无机盐，同样应归入品目28.25。

三、羟胺的有机衍生物

苯基羟胺（phenylhydroxylamine），又称苯胲，CAS号：100-65-2，分子式C_6H_7NO。

苯基羟胺可看作羟胺分子氨基上的一个氢原子被一

苯基羟胺③

个苯基所取代，是一种羟胺的有机衍生物。 28.25 品目注释规定该品目不包括胲的有机衍生物，同时"苯胲"亦于 29.28 品目注释列名，故苯基羟胺应作为羟胺的有机衍生物归入品目 29.28。

注：
① 图片来源：commons.wikimedia.org/wiki/File：Hydroxylamine-2D.png.
② 图片来源：Ben Mills［Public domain］，from Wikimedia Commons.
③ 图片来源：No machine-readable author provided. Benjah-bmm27 assumed（based on copyright claims）.［Public domain］，via Wikimedia Commons.

▶ 过磷酸钙和钙的磷酸盐的区别与归类

31.03 品目注释列有"过磷酸钙（一过磷酸钙、二过磷酸钙或三过磷酸钙）"，因其名称与磷酸一钙、磷酸二钙、磷酸三钙相近，在归类实践中常见将两者混淆的情形，故有必要明确过磷酸钙与钙的磷酸盐的区别。

一、过磷酸钙

根据 31.03 品目注释："过磷酸钙（一过磷酸钙、二过磷酸钙或三过磷酸钙）（可溶磷酸钙）。 一过磷酸钙是通过硫酸作用于天然磷酸盐或骨粉制得的。 二过磷酸钙或三过磷酸钙是通过磷酸作用于天然磷酸盐或骨粉制得的。"

（一） 一过磷酸钙

一过磷酸钙，又称普钙，是用硫酸分解天然磷酸盐或骨粉制得的磷肥，基本反应过程为

$$Ca_3(PO_4)_2 + 2H_2SO_4 \longrightarrow 2CaSO_4 + Ca(H_2PO_4)_2$$

这种磷肥以磷酸二氢钙的水合物 $Ca(H_2PO_4)_2 \cdot H_2O$ 和少量游离的磷酸为有效成分，并含有无水硫酸钙组分（对缺硫土壤有用）。

（二）二过磷酸钙和三过磷酸钙

二过磷酸钙和三过磷酸钙是通过磷酸作用于天然磷酸盐或骨粉制得的磷肥，基本反应过程为：

$$Ca_3(PO_4)_2 + 4 H_3PO_4 \longrightarrow 3 Ca(H_2PO_4)_2$$

这种磷肥的肥效高于以硫酸为原料的普钙。

一过磷酸钙、二过磷酸钙和三过磷酸钙都是以磷酸二氢钙（即磷酸一钙）为主要有效成分的混合物，应按过磷酸钙归入子目 3103.10。

二、钙的磷酸盐

磷酸一钙、磷酸二钙和磷酸三钙都是单独的已有化学定义的化合物。

（一）磷酸一钙

磷酸一钙，即磷酸二氢钙，分子式 $Ca(H_2PO_4)_2$，是唯一溶于水的磷酸钙，也是一过磷酸钙、二过磷酸钙和三过磷酸钙的主要有效成分。

（二）磷酸二钙

磷酸二钙，即磷酸氢钙，分子式 $CaHPO_4$，不溶于水。

（三）磷酸三钙

磷酸三钙，即磷酸钙，分子式 $Ca_3(PO_4)_2$，不溶于水。

磷酸一钙、磷酸二钙和磷酸三钙都应作为钙的磷酸盐归入品目 28.35，其中磷酸二钙应归入子目 2835.25，磷酸一钙和磷酸三钙应归入子目 2835.26。

▶ 磺（酰）胺、氨基磺酸和硫酰胺的区别与归类

磺（酰）胺（sulfonamide）、氨基磺酸（sulfamic acid）和硫酰胺（sulfamide）是三种结构类似却不相同的化合物，归类实践中常见将三者混淆的情形。

一、磺(酰)胺

磺(酰)胺①

磺(酰)胺于品目 29.35 列名。根据 29.35 品目注释："磺(酰)胺的通式为 ($R^1SO_2NR^2R^3$)，式中 R^1 是一个复杂多样的有机基……"，故品目 29.35 所列"磺(酰)胺"须含有机基团，如对氨基苯磺酰胺($H_2NC_6H_4SO_2NH_2$)。

二、氨基磺酸

"氨基磺酸"[$SO_2(OH)NH_2$]是一种 28.11 品目注释列名的商品。品目 28.11 的商品范围为"其他无机酸及非金属无机氧化物"，从氨基磺酸的结构看，其是作为其他无机酸归入品目 28.11 的。

氨基磺酸②

三、硫酰胺③

硫酰胺④

硫酰胺[$SO_2(NH_2)_2$]在协调制度及其注释中都没有列名。

硫酰胺的分子结构不含有机基团，故不能按"磺(酰)胺"归入品目 29.35。

另一方面，硫酰胺的结构虽与氨基磺酸相似，但其既不属于"其他无机酸"，又非"非金属无机氧化物"，因此也不能归入品目 28.11。

硫酰胺含有氧原子与硫原子，故也可考虑按 28.53 品目注释所列的"非金属氧硫化物（Non-metallic oxysulphides）"归类，但根据《韦氏大学英语词典》对"oxysulphide"的解释：a compound of oxygen and sulfur with an element or radical that may be regarded as a sulfide in which part of the sulfur is replaced by oxygen，所以"非金属氧硫化物"应指那些结构中氧原子和硫原子均与非金属部分存在结合的化合物，而不是硫酰胺这种仅硫原子与氨基结合的结构。

因此，硫酰胺既不是品目 29.35 的"磺(酰)胺"，也不属于品目 28.11 的"其他无机酸及非金属无机氧化物"或 28.53 品目注释所列的"非金属氧硫化物"，但因其在第二十八章其他品目亦未列名，故仍应作为其他无机化合物归入品目 28.53。

磺(酰)胺、氨基磺酸与硫酰胺的结构特点与归类

化合物	结构式	结构特点	归类
磺（酰）胺	$R^1SO_2NR^2R^3$	含有机基团	29.35
氨基磺酸	$SO_2(OH)NH_2$	其他无机酸	28.11
硫酰胺	$SO_2(NH_2)_2$	其他无机化合物	28.53

注：
① 图片来源：Edgar181 [Public domain], from Wikimedia Commons.
② 图片来源：Benjah-bmm27 [Public domain], from Wikimedia Commons.
③ 在中文环境下，"硫酰胺"与"磺酰胺"两种名称有时存在通用的现象，故文中所述化学品皆以给出的化学结构为准。
④ 图片来源：Muskid [Public domain], from Wikimedia Commons.

氨基酸的归类

在协调制度中，氨基酸是指含有一个或数个羧酸基及一个或数个氨基的有机化合物。

一、氨基酸的归类原则

氨基酸是分子结构中含有氨基（—NH_2）和羧酸基（—COOH）的有机化合物，通常应作为含氧基氨基化合物归入子目2922.4，但归类实践中亦见一些含有氨基和羧酸基，却不作为氨基酸归入2922.4的化学品。这些产品主要包括三种情况：

氨基酸①

（一）含有一种以上含氧基

由2922.4子目条文"氨基酸（但含有一种以上含氧基的除外）及其酯以及它们的盐"可知，该子目不包括含有一种以上含氧基的产品。

"含氧基"指代的范围可参照第二十九章章注四："品目29.11、29.12、29.14、29.18及29.22所称'含氧基'，仅限于品目29.05至29.20的各种

含氧基（其特征为有机含氧基）。"

（二）从后归类

根据第二十九章章注三："可以归入本章两个或两个以上品目的货品，应归入有关品目中的最后一个品目。"

这一规定主要影响相关产品在品目层级的归类，例如某些已构成杂环化合物的氨基酸。

（三）羧基不在"母体"片段

根据29.22品目注释："与母体氨基酸连结的非母体片段上的任何含氧基不作为归类时考虑的因素。"以及2922.11至2922.50的子目注释："在进行子目归类时，根据相对于胺基的含氧基位置，醚、有机或无机酸酯基也被视为醇、酚或酸基。在这种情况下，归类时只考虑位于胺基和醚或酯基氧原子之间那个分子的含氧基。含有胺基的片段则称作'母体'片段。"

因此，归入子目2922.4的氨基酸的羧酸基必须位于含有氨基的"母体"片段。

二、氨基酸的归类实例

（一）天门冬氨酸

天门冬氨酸①

天门冬氨酸为含有两个羧酸基和一个氨基的氨基酸，结构符合氨基酸之规定，且不在三种例外情况之列，故可按其他氨基酸归入子目2922.49。

（二）苏氨酸

苏氨酸分子结构中除羧酸基外还含有羟基（—OH），因羟基和羧酸基都是含氧基，因此苏氨酸属于含有一种以上含氧基的氨基酸，应按其他含氧基氨基化合物归入子目2922.50。

苏氨酸②

（三）脯氨酸

脯氨酸①

脯氨酸含有氨基酸的结构，但其氨基本身又是氮杂环的一部分，根据第二十九章章注三"从后归类"的规定，应按仅含氮杂原子的杂环化合物归入子目2933.99。

（四）3-[2-(2-氨基乙氧基)乙氧基]丙酸

3-[2-(2-氨基乙氧基)乙氧基]丙酸的结构中含有氨基、羧酸基及醚，状似为一种含有一种以上含氧基的氨基酸，而应作为其他含氧基氨基化合物归入子目 2922.50。

3-[2-(2-氨基乙氧基)乙氧基]丙酸①

但根据 2922.11 至 2922.50 子目注释的规定："在这种情况下，归类时只考虑位于胺基和醚或酯基氧原子之间那个分子的含氧基。含有胺基的片段则称作'母体'片段……如果一种化合物含有两个或两个以上的醚或酯基，为了归类的需要，在每一醚或酯基的氧原子位置将分子分割开来，仅考虑位于与胺基同一片段上的含氧基。"

所以 3-[2-(2-氨基乙氧基)乙氧基]丙酸在归类时应只考虑氨基和与氨基同侧的醚所在的"母体"片段，而羧酸基和另一个醚则不应作为归类时考虑的因素。由于在"母体"片段仅含有氨基和醚，因此 3-[2-(2-氨基乙氧基)乙氧基]丙酸应按氨基醇醚归入子目 2922.19。

注：
① 图片来源：GYassineMrabetTalk No This W3C-unspecified vector image was created with Inkscape. [Public domain], from Wikimedia Commons.
② 图片来源：NEUROtiker [Public domain], from Wikimedia Commons.
③ 图片来源：NEUROtiker [Public domain], from Wikimedia Commons.
④ 图片来源：NEUROtiker [Public domain], from Wikimedia Commons.
⑤ 图片来源：www.chemicalbook.com/ProductChemicalPropertiesCB62501433.htm.

核苷酸和核酸的区别与归类

核苷酸（Nucleotide）与核酸（Nucleic acid）是两种既有区别又有关联的化学品，因两者在品目 29.34 中均有列名①，故实践中常见将两者混淆的情形。

一、核苷酸和核酸的区别

核苷酸是一类由含氮碱基（Nitrogenous base）、戊糖（Pentose）以及磷酸（Phosphate）组成的化合物。对脱氧核糖核酸而言，含氮碱基包括腺嘌呤（Adenine）、胸腺嘧啶（Thymine）、鸟嘌呤（Guanine）、胞嘧啶（Cytosine）。

核酸是由许多核苷酸聚合成的生物大分子化合物，为生命的最基本物质之一，包括脱氧核糖核酸（DNA）和核糖核酸（RNA）。核酸的相对分子质量很大，一般是几十万至几百万。核酸水解后得到许多核苷酸，所以核苷酸是组成核酸分子的单体。

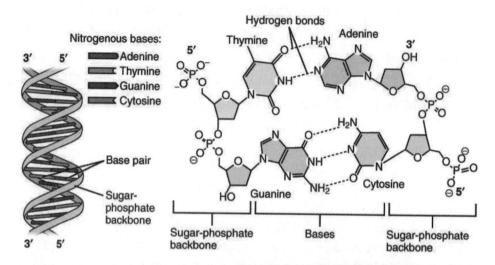

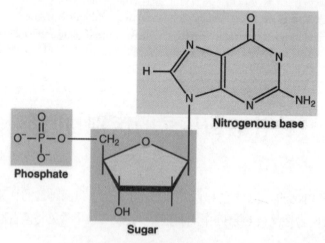

核苷酸与 DNA 的关系[2]

二、核苷酸和核酸的归类

（一）核酸

核酸在 29.34 品目条文列名："核酸及其盐,不论是否已有化学定义",因此不论是否已有化学定义的核酸及其盐都可归入品目 29.34。

（二）核苷酸

核苷酸因不同于核酸,故其实际上是作为"其他杂环化合物"归入品目 29.34 的③。也就是说,核苷酸并不能适用针对核酸及其盐的"不论是否已有化学定义"的规定。

换言之,归入品目 29.34 的核苷酸应符合第二十九章章注一的规定,而不能因为 29349990.01 列有"核苷酸类食品添加剂",就将所有用作食品添加剂的核苷酸均归入品目 29.34。

例如,单独已有化学定义的肌苷酸二钠,用作食品添加剂时,可作为核苷酸类食品添加剂归入 29349990.01,但由多种不同核苷酸制成的预混剂,因不符合第二十九章章注一的规定,故不能归入品目 29.34。

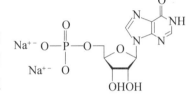

肌苷酸二钠④

注：

① 核苷酸在品目 29.34 中的列名是指十位商品编码 29349990.01 所列的"核苷酸类食品添加剂"。

② 图片来源：OpenStax [CC BY 4.0 (https://creativecommons.org/licenses/by/4.0)], via Wikimedia Commons.

③ 根据第二十九章总注释第八款："如果除了第二十九章注释七第一句所列的官能团外,结构式中还含有其他的环杂原子,在进行归类时应该考虑到所有的环化官能团。"

④ 图片来源：Edgar181 [Public domain], from Wikimedia Commons.

▶ β-内酰胺酶抑制剂的作用机理与归类

β-内酰胺酶抑制剂（β-Lactamase inhibitors）是一种药物,其与 β-内酰胺类抗生素联用时可增强后者的抗菌活性，故作为原药单独报验时常在归类上与 β-内酰胺类抗生素发生混淆。以下主要介绍 β-内酰胺酶抑制剂的作用机理及归类。

一、β-内酰胺类抗生素、β-内酰胺酶和 β-内酰胺酶抑制剂的关系

（一）β-内酰胺类抗生素

β-内酰胺类抗生素系指化学结构中具有 β-内酰胺环的抗生素，包括青霉素、头孢菌素、头霉素类、硫霉素类、单环 β-内酰胺类等。不同 β-内酰胺类抗生素的化学结构，特别是侧链的改变形成了不同的抗菌谱和抗菌作用。

（二）β-内酰胺酶

β-内酰胺酶包括青霉素酶、广谱 β-内酰胺酶、超广谱 β-内酰胺酶等。通过质粒传递产生 β-内酰胺酶致使 β-内酰胺环水解而失活，是病原菌对一些常见 β-内酰胺类抗生素（青霉素类、头孢菌素类）耐药的主要方式。

（三）β-内酰胺酶抑制剂

β-内酰胺酶抑制剂和 β-内酰胺酶发生不可逆的反应后使酶失活，具体过程为与底物竞争酶的催化部位，通过与酶的某些点结合，使酶失去功能。β-内酰胺酶抑制剂主要包括 β-内酰胺类的克拉维酸（Clavulanic acid）、舒巴坦（Sulbactam）、他唑巴坦（Tazobactam），以及非 β-内酰胺类的阿维巴坦（Avibactam）、瑞来巴坦（Relebactam）[①]。

因此 β-内酰胺类抗生素、β-内酰胺酶和 β-内酰胺酶抑制剂三者的关系可理解为，产生 β-内酰胺酶的病原菌对 β-内酰胺类抗生素具有耐药性，而 β-内酰胺酶抑制剂可使 β-内酰胺酶失活，从而增强 β-内酰胺类抗生素的抗菌活性。

二、β-内酰胺酶抑制剂的应用

β-内酰胺酶抑制剂通过与抗生素联用，使病原菌产生的 β-内酰胺酶失活，阻止病原菌对 β-内酰胺类抗生素的降解，从而增强了抗生素的抗菌活性，扩大其抗菌谱。

抗生素与 β-内酰胺酶抑制剂的合剂主要有阿莫西林/克拉维酸、替卡西

林/克拉维酸、氨苄西林/舒巴坦、舒拉西林/舒巴坦、头孢哌酮/舒巴坦、哌拉西林/三唑巴坦等，这些合剂对某些β-内酰胺酶所致的耐药菌株具有明显抑制作用。

例如，阿莫西林的抗菌谱与氨苄西林相同，因此细菌对阿莫西林和氨苄西林有完全的交叉耐药性。与克拉维酸联用后，阿莫西林/克拉维酸（奥格门汀，安灭菌，Augmentin）不但对对阿莫西林敏感的非产酶菌敏感，还对产酶的金黄色葡萄球菌、溶血性链球菌、肺炎链球菌、大肠埃希氏菌、棒状杆菌、沙门氏菌属、克雷白氏菌属、变形杆菌属、流感嗜血杆菌等有效，同时对耐阿莫西林的产β-内酰胺酶菌株作用也较强。

三、β-内酰胺酶抑制剂的归类

β-内酰胺酶抑制剂与抗生素联用时，可增强抗生素的抗菌活性，并扩大其抗菌谱，故归类实践中常与品目29.41所列抗菌素混淆。但事实上，β-内酰胺酶抑制剂的作用为使病原菌产生的β-内酰胺酶失活，令病原菌失去对抗生素的耐药性，但本身几乎没有抗菌活性，不符合29.41品目注释"具有杀死其他微生物或抑制其他微生物生长"的规定，因此以原药状态报验的β-内酰胺酶抑制剂一般应根据其化学结构归入相应税目。

（一）β-内酰胺类β-内酰胺酶抑制剂

克拉维酸、舒巴坦和他唑巴坦都属于其他杂环化合物，故均应归入品目29.34。其中克拉维酸为本国子目2934.9950的列名商品，而美国海关则在2010年以裁定的形式将一款意大利进口的舒巴坦钠归入了子目2934.99②。

克拉维酸③　　舒巴坦④　　他唑巴坦⑤

（二）非β-内酰胺类β-内酰胺酶抑制剂

阿维巴坦和瑞来巴坦属于仅含氮杂原子的杂环化合物，应归入品目29.33。

阿维巴坦①　　　　　　　瑞来巴坦②

最后，对于抗生素与 β-内酰胺酶抑制剂的合剂，则应按含有抗生素的药品归入品目 30.03 或 30.04。

注：
① 阿维巴坦和瑞来巴坦的分子结构不含 β-内酰胺，故属于非 β-内酰胺类的 β-内酰胺酶抑制剂。
② 舒巴坦钠是舒巴坦的钠盐。Ruling NY N09985：The applicable subheading for the Sulbactam Sodium in bulk from will be 2934.99.4700, Harmonized Tariff Schedule of the United States (HTSUS), which provides for "Nucleic acids and their salts, whether or not chemically defined; other heterocyclic compounds: Other: Other: Other: Drugs". Pursuant to General Note 13, HTS, the rate of duty will be free.
③ 图片来源：Fvasconcellos（talk · contribs）[Public domain], from Wikimedia Commons.
④ 图片来源：Fvasconcellos 17:02, 4 May 2007（UTC）[Public domain], from Wikimedia Commons.
⑤ 图片来源：User:Mysid (Self-made in perl + BKChem + Adobe Illustrator.) [Public domain], via Wikimedia Commons.
⑥ 图片来源：Vaccinationist (PubChem) [Public domain or Public domain], via Wikimedia Commons.
⑦ 图片来源：Ed (Edgar181) [Public domain], from Wikimedia Commons.

糖的概念与归类

一、糖的概念

糖，又称碳水化合物，是自然界中分布最为广泛的一类有机化合物。葡萄糖、果糖、蔗糖、淀粉、纤维素等都属于碳水化合物，它们是由碳、氢、氧三种元素组成的，通式一般为 $C_m(H_2O)_n$，其中氢和氧原子数目之比都是 2∶1，如同水分子一样，故称为碳水化合物。

蔗糖①

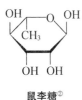

鼠李糖②

但是，随着对这类化合物的深入研究，发现有的化合物，根据其性质和结构应属于糖，但元素组成和上述通式却并不相符，如鼠李糖（$C_6H_{12}O_5$）和脱氧核糖（$C_5H_{10}O_4$）等。有的化合物，其组成符合上述通式，但性质和结构完全不同于糖，如乙酸（$C_2H_4O_2$）等。因此，从现代化学的观点来看，糖是指多羟基醛或多羟基酮以及水解后可生成多羟基醛或多羟基酮的一类有机化合物。

二、糖类商品的归类

非化学纯的糖（甜菜糖、焦糖等）以及无论是否化学纯的蔗糖、乳糖、麦芽糖、葡萄糖和果糖应归入品目 17.01 或 17.02。除此之外的化学纯糖应归入品目 29.40，但根据 29.40 品目注释："每一糖单元必须由至少四个，但最多不超过八个碳原子所构成……"，因此由三个碳原子构成的丙糖应根据其结构归入第二十九章的其他品目，如甘油醛（品目 29.12）和二羟基丙酮（品目 29.14）等。

甘油醛③

没有化学定义的低聚糖和多糖归类较复杂，在此仅简单列举：淀粉应归入品目 11.08；糊精和改性淀粉应归入品目 35.05；果胶、果胶酸盐、果胶酸酯

葡聚糖④

及植物琼脂应归入品目 13.02；葡聚糖、糖原应归入品目 39.13；其他品目未列名的纤维素应归入品目 39.12。

木糖醇⑤

糖制食品主要以是否含可可作为归类的区分，不含可可的糖食（包括白巧克力）应归入品目 17.04，含可可的糖食则应归入品目 18.06。

有些产品虽具有甜味，但并不属于糖类，如木糖醇（品目 29.05）、糖精（品目 29.25）等。以合成甜味剂为主的"糖食"一般应归入品目 21.06。

注：
① 图片来源：NEUROtiker [Public domain], from Wikimedia Commons.
② 图片来源：NEUROtiker [Public domain], from Wikimedia Commons.
③ 图片来源：Commons.wikimedia.org/wiki/File:Glyceraldehyde-2D-skeletal.png.
④ 图片来源：Zeldaoot23 [Public domain], from Wikimedia Commons.
⑤ 图片来源：Kemikungen [Public domain], from Wikimedia Commons.

生物样本及相关产品的归类

生物样本一般指通过标准化收集、处理、储存和应用的健康或疾病生物体细胞、组织和器官等，用于疾病的临床治疗和生命科学研究。同时，亦有一些来源、用途与生物样本近似的产品，在归类时易同生物样本混淆。

生物样本及相关产品的归类原则，按优先层级和类别可大致归纳为"两个层级，三种类别"。

一、某些品目列名的商品

应优先考虑某些品目已有列名的商品，这类产品的归类往往与其具体用途，即是否用作生物样本关系不大，一般只要符合品目条文的描述，即可归入相应品目。

常见如品目 30.02 的血液产品、培养微生物，品目 29.37 的促黄体生成素、促卵泡生成素等。

二、其他品目未列名的人体或动物制品

除了列名商品外,人体或动物的生物制品的归类主要以是否为"供治疗或预防疾病用"来区分:

(一) 供治病或防病用

根据30.01的品目条文,该品目包括"其他供治疗或预防疾病用的其他品目未列名的人体或动物制品"。严格来说,"供治疗或预防疾病用"的生物制品其实并不能称作"生物样本",但因这类商品的来源、用途与生物样本存在一定程度的相似,故在此与生物样本形成归类上的对照。

例如,猪心主动脉瓣,为一种人工心脏瓣膜,经戊二醛固定,临床用于替代人体心脏原有瓣膜。该商品为动物制品,且用于临床治疗,故应按供治疗或预防疾病用的其他品目未列名的人体或动物制品归入品目30.01。

(二) 非供治病或防病用

生物样本因其科研用途属性,大多为非供治病或防病用的人体或动物制品,如果这些商品在其他品目没有列名,一般就应作为其他品目未列名的动物产品归入品目05.11。

如人脑组织切片和人脑脊液样本,两者均供基础医学研究,通过检测分析人体组织样本中的蛋白指标,用以研究阿尔茨海默病发病机理和作用靶点。人脑组织切片和人脑脊液样本虽来源于人体,且供医学领域的研究,但因并非直接供治疗或预防疾病用,故不属于品目30.01的商品范畴,而应按其他品目未列名的动物产品归入品目05.11。

细胞产品的归类

细胞产品主要应用于医疗和科研领域,包括免疫细胞、细胞系和原代细胞等,其归类的方法基本上可遵循生物样本及相关产品[①]。

以下介绍三种常见细胞产品的归类:

红细胞（左）血小板（中）白细胞（右）[2]

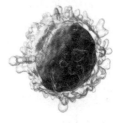

T 细胞[3]

一、T 细胞

T 细胞（T cells）是一种完全成熟的白细胞，属于人血液的一种成分，其不论用途，均应作为血份归入品目 30.02。

二、外周血干细胞

外周血干细胞（Peripheral blood stem cells, PBSC）由作为人类血细胞前体的细胞组成，由于尚未成为成熟的血细胞，所以不属于品目 30.02 的血份。

外周血干细胞用于对癌症或其他血液疾病患者的治疗，因此应按供治疗或预防疾病用的其他品目未列名的人体或动物制品归入品目 30.01[4]。

外周血干细胞[5]

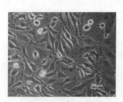

中国仓鼠卵巢细胞系[7]

三、中国仓鼠卵巢细胞

中国仓鼠卵巢细胞（Chinese hamster ovary cells, CHO）广泛用于生物医学研究和治疗性蛋白质的生产，应按其他品目未列名的动物产品归入品目 05.11[6]。

注：

① 又见本书《应用篇·生化材料分·生物样本及相关产品的归类》。

② 图片来源：Electron Microscopy Facility at The National Cancer Institute at Frederick (NCI-Frederick) [Public domain], via Wikimedia Commons.

③ 图片来源：Blausen Medical ［CC BY 3.0 (https://creativecommons.org/licenses/by/3.0)］, via Wikimedia Commons.

④ Ruling NY N022109：Both of these products, the Bone Marrow and "PBSC", consist of cells that are precursors of human blood cells, which have not yet been differentiated into mature blood cells. According to your letter, this material will be used in bone marrow and blood cell transplant for patients who are in need of unrelated donor transplant. The applicable subheading for both the Bone Marrow and "PBSC" will be 3001.90.0190, Harmonized Tariff Schedule of the United States (HTSUS), which provides for "Glands and other organs for organotherapeutic uses, dried, whether or not powdered; extracts of glands or other organs or of their secretions for organotherapeutic uses; heparin and its salts; other human or animal substances prepared for therapeutic or prophylactic uses, not elsewhere specified or included: Other: Other." The rate of duty will be free.

⑤ 图片来源：Fnaq［CC BY-SA 4.0(https://creativecommons.org/licenses/by-sa/4.0)］, from Wikimedia Commons.

⑥ 实践中亦见观点认为科研用的细胞产品应作为培养微生物的类似品归入品目30.02。并列于此，供参考。

⑦ 图片来源：User：Alcibiades (Self-made during work) [Public domain], via Wikimedia Commons.

多克隆抗体的归类分析

抗体（Antibody）是指与抗原（Antigen）有特异性结合能力的免疫球蛋白，专门针对一种抗原的特异性免疫球蛋白称为单克隆抗体（Monoclonal antibody），多种单克隆抗体混杂在一起即为多克隆抗体（Polyclonal antibody）。

根据第三十章章注二的规定，单克隆抗体属于一种品目30.02所称的"免疫制品"。那么作为多种单克隆抗体的混杂，多克隆抗体是否也可作为"免疫制品"进行归类呢？

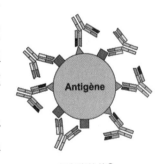

多克隆抗体①

多克隆抗体的常规制备主要包括抗原准备、佐剂选择、动物准备、免疫注射、动物取血、分离血清和血清提纯，其生物学免疫过程与3002.12的抗血清

制备过程完全一致②,相当于抗血清的工艺流程再加一道从血清中提纯抗体的步骤。

根据30.02品目注释第三款第一项关于"抗血清"的规定:

抗血清是从对某些疾病(不论这些疾病是由病原细菌及病毒、毒素所致或由过敏现象等所致)具有免疫力或已获免疫力的人或动物血液中制得的。抗血清用于治疗白喉症、痢疾、坏疽、脑膜炎、肺炎、破伤风、葡萄球菌或链球菌感染、毒蛇咬伤、植物中毒及过敏性疾病等。抗血清也用于诊断,包括玻璃试管试验。特效免疫球蛋白是提纯的抗血清制剂。

由于多克隆抗体就是通过从血清中纯化抗体制得,与注释所称"提纯的抗血清制剂"完全相同,故可认为多克隆抗体即品目注释在"抗血清及其他血份"一款所列之"特效免疫球蛋白"。

因此,多克隆抗体虽看似符合第三十章章注关于"免疫制品"的定义,但实际上品目30.02所称"免疫制品"仅包括单克隆抗体、抗体片段等注释列举的商品,而多克隆抗体并不在此中之列。

一般的多克隆抗体应作为"抗血清及其他血份"归入子目3002.12,但经过染料或荧光素标记的多克隆抗体,因已具有抗体偶联物的性质,则仍可作为"免疫制品"归入子目3002.13、3002.14或3002.15。

注:
① 图片来源:The original uploader was Yohan at French Wikipedia. [GFDL (http://www.gnu.org/copyleft/fdl.html)], via Wikimedia Commons.
② 又见本书《研究篇·商品研究分·"抗血清"和"免疫制品"的区别研究》。

利那洛肽的归类分析

利那洛肽(Linaclotide)是一种鸟苷酸环化酶-C(GC-C)寡肽激动剂,适用于便秘型肠易激综合征(IBS-C)以及慢性特发性便秘(CIC)的成人患者。制成胶囊剂的利那洛肽商业名称为 Linzess(美国、墨西哥地区)和 Constella(加拿大、欧洲等地区)。

利那洛肽胶囊①

作为一种内源性鸟苷蛋白和尿鸟苷蛋白的类似物,利那洛肽分子结构为包含三个二硫键的合成十四肽,三个二硫键分别存在于氨基酸序列 Cys^1 和 Cys^6、Cys^2 和 Cys^{10} 以及 Cys^5 和 Cys^{13} 之间。

利那洛肽的分子结构②

利那洛肽作为药物的作用机理为利那洛肽及其活性代谢物与鸟苷酸环化酶-C结合,并局部作用于小肠上皮管腔表面。鸟苷酸环化酶-C的激活导致细胞内和细胞外环磷酸鸟苷(cGMP)的浓度增高。细胞内环磷酸鸟苷浓度升高可以刺激肠液分泌,加快胃肠道移行,从而增加排便频率。细胞外环磷酸鸟苷浓度升高可以降低痛觉神经的灵敏度,根据动物模型研究显示,这种作用能够减低肠道疼痛。

利那洛肽的分子结构和生物作用与某些热稳定性肠毒素颇为相似,包括具有相同的受体结合区等。热稳定性肠毒素是某些细菌菌株（如大肠杆菌）产生的有毒物质。

利那洛肽虽为治疗疾病的药物，但根据 30.04 品目注释：

本品目也不包括：

……

（二）品目 30.02、30.05 或 30.06 的货品，不论如何包装。

由于利那洛肽与品目 30.02 的毒素相似，故应作为涡鞭毒素归入子目 3002.90[3]。

注：
① 图片来源：www.linzesshcp.com。
② 图片来源：Vaccinationist [Public domain], from Wikimedia Commons.
③ 又见归类决定 W2014-098"利那洛肽"。

涂料的归类

涂料是一种材料，这种材料可以用不同的施工工艺涂覆在物件表面，形成黏附牢固、具有一定强度、连续的固态薄膜。这样形成的膜通称涂膜，又称漆膜或涂层[1]。

涂料[2]

涂料的组成一般包括四个部分：成膜物、颜料、溶剂和助剂。溶剂和颜料有时可被除去，没有颜料的涂料被称为清漆，含颜料的涂料被称为色漆，没有溶剂的涂料称为无溶剂涂料。在制漆过程中，有时将溶剂和成膜物相结合，统称为漆料或载色剂。涂料中一般都加有助剂，如催干剂、抗沉降剂、防腐剂、防结皮剂、流平剂等。

在协调制度中，各类涂料主要分布于品目 32.08、32.09、32.10 和第三十九章。品目 32.08 和 32.09 的涂料成膜物均为合成聚合物或化学改性天然聚合物，区别在于前者分散于或溶于非水介质，属溶剂型涂料，后者分散于或溶于水介质，为水性涂料。 品目32.10包括各种成膜物不是合成聚合物或化学改性天然聚合物的涂料，以及一些无溶剂涂料，如光固化涂料、干性油等，但不包括粉状涂料。 粉状涂料应归入第三十九章。

各种类型的涂料在协调制度中的分布③

涂料类型	归类
溶剂型涂料，以合成聚合物或化学改性天然聚合物为基本成分	32.08 以合成聚合物或化学改性天然聚合物为基本成分的油漆及清漆（包括瓷漆及大漆），分散于或溶于非水介质的
水性涂料，以合成聚合物或化学改性天然聚合物为基本成分	32.09 以合成聚合物或化学改性天然聚合物为基本成分的油漆及清漆（包括瓷漆及大漆），分散于或溶于水介质的
光固化涂料、干性油、水浆涂料等	32.10 其他油漆及清漆（包括瓷漆、大漆及水浆涂料）
粉状涂料	第三十九章 塑料及其制品

但所称涂料不包括某些名为"耐火喷涂料"的制剂。"耐火喷涂料"是耐火集料与水硬材料或其他黏合剂混合的混合物，用作炉衬材料，应按耐火混合制品归入品目38.16。

注：
① 仓理：《涂料工艺》(第二版)，化学工业出版社，2009年。
② 图片来源：Joyful spherical creature [CC BY-SA 4.0 (https://creativecommons.org/licenses/by-sa/4.0)], from Wikimedia Commons.
③ 在GB/T 5206-2015《色漆和清漆 术语和定义》中，油漆(paint)被称为"色漆"，即"含有颜料的一类涂料，施涂于底材时能形成具有保护、装饰或特殊功能的不透明干漆膜"。

▶ 表面活性剂的作用机理与归类

生活中存在一些物质，加入少量至另一种物质后即可显著降低那种物质的表面张力，为此人们提出了表面活性和表面活性剂的概念。

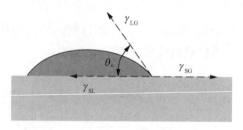

表面张力和润湿[1]

作为一种常见的化工品，表面活性剂是具有固定的亲水和亲油基团，能够在溶液表面定向排列，加入很少量即能显著降低溶剂的表面张力，改变体系界面状态，从而产生润湿、乳化、起泡、增溶等一系列作用（或其反作用），以达到实际应用要求的一类物质。

以下只介绍表面活性剂的作用机理及归类，不涉及表面活性剂的制品[2]。

一、表面活性剂的作用机理

由于表面活性剂的分子具有固定的亲水基（hydrophobic head）和亲油基（hydrophilic tail），故同时具有亲水性和亲油性。

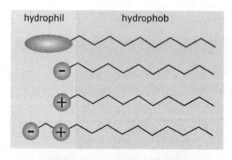
表面活性剂分子的亲水基和亲油基[3]

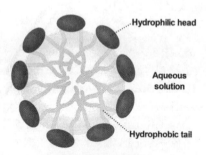
表面活性剂的作用机理[4]

以水溶性表面活性剂的作用机理为例：当表面活性剂分子溶于水后，在表面层根据相似相溶原理，表面活性剂的亲水基溶于水中，亲油基则不能与水相溶，而是翘出水面，大量表面活性剂分子在水面定向整齐排列，从而形成一个吸附层，露出水面的亲油基一般都是非极性的碳氢链（和油类物质结构相似，相似相溶），范德华引力较小，产生沿表面方向的收缩力就小，其结果就是表面张力的变小。

二、表面活性剂的归类

在协调制度中,"有机表面活性剂"于品目 34.02 具体列名,故表面活性剂通常应归入品目 34.02。不过与很多其他商品一样,并非所有的表面活性产品都可按列名归入品目 34.02,这些限制主要体现在以下几个方面:

(一) 水不溶性

根据第三十四章章注三:

三、品目 34.02 所称"有机表面活性剂",是指温度在 20 ℃时与水混合配成 0.5%浓度的水溶液,并在同样温度下搁置一小时后:

(1) 成为透明或半透明的液体或稳定的乳油液而未离析出不溶解物质;

(2) 将水的表面张力减低到每厘米 45 达因及以下。

本品目不包括:

……

(五) 不溶于水的环烷酸盐、石油磺酸盐以及其他水不溶性表面活性产品及制品。如果它们在其他品目未具体列名,则应归入品目 38.24。

可见,归入品目 34.02 的"有机表面活性剂"必须是水溶性的⑤。

(二) 单独已有化学定义

根据第三十四章章注一:

一、本章不包括:

……

(二) 单独的已有化学定义的化合物;

本品目的有机表面活性剂是没有化学定义的化合物……

因此,单独有化学定义的表面活性产品一般应归入第二十九章。

(三) 肥皂

品目 34.02 的有机表面活性剂不包括肥皂,故肥皂虽为一种阴离子表面活性剂,但应归入品目 34.01。

(四) 消毒剂、杀菌剂等

根据第六类类注二:

二、除上述注释一另有规定的以外,凡由于按一定剂量或作为零售包装而可归入品目 30.04、30.05、30.06、32.12、33.03、33.04、33.05、33.06、33.07、35.06、37.07 或 38.08 的货品,应分别归入以上品目,而不归入本协调制度的其

他品目。

以及38.08品目注释：

本品目还包括制成零售包装作消毒剂、杀菌剂等用的下列产品：

（一）有机表面活性产品及制品，含有活性阳离子（例如，季铵盐），具有防腐、消毒、杀菌作用。

……

所以，制成零售包装作消毒剂、杀菌剂等用的某些阳离子表面活性剂应归入品目38.08。

注：

① 图片来源：No machine-readable author provided. Joris Gillis～commonswiki assumed (based on copyright claims). [Public domain], via Wikimedia Commons.

② 应注意，第三十四章章注三仅适用于品目34.02所称的"有机表面活性剂"，尽管该品目还包括表面活性剂的制品。有机表面活性剂和表面活性剂制品的定义详见34.02品目注释。

③ 图片来源：Roland.chem [GFDL (http://www.gnu.org/copyleft/fdl.html) or CC-BY-SA-3.0 (http://creativecommons.org/licenses/by-sa/3.0/)], from Wikimedia Commons.

④ 图片来源：SuperManu [GFDL (http://www.gnu.org/copyleft/fdl.html) or CC BY-SA 3.0 (https://creativecommons.org/licenses/by-sa/3.0)], from Wikimedia Commons.

⑤ 另见本书《研究篇·商品研究分·有机表面活性剂的亲水性研究》。

去油污（脂）剂的作用机理与归类

去油污剂，又称为油污清洁剂、油脂清洗剂等，包括一般家用的厨房清油污剂、汽车油污清洁剂和工业用的机器零件去油脂剂等。在协调制度注释中，品目34.02和38.14分别列有"去油污剂"和"去油脂剂"。

根据34.02品目注释第二款第三项：

（三）不以肥皂或其他有机表面活性剂为基料的清洁剂或去油污剂

它们包括：

1. 专用于清洁卫生设备、煎炸锅等的酸性或碱性清洁剂，例如，含有硫酸氢钠或次氯酸钠与磷酸三钠混合物的清洁剂。

2. 以下列物质之一为基料,用于乳品厂或酿酒厂的去油污剂或清洁剂:

(1) 碳酸钠或苛性苏打等碱性物质;

(2) 溶剂及乳化剂。

本组产品可含有少量的肥皂或其他表面活性剂。

以及 38.14 品目注释:

它们是有一定挥发性的液体,主要用于配制清漆或油漆或用作机械零件等的去油脂剂。

归入本品目的产品有,例如:

一、丙酮、乙酸甲酯、甲醇的混合物及乙酸乙酯、丁醇、甲苯的混合物。

二、机械零件等的去油脂剂,由下列物质混合构成:

(一) 石油溶剂与三氯乙烯;

(二) 石油溶剂油与氯化产品及二甲苯。

上述"去油污剂"和"去油脂剂"在英文注释中均为"degreasing preparations",两种名称相同的产品分别归入不同品目,理应具有不同的作用机理。

一、去油污(脂)剂的机理

去油污(脂)剂的作用对象是油污,油污的主要化学成分一般为高级脂肪酸的甘油酯,针对这一成分,去除油污的方法主要包括碱性溶液反应法、乳化剂法和溶剂法。

(一) 碱性溶液反应法

碱性溶液反应法是令油污在碱性环境下水解生成脂肪酸盐和醇类。由于脂肪酸盐和醇类易溶于水,故易于洗涤。

$$\begin{array}{l} CH_2-OOC-R \\ | \\ CH-OOC-R \\ | \\ CH_2-OOC-R \end{array} + 3HO^- \longrightarrow 3R-COO^- + \begin{array}{l} CH_2-OH \\ | \\ CH-OH \\ | \\ CH_2-OH \end{array}$$

triglycéride　　　　　　　　　ion carboxylate　　glycérol

油脂在碱性环境下水解[①]

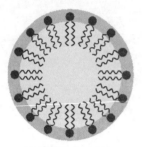

表面活性剂分子将油污包裹形成乳浊液②

（二）乳化剂法

乳化剂法主要是借助表面活性剂，表面活性剂分子的亲油端将油污包裹在内，亲水端露在外面，根据相似相溶（like dissolves like）原理，被表面活性剂包裹的油污便可分散到水中，使油污乳化形成乳浊液，从而易于洗涤。

（三）溶剂法

溶剂法的机理同为相似相溶原理，主要是利用非极性分子的油污难溶于由极性分子组成的水，但易溶于非极性分子组成的有机溶剂的特点，故利用有机溶剂将油污溶解。

二、去油污(脂)剂的归类

34.02品目注释所列"去油污剂"是以碳酸钠或苛性苏打等碱性物质，或者溶剂及乳化剂为基料，故其去油污的作用机理对应于碱性溶液反应法或乳化剂法③。

38.14品目注释所列"去油脂剂"包括由石油溶剂与三氯乙烯，或者石油溶剂油与氯化产品及二甲苯混合构成的产品，故其去油污的作用机理对应于溶剂法。但该品目不包括单一成分的有机溶剂，也不包括在其他品目已具体列名的产品。

归入品目34.02的去油污剂④

归入品目38.14的去油脂剂⑤

注：

① 图片来源：Rhadamante at French Wikipedia [GFDL (http://www.gnu.org/copyleft/fdl.html), CC-BY-SA-3.0 (http://creativecommons.org/licenses/by-sa/3.0/) or CC BY-SA 2.5 (https://creativecommons.org/licenses/by-sa/2.5)], via Wikimedia Commons.

② 图片来源：Stephen Gilbert [GFDL (http://www.gnu.org/copyleft/fdl.html) or CC-BY-SA-3.0 (http://creativecommons.org/licenses/by-sa/3.0/)], via Wikimedia Commons.

③ 根据"去油污剂"在34.02品目注释所列的位置，此类产品应该是"不以肥皂或其他有机表面活性剂为基料的"，因此看上去其所含的乳化剂也不应为表面活性剂。但实际上用于去油污剂的乳化剂一般都是含有亲水亲油基团的表面活性产品，故应理解注释所称"有机表面活性剂"仅限于第三十四章章注三定义的水溶性产品，而"乳化剂"则指不符合章注规定的

非水溶性表面活性剂产品。又见本书《研究篇·商品研究分·有机表面活性剂的亲水性研究》。

④ 图片来源：item.jd.com/4806379.html.
⑤ 图片来源：item.jd.com/11792370744.html.

蜡在协调制度的分布与归类

在协调制度中，蜡是一类品种颇为丰富的商品，主要包括植物蜡、动物蜡、矿物蜡、人造蜡（合成蜡）及调制蜡，以下介绍几种蜡在协调制度的分布及归类原则。

一、植物蜡

植物蜡包括巴西棕榈蜡、小烛树蜡、甘蔗蜡、米糠蜡等。巴西棕榈蜡由巴西棕榈树叶中取得，其他植物蜡一般由植物油的脱蜡工序制得。未混合的植物蜡应归入品目 15.21。

具有蜡质特性的氢化植物油应归入品目 15.16。

巴西棕榈蜡①

二、动物蜡

动物蜡主要有羊毛脂、蜂蜡、其他虫蜡、鲸蜡。

羊毛脂不是甘油三酯，从化学成分上看，应作为蜡而不是脂②。羊毛脂应归入品目 15.05。

羊毛脂③

蜂蜡是由工蜂分泌的一种脂肪性物质；其他虫蜡有虫胶蜡和虫白蜡；鲸蜡是从抹香鲸或鲸目动物头腔或皮下导管所存油、脂提取的蜡状物质。蜂蜡、其他虫蜡和鲸蜡应归入品目 15.21。

具有蜡质特性的氢化动物油应归入品目 15.16。

三、矿物蜡

石蜡④

石蜡是从石油、页岩油或其他沥青矿物油的某些馏出物提取出来的一种烃类蜡,为白色或淡黄色半透明物,具有相当明显的晶体结构。

微晶石蜡也是一种烃类蜡,从石油残渣或真空蒸馏的润滑油馏分提取而得;其透明度不如石蜡,晶体结构较细,但不如石蜡明显;一般比石蜡熔点高;性质从柔软可塑至坚硬易碎不一,颜色也从深棕至白色不等。

地蜡是一种天然矿物蜡,提纯后称纯地蜡。

褐煤蜡及名为"褐煤沥青"的产品均为从褐煤提取的酯蜡。原蜡质硬色深,精制后为白色。

泥煤蜡在物理及化学性质上近似于褐煤蜡,但稍软。

其他矿物蜡,如疏松石蜡及鳞状蜡,是在润滑油脱蜡过程中制得,其精制程度不如石蜡,油含量亦较高,颜色为白至浅棕。

石蜡、微晶石蜡、疏松石蜡、地蜡、褐煤蜡、泥煤蜡和其他矿物蜡均应归入品目 27.12。

四、人造蜡

人造蜡是由化学方法制得的具有蜡特性的有机产品。

用合成或其他方法制得的与矿物蜡类似的产品,例如合成石蜡、合成微晶石蜡,应归入品目 27.12。

具有表面活性的水溶性人造蜡应归入品目 34.02。

具有蜡质特性的工业单羧酸脂肪酸及工业脂肪醇应归入品目 38.23。

其他人造蜡,例如,乙撑双硬脂酰胺或经化学改性的天然蜡,应归入品目 34.04。

乙撑双硬脂酰胺⑤

五、调制蜡

调制蜡主要包括：各种蜡混合制成的产品；以一种或几种蜡为基本原料并含有油脂、树脂、矿物质或其他原料的具有蜡质特性的产品。

不同矿物蜡相互混合制成的蜡应归入品目27.12。

其他调制蜡，例如，不同种类的植物蜡的混合物及某种矿物蜡与某种植物蜡的混合物，或一种或多种蜡与其他材料混合而成的蜡，应归入品目34.04。

调制蜡⑥

各种蜡在协调制度中的分布

	15.05	15.16	15.21	27.12	34.02	34.04	38.23
植物蜡	X	O	O	X	X	X	X
动物蜡	O	O	O	X	X	X	X
矿物蜡	X	X	X	O	X	X	X
人造蜡	X	X	X	O	O	O	O
调制蜡	X	X	X	O	X	O	X

注：

① 图片来源：Simon A. Eugster [GFDL (http://www.gnu.org/copyleft/fdl.html) or CC BY-SA 3.0 (https://creativecommons.org/licenses/by-sa/3.0)]，from Wikimedia Commons.

② 油脂的主要成分通常为甘油三酯，而蜡的主要成分一般为高级脂肪酸和高级脂肪醇形成的酯。

③ 图片来源：Jeran Renz [CC BY-SA 4.0 (https://creativecommons.org/licenses/by-sa/4.0)]，from Wikimedia Commons.

④ 图片来源：Gmhofmann [CC BY-SA 3.0 (https://creativecommons.org/licenses/by-sa/3.0)]，from Wikimedia Commons.

⑤ 图片来源：Edgar181 [Public domain]，from Wikimedia Commons.

⑥ 图片来源：item.jd.com/30793773198.html。

改性聚合物的归类

聚合物改性是通过在聚合物中加入无机或有机物质，或将不同种类的聚合物共混，或实现聚合物的嵌段和接枝共聚、交联、互穿网络等，或将上述方法联用、并用，以使聚合物在某方面性能得到改善的工艺。聚合物改性的方法，总体上可分为物理改性和化学改性。根据聚合物改性方法的不同，适用的归类规定亦不相同。

聚合物的化学改性①

一、化学改性聚合物的归类

聚合物的化学改性是通过化学反应改变聚合物物理、化学性质的方法，归类时主要按改性方法是否属于接枝共聚适用相应的条款②。

（一）接枝共聚改性

接枝共聚改性的聚合物应视为一种"共聚物"，即按聚合物中重量最大的那种共聚单体单元所构成的聚合物归入相应品目，并归入具体列名的共聚物子目，或按聚合物中重量最大的那种单体单元所构成的聚合物归入其他相应子目。

例如，按重量计苯乙烯含量最大的聚丁二烯-接-苯乙烯-丙烯腈共聚物应作为丙烯腈-丁二烯-苯乙烯（ABS）共聚物归入子目3903.30。

（二）其他化学改性

除了接枝共聚物之外，主链上的支链通过化学反应发生变化的其他化学改性聚合物应适用第三十九章章注五的规定，按未改性的聚合物归入相应品目，并按子目注释的有关规定归入相应子目③。

例如，氯化聚乙烯及氯磺化聚乙烯应归入子目3901.90，但通过水解聚乙烯乙酸酯制取的聚乙烯醇应归入已具体列名的子目3905.30。

二、物理改性聚合物的归类

聚合物的物理改性方法包括共混改性、增强改性、阻燃改性、填充改性、增韧改性等，归类时主要按改性剂中是否含有聚合物适用对应的条款。

（一）改性剂不含聚合物

根据第三十九章总注释"初级形状"一款的规定，品目39.01至39.14的初级形状货品可含有增塑剂、稳定剂、填料及着色料等主要使成品具有特殊的物理性能或其他所需特性的物质，故改性剂不含聚合物的物理改性聚合物一般应按未改性的聚合物归类④。

因此，经螺杆二次混炼加入玻璃纤维、矿物质、增韧剂、阻燃剂的改性聚酰胺-6,6切片应按聚酰胺-6,6归入子目3908.10。

（二）改性剂含有聚合物

改性剂含有聚合物的物理改性聚合物应视作聚合物混合体，即按聚合物中重量最大的那种单体单元所构成的聚合物归入相应品目，并按单体单元比例相等、种类相同的聚合物归入相应子目。

因此，成分为55%聚酰胺-6,6、20%玻璃纤维、5%碳黑及20%聚烯烃增韧剂的改性聚酰胺-6,6切片，尽管看上去完全符合39081011.90的"改性聚酰胺-6,6切片"，但该商品应视作一种聚合物混合体，并在上级子目就按单体单元比例相等、种类相同的聚合物归入了"其他"子目3908.90，故无须再考虑归入39081011.90的可能。

注：

① 图片来源：Schrodingerscat101 [CC BY-SA 3.0 (https://creativecommons.org/licenses/by-sa/3.0)], from Wikimedia Commons.

② 又见本书《研究篇·商品研究分·"共聚物"和"化学改性聚合物"的关系研究》。

③ 在同级子目中有一个"其他"子目的，如未在其他子目具体列名，应归入列明为"其他"的子目；在同级子目中没有"其他"子目的，应按相应的未改性聚合物的子目归类。

④ 条文有明确规定的情况除外，如39079910.01"未经增强或改性的初级形状PBT树脂"，39081011.90"改性聚酰胺-6,6切片"。

复合材料制品的归类

复合材料是由不同性质的材料组分组合而成的人造材料。对于由不同材料复合制成的产品，归类实践中常见直接依据总规则三（二），并随意选取基本特征判断因素（如重量、体积、价值）的做法。但实际上协调制度及其注释的很多条款都有关于复合制品归类的明确规定，故在归类时应优先适用这些条款，而非自行判断商品的基本特征①。以下主要介绍几种常见的复合材料制品的归类方法②。

一、塑料与织物的复合制品

塑料与织物的复合制品在下列情况应归入第三十九章：

1. 以塑料浸渍、涂布、包覆或层压的毡，其中纺织材料占总重量的50%及以下，以及完全嵌入塑料中的毡；

2. 完全嵌入塑料的或两面均完全涂以或覆以塑料的纺织物及无纺织物，但所涂覆的塑料须能够用肉眼分辩出来（涂覆引起的颜色变化不计在内）；

3. 经塑料浸渍、涂布、包覆或层压的纺织物，在温度15~30℃时用手将其绕在一个直径为7毫米的圆筒上会断裂的；

4. 泡沫塑料与纺织物（第五十九章注释一所规定的）、毡或无纺织物复合制成的板、片及带，其中的织物仅起增强作用的。

此外，符合第三十九章章注九规定的糊墙品也应归入品目39.18。

但是，两面均用纺织物盖面的泡沫塑料板、片及带，不论织物的性质如何，都不归入第三十九章（通常归入品目56.02、56.03或59.03）。

用塑料浸渍、涂布、包覆或层压的其他纺织物（第五十九章注释一所规定的）应归入品目59.03。

二、塑料与木板的复合制品

塑料与木板构成的板材应根据用途按其具有主要特性的表面进行归类：

1. 木片与塑料片夹层构成的板、片，如果木片仅起支撑或增强作用的，应归入第三十九章；如果塑料仅起辅助作用（例如，作为高级贴面薄板的衬基），则应归入第四十四章。

2. 木板与塑料构成的建筑板材一般应归入第四十四章。例如，用于屋顶、墙壁或地板作结构件的建筑板材，由一碎料板外层和一绝缘塑料层组成，不论塑料层有多厚，都应归入品目 44.10。

三、塑料与纸的复合制品

塑料与纸复合的产品应按如下原则确定归类：

1. 用纸板隔层的塑料制品应归入第三十九章，但两面均用一层薄塑料保护膜覆盖的纸或纸板制成的纸品一般应归入品目 48.11；

2. 纸质增强层压塑料片，以及在一层纸或纸板上涂以或覆以一层塑料，其塑料层厚度超过总厚度一半以上的产品应归入第三十九章，但品目 48.14 的壁纸除外；

3. 由浸渍了塑料的纸张压制而成的产品，如果具有硬挺的特征，应归入第三十九章，否则应归入第四十八章。

四、塑料与玻璃纤维的复合制品

塑料与玻璃纤维复合的产品应按如下原则确定归类：

1. 嵌有玻璃纤维制成的增强物或支撑网的塑料制品，只要仍保持塑料制品的基本特征，应归入第三十九章。

2. 由浸渍了塑料的玻璃纤维压制而成的产品，如果具有硬挺的特征，应归入第三十九章，否则应归入第七十章。

五、塑料与贱金属的复合制品

塑料与贱金属的复合制品应按如下原则确定归类：

1. 嵌有金属丝制成的增强物或支撑网，或者用金属箔隔层的塑料制品，只要仍保持塑料制品的基本特征，应归入第三十九章；

2. 简单用塑料浸渍的贱金属制成的纱、网，即使由于浸渍网眼为塑料所填的，也应归入第十五类；

3. 以塑料为衬背的铜、镍、铝等贱金属箔应归入第十五类。

六、橡胶与织物的复合制品

橡胶与织物的复合制品在下列情况应归入第四十章：

1. 以橡胶浸渍、涂布、包覆或层压的毡，其中纺织材料占总重量的 50% 及以下，以及完全嵌入橡胶的毡；

2. 完全嵌入橡胶或两面均完全涂以或覆以橡胶的无纺织物，只要仅凭肉眼就可辨别出橡胶涂层或覆层（涂层或覆层引起的颜色变化不计在内）；

3. 以橡胶浸渍、涂布、包覆或层压的第五十九章注释一所述的纺织物，其重量超过每平方米 1 500 克，所含纺织材料的重量在 50% 及以下的；

4. 泡沫橡胶与纺织物（如第五十九章注释一所述的）、毡或无纺织物复合制成的板、片及带，其中的织物仅起增强作用的。

此外，用橡胶浸渍、涂布、包覆或层压的织物制成的或用橡胶浸渍、涂布、包覆或套裹的纱线或绳制成的传动带、输送带也应归入品目 40.10。

注：

① 关于复合材料制品归类的某些规定由品目条文或类、章注给出，属于总规则一的范畴。另一些规定虽为总规则三（二）的延伸，但这些条款细化了判断复合材料制品所应考虑的具体因素，避免了常见判断基本特征时存在的主观性和随意性。

② 同类材料复合制品的归类一般可参见相应的类、章注释。例如，第十五类类注七规定贱金属制品如果含有两种或两种以上贱金属的，应按其所含重量最大的贱金属的制品归类。

人造革的归类

人造革是一种外观和手感近似皮革并可代替皮革使用的产品，一般以织物为底基，涂覆合成树脂及各种添加制成。

一、人造革的归类原则

人造革作为一种塑料与纺织品的复合制品，在归类时应优先适用第三十九章总注释"塑料与纺织品的复合制品"一款、第五十六章章注三及第五十九章章注一、二（一）的相关规定。只有在上述条款无法适用时，才能根据总规则三的规定确定归类。

人造革的塑料层通常经发泡，且不具"硬挺性"，因此归类时须考虑的因素主要包括：

人造革[①]

1. 塑料与织物的复合方式为单面还是双面；
2. 织物层是否属于第五十九章章注一规定的"纺织物"；
3. 织物层是否符合第三十九章总注释关于"仅起增强作用"的规定。

二、人造革的归类实例

以四款不同种类的人造革为例：

（一）人造革 A

人造革 A 由聚氨酯双面涂布纺织物制成。

根据第三十九章总注释：

本章还包括下列产品：

……

（二）完全嵌入塑料的或两面均完全涂以或覆以塑料的纺织物及无纺织物，但所涂覆的塑料须能够用肉眼分辩出来（涂覆引起的颜色变化不计在内）；

该款人造革属于双面完全涂以塑料的纺织物，故应按其他塑料板、片、膜、箔、扁条归入品目 39.21。

（二）人造革 B

人造革 B 由发泡聚氨酯层单面涂布机织染色棉布制成。

根据第三十九章总注释：

本章还包括下列产品：

……

（四）泡沫塑料与纺织物（第五十九章注释一所规定的）、毡或无纺织物复合制成的板、片及带，其中的织物仅起增强作用的。

对此，无花式、未漂白、漂白或匀染的纺织物、毡或无纺织物如仅附在这些板、片及带的一面，应视为仅起增强作用。

该款人造革由泡沫塑料与匀染的纺织物单面复合而成，其中织物属于仅起增强作用，故同样应作为其他塑料板、片、膜、箔、扁条归入品目39.21。

（三）人造革C

人造革C由发泡聚氯乙烯层单面涂布涤纶针织提花布制成。

根据第三十九章总注释：

……而使用花式、印花或更为精细加工（例如，拉绒）的纺织品及特种产品，如起绒织物、网眼薄纱、花边及品目58.11的纺织产品，均应视为超出仅起增强作用。

该款人造革由泡沫塑料与针织提花布复合而成，其中织物部分应视为已超出仅起增强作用，故应作为用塑料涂布的纺织物归入品目59.03。

（四）人造革D

人造革D由发泡聚氯乙烯层单面涂布网眼涤纶布制成。

根据第五十九章章注一：

一、除条文另有规定的以外，本章所称"纺织物"，仅适用于第五十章至第五十五章、品目58.03及58.06的机织物、品目58.08的成匹编带和装饰带及品目60.02至60.06的针织物或钩编织物。

网眼涤纶布为品目58.04的商品，不属于第五十九章注释一规定的"纺织物"，故不能适用第三十九章总注释或第五十九章章注的相关规定。该款人造革应根据总规则三的规定，按基本特征或从后归入相应品目（例如，品目58.04）。

注：
① 图片来源：item.jd.com/31583096432.html.

强化木地板的国家标准与归类

强化木地板，亦称浸渍纸层压木质地板、强化地板，根据GB/T 18102-

2007《浸渍纸层压木质地板》：

3.1 浸渍纸层压木质地板 laminate flooring

以一层或多层专用纸浸渍热固性氨基树脂，铺装在刨花板、高密度纤维板等人造板基材表面，背面加平衡层、正面加耐磨层，经热压、成型的地板，商品名称为强化木地板。

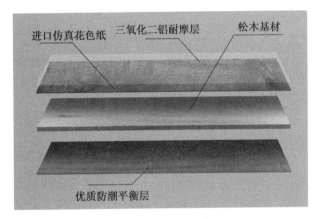

浸渍纸层压木质地板①

在协调制度中，强化木板在品目44.13列名，但根据第四十四章章注二：

二、本章所称"强化木"，是指经过化学或物理方法处理（对于多层粘合木材，其处理应超出一般粘合需要）②，从而增加了密度或硬度并改善了机械强度、抗化学或抗电性能的木材。

以及44.13品目注释：

本品目所包括的强化木是经化学或物理方法处理，从而增加了密度或硬度并改善了机械强度、抗化学或抗电性能。这种木可以是整块的，也可以是几层木粘合在一起的，对于粘合的，其处理应超出仅是各层之间粘合的需要。

生产本品目的产品主要有两道工序，浸渍和压缩。这两道工序可分别进行或同时进行。

……

因此，GB/T 18102-2007所称的强化木地板与第四十四章所称的"强化木（densified wood）"完全是两个不同的概念。前者特指木质基板等与浸渍纸、平衡层、耐磨层经层压制成的地板，一般应按基板的属性归入相应品目，例如，以高密度纤维板为基材的浸渍纸层压木质地板应归入品目44.11；

后者是木板本身经过化学或物理方法处理,从而增加了密度或硬度,并改善了机械强度、抗化学或抗电性能,应归入品目44.13。

注:
① 图片来源:item.jd.com/6475221.html。
② 根据《现代汉语通用字表》,"粘"作"黏",后同。

首饰的材质构成与归类

根据是否含贵金属或包贵金属,或者珠宝,首饰的材料构成包括四种情况:含贵金属或包贵金属,不含珠宝;含珠宝,不含贵金属或包贵金属;既含贵金属或包贵金属,又含珠宝;既不含贵金属或包贵金属,又不含珠宝。

在协调制度中,不同构成材料的首饰主要涉及三个品目:71.13"贵金属或包贵金属制的首饰及其零件"、71.16"用天然或养殖珍珠、宝石或半宝石(天然、合成或再造)制成的物品"和71.17"仿首饰"。

以下主要介绍不同构成材料的首饰与协调制度品目的对应关系。

一、贵金属或包贵金属制的首饰

根据71.13品目注释:

本品目包括本章注释九规定的全部或部分由贵金属或包贵金属制成的首饰,即:

一、个人佩戴的小物品(镶嵌或不镶嵌宝石),例如,戒指、手镯、项圈、饰针、耳环、项链、表链和其他作装饰用的链;怀表链及饰物、垂饰、领带针和夹、袖扣、饰钮、钮扣等;宗教性十字架或其他十字架;奖章和勋章;帽饰(针、扣、环等);手提包装饰品;腰带、鞋等用的扣子和滑圈;发夹、头饰、发梳和其他类似发饰。

二、通常放置在衣袋、手提包或佩戴在身上的个人用品,例如,雪茄或香烟盒、鼻烟盒、眼镜盒、香粉盒、口红管、小梳、口香丸盒、带链钱包、念珠、钥匙圈等。

归入本品目的上述物品必须是含超出作为小配件范围的贵金属或包贵金属（包括镶嵌贵金属的贱金属）；因此，带有一个金或银制的简单花押字的贱金属卷烟盒，仍应作为贱金属制品归类。上述货品只要符合这一条件，也可镶嵌珍珠（天然、养殖或仿制）、宝石或半宝石（天然、合成或再造）、仿宝石、玳瑁、珍珠母、象牙、琥珀（天然或粘聚）、黑玉或珊瑚。

镶嵌珠宝的贵金属首饰①

因此，品目71.13不仅包括贵金属制的首饰，也包括镶嵌珠宝的贵金属首饰。

二、天然或养殖珍珠、宝石或半宝石制的首饰

根据71.16品目注释：

本品目包括全部或部分中天然或养殖珍珠、宝石或半宝石制成的但不含贵金属或包贵金属的［作为小配件的除外，参见本章注释二（二）］所有物品，但本章注释二（二）及三所列的物品除外。

本品目包括：

一、个人装饰品及其他装饰品（例如，用于手提包等的扣子和框架；梳子、刷子；耳环；链扣、饰扣及类似品），含有镶嵌在贱金属（不论是否镀贵金属）、象牙、木料、塑料等上面的天然或养殖珍珠、宝石或半宝石（天然、合成或再造）。

本品目包括根据规格、质量、色泽等分级后已可用作首饰的珍珠、宝石或半宝石制品。但本品目不包括为便于运输暂穿成串，未装配有金属或其他材料的未分级或已分级的珍珠和未分级的宝石或半宝石，它们应归入品目71.01、71.03或71.04（参见品目71.01至71.03的注释）。

根据本章注释二（二），本品目的物品可含有作为小配件的贵金属或包贵金属（例如，带有金搭扣的珍珠项链）。另一方面，本品目不包括所含贵金属或包贵金属超出小配件范围的物品（例如，带有金耳夹的耳饰）（品目71.13）。

……

因此，品目71.16包括全部或部分由天然或养殖珍珠、宝石或半宝石制成的首饰，但这些首饰不能含有超出小配件范围之外的贵金属或包贵金属，如带

有银制耳钉的珍珠耳饰。

反之，如果首饰所含的贵金属或包贵金属只是作为小配件存在，如带有银搭扣的珍珠项链，仍可归入品目71.16。

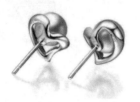
带有银制耳钉的珍珠耳饰②

带有银搭扣的珍珠项链③

三、仿首饰

根据71.17品目注释：

仿首饰①

所称"仿首饰"仅限于如品目71.13注释第一部分所述的供个人佩戴的小件物品，例如，戒指、手镯（手表带除外）、项圈、耳环、链扣等（不包括品目96.06的钮扣和其他物品或品目96.15的发梳、发夹及类似品和发针），但这些物品不能含有贵金属或包贵金属［电镀的或本章注释二（一）所列小配件范围的除外］，也不能含有天然或养殖珍珠、宝石或半宝石（天然、合成或再造）。

因此，品目71.17的仿首饰既不能含有贵金属或包贵金属（小配件除外），也不能含有含有天然或养殖珍珠、宝石或半宝石（包括合成或再造的）。

不同构成材料的首饰与协调制度品目的对应关系

	贵金属或包贵金属	天然或养殖珍珠、宝石或半宝石（天然、合成或再造）
71.13 贵金属或包贵金属制的首饰及其零件	全部或部分	镶嵌或不镶嵌
71.16 用天然或养殖珍珠、宝石或半宝石（天然、合成或再造）制成的物品	不含（小配件除外）	全部或部分
71.17 仿首饰	不能含有（小配件除外）	不能含有

注：
① 图片来源：item.jd.com/10721762743.html.
② 图片来源：item.jd.com/5563137.html.
③ 图片来源：item.jd.com/6275838.html.
④ 图片来源：item.jd.com/32199278247.html.

安全别针和回形针的区别与归类

安全别针和回形针是两种在归类上较易产生混淆的商品。

安全别针①　　　　回形针②

钢铁制的安全别针为品目 73.19 的列名商品，因回形针也常被称作曲别针，因此看上去也可作为其他别针归入品目 73.19。

然而，尽管中文环境下安全别针和回形针都被称为"针"，但从两者的英文和作用原理来看，安全别针（safety pins）属于"针"，而回形针（clips）则属于"夹"，因此在归类时不能将回形针视作一种品目 73.19 的"其他别针（other pins）"③。

品目 83.05 的英文版条款列有"paper clips"，虽然中文版品目条文将"paper clips"译作"文件夹"，但"paper clips"其实还也可指纸夹、回形针等。因此，回形针应作为一种"夹"归入品目 83.05，而不是按"针"归在 73.19。

注：
① 图片来源：© Haragayato / Wikimedia Commons.
② 图片来源：Hawyih [Public domain], from Wikimedia Commons.

机电仪器分

▶ 机器或机械器具用刮刀的归类[①]

刮刀（doctor 或 doctor blade）是一种用于铺展涂层或刮削表面的刀片，常用于机器或机械器具[②]。例如，84.39 品目注释第三款第五项就提到：

（五）绉纸加工机器。它们一般配有金属刮板或刮刀，用以将纸从加热滚筒上刮下来，从而使纸张起皱。但其皱褶一般是在造纸机上形成的[③]。

按报验状态的不同，刮刀主要包括制成形可直接装配使用的产品，以及在使用时须进一步切割的成卷产品两种。

对于制成特定尺寸可直接装配于机器或机械器具使用的刮刀，或考虑按机器或机械器具用的刀及刀片归入品目 82.08。因为根据第十六类类注一：

一、本类不包括：

……

（十）第八十二章或第八十三章的物品；

故在符合品目 82.08 的前提下，贱金属制的机器或机械器具用刮刀似应优先归入第八十二章。但经考察 82.08 品目条文的原文"Knives and cutting blades, for machines or for mechanical appliances"，以及品目注释所列举的产品，如供装于机床刀具（例如，装于铰刀或铣刀）上的刀片及刀等，发现该品目应特指用于切割（cutting）的刀及刀片，而不应包括用于铺展（spreading）或刮削（scraping）的刮刀。

因此，对于制成形可直接装配于机器或机械器具使用的刮刀，实际应作为相应机器或机械器具的零件归类。例如，用于造纸机的刮刀应归入子目 8439.99。

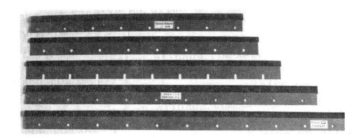

造纸机用刮刀④

对于未制成形或确定尺寸，不可直接装配使用的刮刀，因其尚不具有机器或机械器具零件的特征，故一般应按其报验状态归入相应的材料类品目。例如，报验时成卷，须在使用时进一步切割的油墨刮刀，通常应作为平板轧材归入相应的品目（如 72.11、72.12 等）。

凹版印花机用的油墨刮刀⑤

注：
① 刮刀除机器或机械器具用之外，亦包括手工使用的产品，本文的讨论仅限于前者。
②《韦氏大学英语词典》：doctor-a blade (as of metal) for spreading a coating or scraping a surface.
③ 在协调制度注释其他条款中出现的某些"刮刀"或指完全不同的产品，如 44.03 品目注释中出现的"刮刀(draw knife)"。
④ 图片来源：www. alibaba. com/product-detail/Man-Roland-doctor-blade-in-paper_1290200695.html.
⑤ 图片来源：www. alibaba. com/product-detail/Doctor-Blade-for-Gravure-Printing-Machine_60769289571.html.

自动导引车 AGV 的归类

一、自动导引车 AGV 简介

自动导引车，又称 AGV（automated guided vehicle）或无人搬运车，属于轮式移动机器人（wheeled mobile robot, WMR）的一个分支。

（一）自动导引车 AGV 的定义

根据 GB/T 30030－2013《自动导引车（AGV）术语》，自动导引车被定义为：装备有电磁或光学等自动导引装置，由计算机控制，以轮式移动为特征，自带动力或动力转换装置，并且能够沿规定的导引路径自动行驶的运输工具，一般具有安全防护、移载等多种功能。

（二）自动导引车 AGV 的结构及分类

根据 GB/T 30029－2013《自动导引车（AGV）设计通则》，自动导引车的组成主要包括车体、驱动及转向部件、导引装置、安装装置、供电装置、车载控制系统、通讯装置。

自动导引车 AGV[①]

自动导引车按导引方式可分为电磁自动导引车、磁带自动导引车、坐标自动导引车、光学自动导引车、激光自动导引车、惯性自动导引车、视觉自动导引车、GPS 自动导引车及复合导引自动导引车；按驱动方式可分为单轮驱动自动导引车、双轮驱动自动导引车及多轮驱动自动导引车；按移载方式则可分为搬运型自动导引车、装配型自动导引车及牵引式自动导引车。

二、自动导引车 AGV 归类

自动导引车在归类时主要可按是否装有升降或搬运装置分为两种情况。

（一）装有升降或搬运装置的自动导引车

装有升降或搬运装置的自动导引车归类较为明确，一般应作为装有升降或搬运装置的工作车归入品目 84.27。例如，归类决定 Z2006‐0579 就将一款叉车式 AGV 小车归入了税则号列 8427.1090[②]；美国海关亦曾将装有升降台的 AGV 归入了子目 8427.10[③]。

（二）未装有升降或搬运装置的自动导引车

未装有升降或搬运装置的自动导引车主要包括一些被动移载式及牵引式 AGV。

1. 被动移载式自动导引车

对于未装有升降或搬运装置的被动移载式 AGV，归类实践中或见将之作为其他升降、搬运、装卸机械归入品目 84.28 的做法，这可能是由将品目 84.28 视作 84.25 至 84.27 所列商品之"兜底"的习惯性思维所得出的推论[⑤]。然而，由相关品目条文的英文版本及注释的排他条款来看，这一推导的思路其实并不妥当。

叉车式 AGV[④]

被动移载式 AGV[⑥]

尽管在中文版本里，品目 84.27 和 87.09 第一部分的主体分别译为"工作车"与"短距离运输货物的机动车辆"，而看似无有关联，但据两者的英文条款：

84.27—Fork-lift trucks; other <u>works trucks fitted with lifting or handling equipment.</u>

87.09—Works trucks, self-propelled, <u>not fitted with lifting or handling equipment</u>, of the type used in factories, warehouses, dock areas or airports for short distance transport of goods.

发现两品目所列其实均为"works trucks",因此87.09第一部分的"短距离运输货物的机动车辆"(works trucks, self-propelled)原则上可以理解为84.27的"工作车"(works trucks)未装有升降或搬运装置(lifting or handling equipment)的版本⑦。

另一方面,87.09品目注释的排他条款亦在一定程度上体现了两品目的对应性:

本品目不包括:

1. 装有起重机的跨式运货车及工作车(品目84.26)。

2. 装有提升或搬运设备的叉车及其他工作车(品目84.27)。

可见,作为一种"works trucks",未装有升降或搬运装置的自动导引车应归入品目87.09,而非按其他升降、搬运、装卸机械归入"兜底"的品目84.28,这是由叉车式AGV归入品目84.27的事实,以及84.27与87.09之对应性推导得出的结论。

2. 牵引型自动导引车

牵引型自动导引车一般用于工厂、仓库,而似不符品目87.09第二部分所列之"火车站台上用的牵引车",但根据该品目注释:

火车站月台牵引车,主要用于拖带或推动其他车辆(例如,小型挂车)。这种车本身并不载货,一般比品目87.01所列的牵引车轻型,牵引能力也较低。这种牵引车也可用于码头、仓库等处。

因此牵引型自动导引车亦可归入品目87.09。

牵引式 AGV®

注：

① 图片来源：AGVExpertJS[CC BY-SA 3.0 (https://creativecommons.org/licenses/by-sa/3.0)]。

② 又见归类决定 Z2006-0579"激光自动引导无人搬运 AGV 小车"。

③ Ruling NY 876755："The applicable subheading for the model DR-1200 automatic guided vehicles will be 8427.10.0060…"

④ 图片来源：AGVExpertJS[CC BY-SA 3.0 (https://creativecommons.org/licenses/by-sa/3.0)]。

⑤ 即由叉车式 AGV 归入品目 84.27 的事实，假设不符合 84.27 的 AGV 均应归入"兜底"品目 84.28。

⑥ 图片来源：Carmenter[CC BY-SA 3.0 (https://creativecommons.org/licenses/by-sa/3.0)]。

⑦ 非自推进的除外。

⑧ 图片来源：AGVExpertJS[CC BY-SA 3.0 (https://creativecommons.org/licenses/by-sa/3.0)]。

▶ 阴模模内成型模具的归类分析

一、阴模模内成型模具的商品介绍

对于中高档车，仪表板、面板、手套箱等内饰件的覆皮是不可缺少的工艺。

阴模模内成型又称为 IMG（In Mould Grain），是使用刻有皮纹图案的阴模，将经过加热的表皮材料通过真空吸附在模内成型出内饰件形状带皮纹表皮的工艺。

阴模模内成型 IMG 包括 IMG-S（In Mould Grain-Skin）和 IMG-L（In Mould Grain-Laminate）。IMG-S 的工作原理为先加热表皮材料，再通过真空吸附以临摹模具的皮纹并成型，表皮成型后还需要进行后续加工；IMG-L 在对表皮真空成型的基础上，进一步将表皮与骨架（基

阴模模内成型①

材)进行真空复合,后续不需要再对表皮进行加工。

阴模模内成型工艺的主要设备系统包括上料系统、加热系统、真空成型系统和脱模系统,其成型系统的模具分为上、下模,表皮材料一般为泡沫聚氯乙烯、聚烯烃等,因此属于一种塑料用模具。

二、阴模模内成型模具的归类分析

阴模模内成型模具应作为一种塑料用型模归入子目 8480.7,难点在于二级子目的确认:是按注模或压模归入 8480.71,还是按其他模具归 8480.79。

阴模模内成型模具结构分为上、下模,工作时对加热至软化的表皮材料通过真空吸附成型。 根据 GB/T 8845-2017《模具 术语》:

2.3.5.1.1
塑料热成型模 thermoforming mould for plastics
在气体、液体或机械压力作用下,使加热至软化的塑料坯件成型的模具。
……

2.3.5.1.3.1
真空成型模 vacuum thermoforming mould
利用真空形成压差,使塑料坯件成型的模具。
……

2.3.5.1.6
对模成型模 paired thermoforming mould
凸模和凹模成对使用的热成型模。

可知阴模模内成型模具同时具有真空成型模及对模成型模的属性,而真空成型模和对模成型模均属于塑料热成型模的范畴,而非塑料注射模或压缩模。因此,阴模模内成型模具并不属于子目 8480.71 所列"注模或压模",而应作为塑料用其他模具归入子目 8480.79[②]。

注:
① 图片来源:maacmachinery.com。
② 又见本书《研究篇·商品研究分·子目 8480.71"注模或压模"的商品范围研究》。

滚动轴承、滑动轴承和轴承座的归类

轴承是机器和仪器、器械的重要基础件,其功能包括支承运动部件、减小摩擦力、减少磨损量、提供便于更换的磨损表面。轴承分为滑动轴承(plain shaft bearing)和滚动轴承两大类,滚动轴承又可进一步分为滚珠轴承(ball bearing)、滚子轴承(roller bearing)等。

一、滚珠轴承

滚珠轴承又叫球轴承,是滚动轴承的一种,通过将球形滚珠安装在内圈和外圈中间,以滚动方式降低动力传递过程中的摩擦力,提高机械动力的传递效率。在《税则》中,子目8482.10所列滚珠轴承包括调心球轴承(8482.1010)、深沟球轴承(8482.1020)、角接触轴承(8482.1030)、推力球轴承(8482.1040)等。

滚珠轴承[①]

根据84.82品目注释第一款:"本组还包括配有滚珠轴承的滑动装置。"因此某些配有滚珠轴承的直线轴承导轨也可作为滚珠轴承归入子目8482.10[②]。

二、滚子轴承

滚子轴承是用短圆柱、圆锥或腰鼓形滚子作滚动体的滚动轴承。滚子轴承按滚子的类型包括锥形滚子轴承(8482.20)、鼓形滚子轴承(8482.30)及圆柱形滚子轴承,圆柱形滚子轴承又进一步分为滚针轴承(8482.40)和其他圆柱形滚子轴承(8482.50)。

根据第八十四章子目注释二:"子目8482.40仅包括滚柱直径相同,最大不超过5毫米,且长度至少是直径三倍的圆滚柱轴承,滚柱的两端可以磨圆。"即圆柱形滚子轴承在归类时须考虑滚子的长度与直径,以区分滚针轴承和其他圆柱形滚子轴承。

滚针轴承③　　　　　其他圆柱形滚子轴承④

例如，滚子直径 4 毫米、长度 24 毫米的圆柱形滚子轴承可作为滚针轴承归入子目 8482.40，而滚子直径 6 毫米、长度 10 毫米的轴承则应按其他圆柱形滚子轴承归入 8482.50。

应注意，上述"滚针轴承"在《税则》中的规定与相关国家标准存在一定差异，归类时应以《税则》为准。

三、滑动轴承

滑动轴承是由减摩金属制成的光滑环圈，供轴在其中旋转。滑动轴承也包括某些名为"关节轴承"的球面滑动轴承，其主要由一个内球面和一个外球面组成，运动时可以在任意角度旋转摆动。

球面滑动轴承⑤

滑动轴承在《税则》中具体列名，应归入子目 8483.30。

四、轴承座

轴承座是用以安置滑动、滚珠、滚子等轴承的架座；轴的两端可在轴承中（止推轴承则对着轴承）旋转。轴承座通常由两部分组成，合并起来形成一个轴承圈，用以夹住轴承，还可配有轴承润滑装置。

轴承座单独报验时应归入子目 8483.30；装有滚珠或滚子轴承的轴承座应归入 8483.20；带有滑动轴承的轴承座应作为滑动轴承归入品目 8483.30。

轴承座⑥

滚动轴承、滑动轴承和轴承座的关系与归类

商品				归类
轴承	滚动轴承	滚珠轴承	调心球轴承	8482.1010
			深沟球轴承	8482.1020
			角接触轴承	8482.1030
			推力球轴承	8482.1040
			其他	8482.1090
		滚子轴承	锥形滚子轴承	8482.2000
			鼓形滚子轴承	8482.3000
			圆柱形滚子轴承 滚针轴承	8482.4000
			圆柱形滚子轴承 其他圆柱形滚子轴承	8482.5000
		其他,包括球、柱混合轴承		8482.8000
	滑动轴承			8483.3000
轴承座		单独报验		8483.3000
		装有滑动轴承		
		装有滚珠或滚子轴承		8483.2000

注:

① 图片来源:I, Solaris2006 [GFDL (http://www.gnu.org/copyleft/fdl.html),CC-BY-SA-3.0 (http://creativecommons.org/licenses/by-sa/3.0/) or CC BY-SA 2.5 (https://creativecommons.org/licenses/by-sa/2.5)],from Wikimedia Commons.

② 如果直线轴承导轨是由滚珠轴承装于轴承座构成的,则应作为装有滚珠轴承的轴承座归入子目8483.20。

③ 图片来源:commons.wikimedia.org/wiki/File:Needle_bearing.jpg.

④ 图片来源:Silberwolf (created by Silberwolf) [CC BY 2.5 (https://creativecommons.org/licenses/by/2.5)], via Wikimedia Commons.

⑤ 图片来源:Qenneth [CC BY-SA 3.0 (https://creativecommons.org/licenses/by-sa/3.0)], from Wikimedia Commons.

⑥ 图片来源:www.skf.com.

汽车轮毂轴承单元的演化与归类

汽车轮毂轴承[①]

轮毂轴承单元是汽车的关键零部件之一,其主要作用为承载重量并为轮毂的转动提供精确引导,目前已经发展到了第三代。

一、第一代轮毂轴承

第一代轮毂轴承是外圈整体式内圈背对背组合的双列角接触球轴承或双列圆锥滚子轴承。

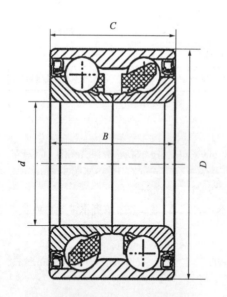
双列角接触球轴承轮毂轴承单元

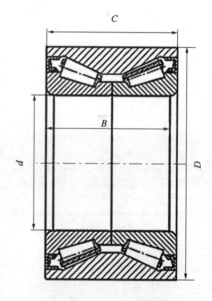
双列圆锥滚子轴承轮毂轴承单元

第一代轮毂轴承应按滚动轴承归入品目 84.82。

二、第二代轮毂轴承

第二代轮毂轴承外圈带有一个用于固定轴承的法兰盘,分为外圈旋转型和内圈旋转型。

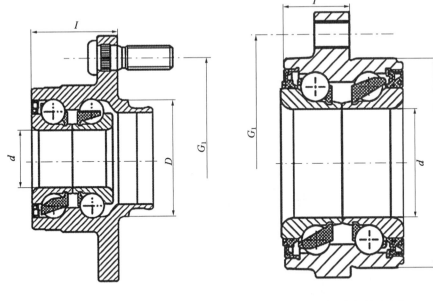

外圈旋转型轮毂轴承单元　　　　　内圈旋转型轮毂轴承单元

尽管 JB/T 10238-2017《滚动轴承　汽车轮毂轴承单元》将轮毂轴承单元归为滚动轴承的一种，但从归类规则适用的角度看，第二代轮毂轴承为轴承和法兰的组合物，同时作为汽车的零件，应优先适用 87.08 的品目条文，按机动车辆的零件归入品目 87.08[②]。

三、第三代轮毂轴承

第三代轮毂轴承由连接到悬架上带法兰盘的外圈和连接到刹车盘和钢圈上带法兰盘的内圈组成，并集成了 ABS 传感器。

第三代轮毂轴承的归类思路与第二代轮毂轴承相似，同样应按机动车辆的车零件归入品目 87.08。

注：
① 图片来源：item.jd.com/11347620534.html。
② 又见本书《研究篇·规则研究分·组合货品作为零件的归类原则研究》。

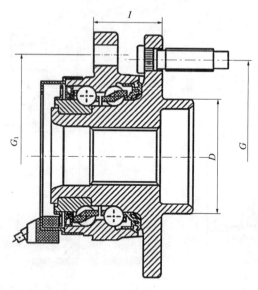

带传感器的轮毂轴承单元

空中防撞系统的归类分析

一、空中防撞系统的商品介绍

空中防撞系统（traffic collision avoidance system，TCAS）是安装于中、大型飞机，用以避免飞机在空中互相冲撞的一组系统。

空中防撞系统主要由询问器、应答机、收发机和计算机组成，可与导航显示器或垂直速度指示器整合，以显示飞机周围的情况，需要时提供语言建议警告，帮助驾驶员躲避危险。

空中防撞系统的工作原理为：询问器发出脉冲信号，这种无线电信号称为询问信号，当其他飞机的应答机接收到询问信号时，会发射应答信号，计算机根据询问信号和应答信号间的时间间隔计算距离，同时根据方向天线确定方位，为驾驶员提供信息和警告，并将信息显示在导航信息显示器上。

空中防撞系统的告警分为两个等级：当目标飞机进入警戒区域，空中防撞系统发出交通警告（traffic advisory，TA）信息；当目标飞机进入警告区域，空中防撞系统发出决策警告（resolution advisory，RA）信息。

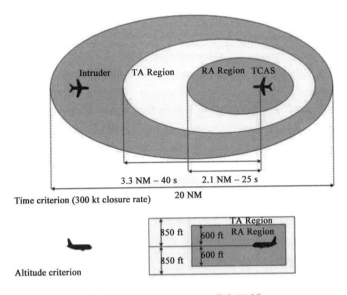

空中防护系统的警戒区域和警告区域[①]

二、空中防撞系统的归类分析

空中防撞系统虽属于一种飞机的零部件，但不应归入品目 88.03，因为根据第十七类类注二：

二、本类所称"零件"及"零件、附件"，不适用于下列货品，不论其是否确定为供本类货品使用：

……

（六）电机或电气设备（第八十五章）；

空中防撞系统使用无线电信号工作，并将信息显示于导航信息显示器，故应按雷达设备或无线电导航设备归入品目 85.26，难点在于子目的确认：是按雷达设备归入子目 8526.10，还是作为无线电导航设备归入 8526.91。

85.26 品目注释虽列有无线电导航设备与飞机导航雷达设备，但并未对两者的范围作具体界定，故参考专业工具书籍中对空中防撞系统的分类。

在《机械工程手册》（第二版）专用机械卷（三）的相关篇章[②]，无线电导航设备归于飞机无线电设备,空中交通报警和防撞系统(TCAS)则列于雷达设备。

可见,在专业领域,空中防撞系统被视作雷达设备的一种,而不是无线电导航设备,故归类时也应作为雷达设备归入子目8526.10。

注:

① 图片来源:Eurocontrol [Public domain], via Wikimedia Commons. 图中NM指海里(nautical mile)。

② 见于《机械工程手册》(第二版)专用机械卷(三)第3篇 飞机·第7章 飞机的特种设备。

取像模块的结构与归类

取样模块一般用于手机照相头或数码相机等产品,主要由镜头和图像传感器等组成。图像传感器主要有CCD(charge-coupled device)与CMOS(complementary metal oxide semiconductor)传感器,两者都是利用感光二极管进行光电转换,但要完成基本的照相功能还需要数字信号处理芯片。

取像模块[①]

一、数字信号处理电路对取像模块归类的影响

取像模块在归类时主要考虑的因素为是否带有数字信号处理电路,以作为按整机归入品目 85.25 或按零件归入品目 85.29 的区分标准。 根据 8529.9042 "非特种用途的取像模块"的本国子目注释:

子目 8529.9042 非特种用途的取像模块,由光学镜头、CMOS/CCD 图像传感器及初级信号处理电路(如 A/D 转换器)构成,不包括数字信号处理电路(DSP)。

如进口的取像模块带有数字信号处理电路(DSP),则应归入 8525.80 项下。

因此,由光学镜头、CMOS/CCD 图像传感器及初级信号处理电路构成的取像模块应归入 8529.9042;由光学镜头、CMOS/CCD 图像传感器、初级信号处理电路及数字信号处理电路构成的取像模块则应归入子目 8525.80。

二、其他部件对取像模块归类的影响

除了数字信号处理电路外,取样模块的归类亦可因其他部件的增减受到影响。 例如,根据归类决定 Z2006-0767:

中文名称:CCD 模块

商品描述:该 CCD 模块由数位讯号处理器(DSP)、影像感应器(Sensor)、使用显示灯组成。主要用于可摄像显微镜,也可用于实时场景观察和拍摄静态、动态图像,是用于组装成摄像装置的一个部件。CCD 模块必须配有 CCD 镜头(非进口)才能工作。成品摄像装置的结构包括:CCD 模块、滤色片、支架、外壳、连接线、专用可调焦 CCD 镜头、目镜连接套。

归类决定:该 CCD 模块由数位讯号处理器(DSP)、影像感应器(Sensor)、使用显示灯组成,不符合海关总署 2005 年第 30 号公告对归入税则号列 8529.9042 的取像模块的描述,因此应按摄像机用其他零件归入税则号列 8529.9049。

与本国子目 8529.9042 所列"取像模块"相比,Z2006-0767 所称"CCD 模块"虽带有数位讯号处理器,但缺少光学镜头,此时该商品既不归入 8525.80,也不归 8529.9042,而是作为摄像机用的其他零件归入了 8529.9049。

比较两种取像模块和Z2006-0767所述CCD模块，三者结构与归类的关系可归纳为下表。

取像模块和CCD模块的主要结构和归类

商品	主要结构			归类
	镜头	图像传感器	数字信号处理器	
取像模块	○	○	○	8525.80
	○	○	×	8529.9042
CCD 模块	×	○	○	8529.9049

注：
① 图片来源：Chn Andy［CC BY-SA 3.0（https：//creativecommons.org/licenses/by-sa/3.0）or GFDL（http：//www.gnu.org/copyleft/fdl.html）］，from Wikimedia Commons.

几种美容仪的归类

美容仪是通过声、光、冷、热、电、力等物理因子令皮肤得到舒缓、清洁、吸收护肤品等功效的一种设备，工作原理包括微电流脉冲、超声波、射频、激光等。此外，使用电动刷头进行清洁的洁肤仪，通过按摩头进行按摩的按摩仪以及使用低温技术减除脂肪的冷冻溶脂机，通常也列入美容仪的范畴。

美容仪在归类时应首先区别于品目90.18所列的医疗仪器及设备，再按不同的工作原理及应用领域归入相应税目。此类产品涉及的品目主要包括84.19、85.09、85.43及90.19等。

一、美容仪

在协调制度中，美容仪没有专门的列名，因此许多类型的美容仪都应按未列名的电气设备归入品目85.43。例如，利用超声波对皮肤的机械效应、热效应、生物化学效应的超声美容仪，利用激光照射皮肤产生生物刺激作用的激光美容仪,以及通过"电波拉皮除皱"的射频美容仪等。

很多美容仪对皮肤都具有"复合"的功效,比如在清洁、紧肤的同时还能达到按摩放松的作用。然而,归入品目85.43的美容仪不包括那些已构成家用电动器具的装置或者主要用于按摩的器具。

利用3D超声波离子技术的美容仪①

二、洁肤仪

洁肤仪,有时候也称作洗脸刷,一般是通过电动机旋转刷头,配合或不配合洗面奶对面部进行清洁的一种仪器。洁肤仪在清洁肌肤的同时也可促进血液循环,提高肌肤光泽,并使肌肤更好地吸收护肤品,从而达到美容保健的作用。装有电动机的手持式洁肤仪,一般应作为家用电动器具归入品目85.09。

包含可替换头的洁肤仪②

某些类型的洁肤仪包含可替换的刷头和按摩头,因其同时具有品目85.09和90.19所列功能,故应作为多功能机器(或仪器)按主要功能归入相应品目。主要功能不能确定时,应根据总规则三(三)的规定从后归入品目90.19。

三、冷冻溶脂机

冷冻溶脂机一般由一台主机和其他配件构成,通常用于美容院,而非供家用。冷冻溶脂机的工作原理主要为制冷冷却皮下脂肪组织,使脂肪细胞凋亡、代谢,属于一种塑形仪器。冷冻溶脂机应按利用温度变化处理材料的装置归入品目84.19。

冷冻溶脂机③

注:
① 图片来源:www.mtg-china.com.
② 图片来源:www.philips.com.cn.
③ 图片来源:www.beautyprohk.com.

CT 和 ECT 的原理与归类

CT 的全称为 computed tomography, 即计算机断层成像。严格来说, CT 只是一种成像技术, 因此根据所采用探测原理的不同, CT 设备包括 X 射线 CT、γ 射线 CT、超声 CT 等。此外, 还有 ECT、SPECT、PET、SPECT/CT 和 PET/CT 等。这些设备的功能原理既有关联, 又有差异, 归类也不尽相同。

一、CT

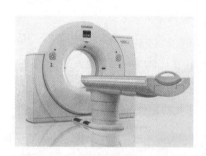

X - CT[①]

CT 设备虽有 X 射线 CT、γ 射线 CT 与超声 CT 之分, 不过在医疗机构中, 仍以 X 射线 CT 的应用居多, 所以一般所称的 CT 就是指 X 射线 CT。

X 射线 CT 应作为 X 射线断层检查仪归入子目 9022.12[②]; γ 射线 CT 应按医疗用 γ 射线的应用设备归入子目 9022.21; 超声 CT 应按其他电气诊断装置归入子目 9018.19[③]。

二、ECT

ECT (emission computed tomography) 是发射型计算机断层成像的英文字头缩写, 主要包括 SPECT 和 PET。其中 SPECT (single photon emission computed tomography) 为单光子发射型计算机断层成像, PET (positron emission computed tomography) 为正电子发射型计算机断层成像。

ECT 主要是通过探测 γ 光子进行工作。

SPECT 的工作原理为, 病人摄入含有适当放射性的同位素药物, 在药物到达所需要成像的断层位置后, 由于放射性衰变, 断层处会发出 γ 光子。γ 照相机探头探测到 γ 光子后, 通过闪烁体将 γ 射线转化为光信号, 再由光电倍增管将光信号转为电信号并放大,从而得到的测量值。

PET 成像利用的则是发射正电子的放射性核素。正电子是负电子的反物质,本身穿透性较弱,人体内正电子核素显像所发射的正电子本身是不能被体外设备探测到的。设备探测的其实是正电子与负电子相互作用后所产生湮灭辐射过程中的高能 γ 光子。

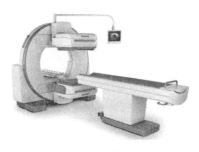

SPECT④

SPECT 和 PET 均应作为闪烁摄影装置(scintigraphic apparatus)归入子目 9018.14。

三、SPECT/CT 和 PET/CT

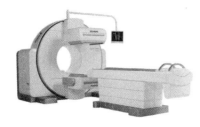

SPECT/CT⑤

随着技术的进步,单一的 SPECT 和 PET 显像逐渐被 SPECT/CT 和 PET/CT 所取代,通过与 CT 设备的有机整合,形成了新一代兼具解剖与核医学影像于一身的组合设备,极大丰富了对疾病诊断的信息量,弥补了各自影像的不足。

作为一类多功能仪器设备,SPECT/CT 和 PET/CT 应按其主要功能归类。在一般情况下,这类设备中起主要作用的仍为 SPECT 和 PET。例如,在医院的机构设置中,SPECT/CT 通常就和 SPECT 一同被划为核医学科,而普通的 CT 则属于放射科。因此 SPECT/CT 和 PET/CT 一般应归入子目 9018.14。

四、小动物活体成像系统

除医疗领域外,CT 技术也可用于活体动物的研究。

例如,小动物活体成像系统为光学和 CT 成像一体机,可在同一台仪器上实现光学和 CT 的融合成像,用于在活体动物水平对疾病的发生、发展及治疗,细胞的动态变化,基因的实时表达进行观测。

小动物活体成像系统⑥

小动物活体成像系统用于科研领域，非医疗或兽医用仪器，故应作为使用光学射线的理化分析仪器归入子目9027.50。

最后，尽管ECT是通过探测γ射线以获取数据，但切勿将其同品目90.30的"γ射线的测量或检验仪器及装置"混淆。

根据90.30品目注释：

本品目还包括闪烁计数器。它是一个主要以光电管和电子放大器组成的装置（光电倍增器），根据射线本身能激发某些晶体（硫化锌、铊激活碘化钠、蒽、掺有丁二烯四苯基的塑料等）产生荧光这一原理探测或测量射线。这些晶体是放置在射线源和计数器的一个电极之间。

......

本品目不包括：

（一）装有闪烁计数器的设备，其数据可转换成模拟信号，用于医学诊断（例如，伽马照相机、闪烁扫描仪）（品目90.18）。

因此，可将ECT视为一种装有γ射线探测装置的设备，而单独报验的γ射线探测装置应归入品目90.30。两者的关系类似于X射线应用设备和X射线发生器，只不过X射线应用设备和X射线发生器是归入同一品目的⑦。

各种射线应用和探测装置的归类⑧

仪器设备		品目
X射线发生器		90.22
X射线或α射线、β射线、γ射线的应用设备		90.22
α射线、β射线、γ射线、X射线的探测装置		90.30
装有α射线、β射线、γ射线探测装置的设备	医疗、外科、牙科或兽医用	90.18
	理化分析用	90.27

注:
① 图片来源:usa.healthcare.siemens.com。
② 又见本书《研究篇・ 译文研究分・X射线断层检查仪的注释译文研究》
③ 超声CT通过围绕物体旋转的发射器与接收器来得到不同方向上的超声波,故不同于子目9018.12的超声波扫描装置。
④ 图片来源:usa.healthcare.siemens.com。
⑤ 图片来源:usa.healthcare.siemens.com。
⑥ 图片来源:www.perkinelmer.com.cn。
⑦ X射线应用设备和X射线发生器归入品目90.22下的不同子目:X射线应用设备归入子目9022.1;X射线管归入子目9022.3;其他X射线发生器归入子目9022.9。
⑧ 某些射线应用设备也可用于理化分析,如利用β射线分析空气中颗粒物的仪器。根据90.27品目注释的排他条款:"本品目不包括……(五)X射线等设备(品目90.22)。"该类设备应优先按β射线的应用设备归入品目90.22。

水陆两用自推进式机器的归类分析

水陆两用自推进式机器是一种机器设备安装在水陆两用底座上的情况。第十七类总注释第二款虽给出了自走式机器及其他移动式机器归类的一般原则,即"应根据各种因素,特别是底座的种类这一因素来确定归类",但对于

水陆两用自推进式机器②

同时具有第八十四章、第八十七章和第八十九章所列货品特征的水陆两用自推进式机器,却没有可直接适用的单一规定。以下介绍一种通过整合若干注释条款,间接确定该类商品归类的方法①。

一、水陆两用自推进式机器的归类依据

在协调制度及其注释中,虽然没有可直接适用于水陆两用自推进式机器归类的单一条款,但却存在关于装在车辆底盘上的移动式机器、装在浮动底座上的移动式机器、水陆两用的机动车辆的归类规定,分别见于87.05品目注释、第十七类总注释第二款及类注四(二):

87.05品目注释③:

装有工作机器的机动车底盘或货车

必须注意,凡带有起重或搬运机器、土地平整、挖掘或钻探机器等的车辆,至少必须配备下列机械装置,在实质上构成了一台基本完整的机动车底盘或货车,才能归入本品目:推进发动机、变速箱及换档操纵装置、转向及制动装置。

另一方面,装在轮式或履带式底盘上的自推进式机器(例如,起重机、挖掘机),如果上述一种或多种推进或中心部件装在作业机器的驾驶室内,则不论整台机器是否可以依靠自身的动力在道路上行驶,仍应归入品目84.26、84.29或84.30等。

同样,本品目不包括带有轮子的自推进式机器,它的底盘和作业机器经特制相互构成不可分割的成套机械设备(例如,自推进式平路机)。在这种情况下,作业机器不是简单地装在一个机动车底盘上,而是完全与机动车底盘组成一个整体。机动车底盘尽管可装配有上述汽车的关键部件,但只能作为机器部件使用。

但必须注意,配有内装式设备的机动犁雪车或吹雪车一律归入本品目。

第十七类总注释第二款:

例如,装在浮动底座上的所有移动式机器(例如,起重船、挖泥船、谷物提升船等),应归入第八十九章。

第十七类类注四(二):

(二)水陆两用的机动车辆,应归入第八十七章的相应品目;

这些规定可以归纳为:装有工作机器的机动车辆应根据推进或中心部件的

安装位置以及底盘和作业机器的结合方式归入第八十四章或品目 87.05；装有工作机器的浮动底座应归入第八十九章；水陆两用的机动车辆应归入第八十七章。

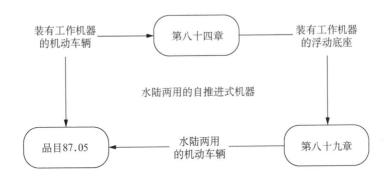

水陆两用自推进式机器相关归类依据的相互关系

二、水陆两用自推进式机器的归类方法

由水陆两用自推进式机器相关归类依据的相互关系可知，品目 87.05 在适用顺序上较第八十四章或第八十九章更为特别，故在判断水陆两用自推进式机器的归类时，可从验证其是否符合品目 87.05 的条件入手。

因此，如果一种水陆两用自推进式机器未配有 87.05 品目注释所规定的推进或中心部件（推进发动机、变速箱及换档操纵装置、转向及制动装置），则可直接排除其归入品目 87.05 的可能。此时应将该商品视作装在浮动底座上的移动式机器，根据第十七类总注释第二款的规定归入第八十九章。

另一方面，如果一种水陆两用自推进式机器配有 87.05 品目注释规定的推进或中心部件，则应进一步考察其推进或中心部件的安装位置，以及工作机器与底座的结合方式④。如果其推进或中心部件安装于工作机器的覆盖件内⑤，或者工作机器完全与底座组成为一个整体，即应归入第八十四章，否则归入品目 87.05。

上述水陆两用自推进式机器的归类流程可总结为：

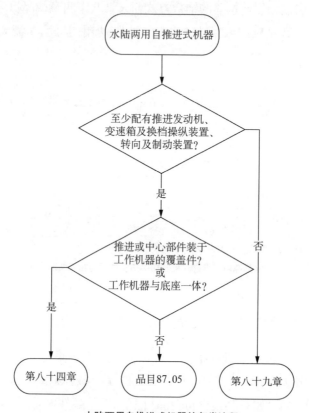

水陆两用自推进式机器的归类流程

注：

① 另一种思路是直接适用总规则三(二)或三(三)按基本特征或从后归类，但根据总规则三的注释："只有在品目条文和类、章注释无其他规定的情况下，才能运用本规则。"故其存在界定标准模糊及适用优先度低的弊端。

② 图片来源：www.osrtec.com。

③ 根据水陆两用自推进式机器的特点，通常不存在归入品目86.04、87.01、87.09或87.16的情况。

④ 在这种情况下，其实是先适用第十七类类注四(二)将水陆两用自推进式机器的"底座"(不论是否与工作机器组成一个整体)按水陆两用的机动车辆归入第八十七章，然后将整个商品视作在第八十七章机动车辆底座上的工作机器，从而再根据87.05品目注释的规定进一步判断其归类。

⑤ 注释所称"驾驶室(cab)"应指"覆盖件"，又见本书《研究篇·译文研究分·装有工作机器机动车辆的注释译文研究》。

机动车辆发动机、驾驶室、底盘及其组合体的归类

发动机、驾驶室、底盘是机动车辆的基本组成部分①。在协调制度中,这些部件不仅各有所归,其组合体也有专门的列目。以下主要介绍三者在单独报验和构成组合体时的归类。

机动车底盘②

一、机动车辆用发动机的归类

机动车多使用内燃发动机,点燃式活塞内燃机和压燃式活塞内燃机分别列于品目84.07和84.08。

根据84.07品目注释:

本品目包括除第九十五章所列货品以外的点燃往复式活塞内燃机及旋转式活塞内燃机(汪克尔发动机具有三角形旋转活塞)。机动车辆用的此类内燃机归入本品目。

以及84.08品目注释:

本品目包括压燃式活塞内燃机(第九十五章所列的内燃机除外),机动车辆用的也包括在内。

压燃式活塞内燃发动机③

故机动车辆用的点燃式活塞内燃发动机应归入品目84.07,压燃式活塞内燃发动机应归入品目84.08。

如今混合动力汽车的技术也日渐成熟,其所使用的混合动力发动机总成一般由汽油发动机、电动机、发电机、无级变速箱和功率控制单元组成。

混合动力发动机总成从构成上属于一种"组合机器",同时又作为机动车辆的零件,此时应优先作为机动车辆的零件归入品目87.08,而不是按具有主要功能的机器归类④。

二、机动车辆驾驶室的归类

机动车辆用驾驶室的归类比较简单,根据 87.07 品目注释:

驾驶室(例如,货车、牵引车及拖拉机用的)也归入本品目。

故机动车辆用的驾驶室应归入品目 87.07。

三、机动车辆底盘的归类

装有发动机的底盘

机动车辆的底盘包括单独报验的底盘,装有发动机的底盘以及同时装有发动机、驾驶室的底盘三种情况。

根据 87.06 品目注释:

本品目包括装有发动机,传动机构、转向机构及驱动桥(不论是否装有车轮),品目 87.01 至 87.05 所列机动车辆用的底盘车架或底盘车身整体式车架(单片式汽车车身或无骨架式车身)。换言之,归入本品目的货品为不带车身的机动车辆。

但本品目的机动车底盘可装有发动机罩、挡风玻璃、叶子板、脚踏板及仪表板(不论是否装有仪表)。机动车底盘不论是否装有轮胎、化油器、蓄电池或其他电气装置,仍应归入本品目。但完整的或基本完整的牵引车、拖拉机或其他车辆不归入本品目。

本品目也不包括:

(一)装有发动机及驾驶室的机动车底盘,不论其驾驶室是否完整(例如,未装有座位的)(品目 87.02 至 87.04)(参见本章注释四)。

(二)未装有发动机的机动车底盘,不论是否装有各种机械零件(品目 87.08)。

因此,装有发动机及驾驶室的机动车底盘应归入品目 87.02 至 87.04;装有发动机的机动车辆底盘应归入品目 87.06;未装有发动机的机动车底盘应归入品目 87.08。

机动车辆发动机、驾驶室、底盘及其组合体的归类

报验状态			归类
发动机	驾驶室	底盘	
○	×	×	84.07、84.08、87.08
×	○	×	87.07
×	×	○	87.08
○	×	○	87.06
○	○	○	87.02 至 87.04

注：

① 文中所称"机动车辆"指品目 87.01 至 87.05 所列车辆。

② 图片来源：English：CZmarlin - Christopher Ziemnowicz, a photo credit would be appreciated if this image is used anywhere other than Wikipedia. Please leave a note at Wikipedia here. Thank you!〔CC BY-SA 2.5（https://creativecommons.org/licenses/by-sa/2.5）〕, from Wikimedia Commons.

③ 图片来源：selbst〔Public domain〕, from Wikimedia Commons.

④ 关于组合机器同时作为零件时归类的讨论,详见本书《研究篇·规则研究分·组合货品作为零件的归类原则研究》。

⑤ 图片来源：SpielvogelFor a gallery of some more of my uploaded pictures see：here. All images can be used free of charge.〔CC0〕, from Wikimedia Commons.

⑥ 此处"参见本章注释四"应指"参见本章注释三",英文原文为"see Note 3 to this Chapter",中文译本疑误。

几种带轮产品的归类

日常生活中常见的带轮产品包括手推车、带脚轮的家具、助行器和带轮购物容器等,此类商品通常在结构上具有一定的相似性,如都带有轮子和用于放置物品的部位,故归类时应着重考虑它们的设计用途,而不是结构。

一、购物车

用于超市或其他场合暂时存放或运输物品,不论是否带有底盘①,应按手

驱动的车辆归入品目87.16。

二、行李车

用于运送行李或其他物件，部分可折叠，应归入品目87.16。

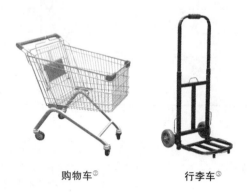

购物车②　　　　　行李车③

三、带轮搁架

主要用作置放物品的搁架，虽带有脚轮，但不属于"车辆"，故应作为其他家具归入品目94.03，其与品目87.16所列车辆的区别在于用途。

四、助行器

品目87.16不包括辅助人体支撑体重、保持平衡和行走的助行器，带轮的助行器应归入品目90.21。

五、带轮购物篮

品目87.16也不包括商场用小型带轮购物容器，带轮购物篮应按其构成材料归类。

带轮搁架④　　　　助行器⑤　　　　带轮购物篮⑥

注：

① 根据87.16品目注释："本品目不包括：……（二）商场用小型带轮购物容器（例如，带轮购物篮），由编织材料、金属等制成，不带底盘（应按其构成材料归类）。"但这并不代表归入品目87.16的产品必须带有底盘。

② 图片来源：item.jd.com/26581419660.html.

③ 图片来源：item.jd.com/1710817537.html.

④ 图片来源：item.jd.com/356823.html.

⑤ 图片来源：item.jd.com/12570098335.html.

⑥ 图片来源：item.jd.com/19152271845.html.

研究篇

SHANGPIN GUILEI JINGYAO

商品研究分

酸乳和其他发酵乳的区别研究

在协调制度中,品目04.03包括酪乳、结块的乳及奶油、酸乳、酸乳酒及其他发酵或酸化的乳和奶油。理论上,酸乳应归入子目0403.10,酪乳、结块的乳及奶油、酸乳酒及其他发酵或酸化的乳和奶油应归入子目0403.90。但由于协调制度注释实际上并未明确酸乳和其他发酵乳的界定标准,故结合国家标准、食品法典标准及维基百科的有关规定,对酸乳和其他发酵乳的区别,尤其是酸乳的特征发酵菌种进行讨论。

一、酸乳和发酵乳的相关标准

酸乳和发酵乳的相关标准主要包括国家标准GB 19302-2010、食品法典标准CODEX STAN 243—2003及维基百科的有关词条。

(一) 国家标准

根据GB 19302-2010《食品安全国家标准 发酵乳》:

3.1 发酵乳 fermented milk

以生牛(羊)乳或乳粉为原料,经杀菌、发酵后制成的pH值降低的产品。

3.1.1 酸乳 yoghurt

以生牛(羊)乳或乳粉为原料,经杀菌、接种嗜热链球菌和保加利亚乳杆菌(德氏乳杆菌保加利亚亚种)发酵制成的产品。

故知,酸乳是发酵乳的一种,是由嗜热链球菌(Streptococcus thermophilus)与保加利亚乳杆菌(Lactobacillus bulgaricus)发酵制成的乳产品。

(二) 食品法典标准

根据食品法典标准 发酵乳 CODEX STAN 243—2003（2003 年采用，分别在 2008、2010 年修订）：

2.1 发酵乳（fermented milk）是乳类经过发酵后得到的乳产品，这些乳品可能经过加工处理，可按照第 3.3 条规定的限制条件改变或不改变成分，通过微生物的作用导致 pH 下降，伴有或不伴有凝固作用（等电沉淀）。在最低保质期内，产品中这些发酵微生物应该是大量存活的。如果该产品在发酵后经过热处理，则不能要求微生物必须是存活的。

某些发酵乳的特点取决于下列特定的用于发酵的发酵剂：

酸奶[①]：嗜热链球菌（Streptococcus thermophilus）和德氏乳杆菌保加利亚亚种（Lactobacillus delbrueckii subsp. bulgaricus）的共生培养物。

……

也可能添加除以上特定的发酵剂以外的微生物。

食品法典标准明确了某些发酵乳的特点取决于特定的用于发酵的发酵剂，即酸乳区别于其他发酵乳的特征在于使用嗜热链球菌与保加利亚乳杆菌作为发酵剂。此外，该标准还允许发酵乳在制造过程中添加发酵剂以外的微生物[②]。

(三) 维基百科

1. 发酵乳

发酵乳制品，也称为培养乳制品，是用乳酸菌，如乳杆菌、乳球菌和明串珠菌发酵制成的乳制品[③]。

2. 酸乳

酸乳由德氏乳杆菌保加利亚亚种和嗜热链球菌的培养物制得。此外，其他乳杆菌和双歧杆菌有时也在酸乳培养过程中或之后添加[④]。

维基百科在发酵乳的词条中提出了乳酸菌的概念，且同样允许酸乳在制造过程中添加嗜热链球菌与保加利亚乳杆菌之外的其他菌种[⑤]。

二、酸乳和其他发酵乳的区分方法

由国家标准、食品法典标准及维基百科的相关规定可知，酸乳属于发酵乳的一种，而区分酸乳与其他发酵乳的关键在于发酵时接种的菌种是否为嗜热链球菌与保加利亚乳杆菌。

值得注意的是，由于发酵乳在制造过程中也可能添加发酵剂以外的微生物，故成品中所含的微生物并不一定都是用于发酵的菌种。因此，实际在判断一种发酵乳是否可按酸乳归入子目 0403.10 时，不应只考虑成品所含的微生物种类，还应审查不同菌种在生产过程中具体所起的作用及对成品特性的影响[6]。

例如，以乳或乳粉为原料，利用嗜热链球菌和保加利亚乳杆菌作为发酵剂，并添加有鼠李糖乳杆菌的益生菌酸奶仍可按酸乳归入子目 0403.10，而使用嗜酸乳杆菌为发酵剂制成的酸奶（Acidophilus milk）则应作为其他发酵乳归入子目 0403.90[7]。

注：
① 原文："Yoghurt"。
② 在发酵乳的制造过程中，发酵剂以外的微生物通常作为益生菌添加。益生菌没有单独的国家标准，2001 年世界卫生组织将益生菌定义为"当适量施用时，对宿主健康有益（…when administered in adequate amounts, confer a health benefit on the host）"的活微生物。迄今为止，科学家发现的益生菌主要包括：乳杆菌类（如嗜酸乳杆菌、干酪乳杆菌、詹氏乳杆菌、拉曼乳杆菌等），双歧杆菌类（如长双歧杆菌、短双歧杆菌、卵形双歧杆菌、嗜热双歧杆菌等）及革兰氏阳性球菌（如粪链球菌、乳球菌、中介链球菌等）。
③ 原文："Fermented milk products, also known as cultured dairy foods, cultured dairy products, or cultured milk products, are dairy foods that have been fermented with lactic acid bacteria such as Lactobacillus, Lactococcus, and Leuconostoc."
④ 原文："Yogurt is produced using a culture of Lactobacillus delbrueckii subsp. bulgaricus and Streptococcus thermophilus bacteria. In addition, other lactobacilli and bifidobacteria are also sometimes added during or after culturing yogurt."
⑤ GB 4789.35-2016《食品安全国家标准 食品微生物学检验 乳酸菌检验》："2.1 乳酸菌 lactic acid bacteria 一类可发酵糖主要产生大量乳酸的细菌的通称。本标准中乳酸菌主要为乳杆菌属（Lactobacillus）、双歧杆菌属（Bifidobacterium）和嗜热链球菌属（Streptococcus）。"
⑥ 双歧杆菌属、乳杆菌属及链球菌属的某些菌种既可能用作乳酸菌，也可能为益生菌，又见《可用于食品的菌种名单》（卫办监督发〔2010〕65 号）。
⑦ 又见本书《应用篇·动植食品分·发酵乳的归类》。

协调制度所称"谷物"的范围研究

"谷物"有广义和狭义两种解释：广义的谷物可指五谷之类的粮食，"五谷"指黍、稷、菽、麦、稻（一说为麻、黍、稷、麦、豆）[1]；狭义的谷物一般单指禾本科（Poaceae）植物的种子②。

在协调制度中，"谷物"列于第十章，包括：小麦及混合麦（品目10.01），黑麦（品目10.02），大麦（品目10.03），燕麦（品目10.04），玉米（品目10.05），稻谷、大米（品目10.06），食用高粱（品目10.07），荞麦、谷子及加那利草子、其他谷物（品目10.08）。其中品目10.01至10.07的谷物均属禾本科，但品目10.08的荞麦属于蓼科（Polygonaceae），藜麦（昆诺阿藜）属于苋科（Amaranthaceae）。

协调制度所称"谷物"的生物学分布

目	科	属	植物
禾本目	禾本科	小麦属	小麦
		黑麦属	黑麦
		燕麦属	燕麦
		玉米属	玉米（甜玉米除外）
		稻属	稻谷
		高粱属	高粱（饲料高粱、草高粱、甜高粱、帚用高粱除外）
		虉草族	加那利草子
		马唐属	直长马唐
		黑小麦属	黑小麦
		狗尾草属	谷子
		狼尾草属	
		稗属	
		蟋蟀草属	
		黍属	
		画眉草属	
石竹目	蓼科	荞麦属	荞麦
	苋科	藜属	藜麦

可见，协调制度所称"谷物"既包括禾本科植物的种子，也包括荞麦、藜麦等非禾本科的"谷物"，但不包括"菽"（第七章或品目12.01）或"麻"（品

目 12.07）[③]。

不同标准下的"谷物"范围

标准	谷物的范围
五谷	黍、稷、菽、麦、稻（或麻、黍、稷、麦、豆）
GB 13122-2016	禾本科草本植物种子
协调制度	禾本科草本植物种子；蓼科的荞麦；苋科的藜麦

注：
[①] 黍、稷、菽、麦、稻，见于《周礼 职方氏》；麻、黍、稷、麦、豆，见于《淮南子》。其中"菽"为豆类，多指大豆；"麻"为大麻子。
[②] GB 13122-2016《食品安全国家标准 谷物加工卫生规范》："2.1 谷物 禾本科草本植物种子，如稻谷、小麦、玉米、高粱、大麦、青稞等。"
[③] 此外，第十章也不包括甜玉米、饲料高粱、草高粱、甜高粱和帚用高粱。

▶ 绿茶浓缩液和茶多酚的工艺对比研究

绿茶浓缩液和茶多酚都是以绿茶为原料加工制成的产品。因两者的主要成分和加工过程具有一定的相似性，故在归类实践中常见将两者混淆的情形。以下结合该类产品的常见工艺，对绿茶浓缩液和茶多酚进行对比研究。

一、绿茶浓缩液的生产工艺

绿茶浓缩液是以绿茶为原料，经浸提、过滤、浓缩、杀菌和罐装等工艺制得的原茶浓缩液，其中以浸提和浓缩工艺对产品品质的影响最为关键。

（一）绿茶浓缩液的浸提技术

绿茶浓缩液浸提的主要方法为水浸提法，但传统水浸提法存在浸提不充分、浸提率低等问题，因此可采用酶法浸提、超声波辅助浸提法、微波辅助浸提法、超高压辅助浸提法等提高浸提效率和改善品质。

1. 酶法浸提

利用酶的高效生物催化功能，促进茶叶内不利及无效成分的有益转化，改善浓缩液的综合品质。

2. 超声波辅助浸提法

利用超声波在体系内产生空化效应，促进溶剂向细胞内渗透，细胞内含物向外扩散，提高浸提效率和浓缩液品质。

3. 微波辅助浸提法

利用电磁波加热原理对系统加热，促进溶剂向细胞内渗透，细胞内含物向外扩散。

4. 超高压辅助浸提法

以水为传压介质，对茶叶进行高压处理，促进内含物溶出。

（二）绿茶浓缩液的浓缩技术

绿茶浓缩液的浓缩技术主要有真空蒸发浓缩技术、冷冻浓缩技术、反渗透膜浓缩技术等。

1. 真空蒸发浓缩技术

通过抽气形成真空，加热浓缩液使其气化并浓缩。

2. 冷冻浓缩技术

利用冰水固液相平衡原理，降低系统温度，使一部分水以冰的形式从水中分离出来，从而达到浓缩的目的。

3. 反渗透膜浓缩技术

通过对反渗透膜一侧的料液施加压力，当压力超过其渗透压时，溶剂会逆着自然渗透的方向作反向渗透。

在绿茶浓缩液的各种浸提和浓缩工艺中，都没有专门针对茶多酚进行选择性提取。

二、茶多酚的生产工艺

茶多酚主要是通过对绿茶提取液进行选择性提取制得，提取工艺包括有机溶剂萃取法、吸附分离提取法、离子沉淀提取法和超临界二氧化碳流体萃取法等。

（一）有机溶剂萃取法

该法主要是利用茶叶中不同化合物在不同溶剂中的溶解度差异进行提取分

离。归类决定 Z2013－0034 的茶多酚就是一种利用乙酸乙酯萃取制得的产品[①]。

（二）吸附分离提取法

该法用高分子吸附剂对茶叶提取液进行吸附，再用乙醇溶液洗脱，使吸附剂吸附的茶多酚脱附于乙醇。

（三）离子沉淀提取法

该法利用一些金属离子在一定条件下和茶多酚形成络合物而沉淀，与咖啡碱、单糖、氨基酸等分离。

（四）超临界二氧化碳流体萃取法

该法利用压力和温度对超临界流体溶解能力的影响，将超临界二氧化碳与茶叶粉末接触，使其有选择性地萃取茶多酚。

三、绿茶浓缩液和茶多酚的对比

绿茶浓缩液和茶多酚的关系可归纳为：原料相同；工艺相似；成分、用途有差异。

绿茶浓缩液和茶多酚的原料、工艺、成分和用途的对比

	绿茶浓缩液	茶多酚
原料	绿茶	绿茶
工艺	无选择性提取	有选择性提取
成分	茶多酚、咖啡因、氨基酸等	主要为茶多酚
用途	茶饮料或其他茶制品的生产	保健品、食品、饮料、化妆品等

四、绿茶浓缩液和茶多酚的归类

（一）绿茶浓缩液

未经选择性提取工艺的绿茶浓缩液通常含有茶多酚、咖啡因、游离氨基酸等多种正常的茶叶成分，一般作为原浆或主剂应用于茶饮料或其他茶制品的生产。绿茶浓缩液应作为茶的浓缩精汁归入品目 21.01。

（二）茶多酚

经过选择性提取工艺的茶多酚已基本去除了茶叶中的其他成分，含量可达 90% 以上，常作为添加剂广泛应用于保健品、食品、饮料、化妆品等领域。茶

多酚是茶叶中多酚类物质的总称,应按其他未列名的化工品归入品目 38.24。

注:
① 归类决定 Z2013-0034"茶多酚":"……该商品以茶叶为原料制得,加工工艺:绿茶原料→破碎→纯水提取→离心→浓缩→乙酸乙酯萃取精制→喷雾干燥→粉末过筛→包装。可作为添加剂广泛应用于保健品、食品、饮料、化妆品等领域。"

两种油脂"脱水"工艺的比较研究

在动、植物油脂的加工工艺中,所称"脱水"可有两种含义:一是油脂精炼过程中的一道工序,如毛油在水化脱胶后的脱水工序①;二是油脂化学改性的一种方法,即 15.18 品目条文所列的"脱水"。在对相关产品进行归类时,应注意两种油脂"脱水"工艺的区别。

一、油脂精炼"脱水"工艺

油脂精炼过程中的"脱水",一般是通过加热或离心等方法,将上一道精炼工序所得到油脂中的水分和油脂进行物理分离。这种"脱水"属于物理过程,不会引起油脂主要成分的化学结构变化。

第十五类的许多品目都有"不论是否精制"的规定,因此经过精炼"脱水"的此类油脂,其归类也不受影响。

二、油脂改性"脱水"工艺

品目 15.18 所称的"脱水"工艺是一种对油脂进行化学改性的方法,在这一过程中,油脂的化学结构发生了变化。

以 15.18 品目注释第一款第三项所列的"脱水蓖麻油"为例,其具体脱水过程为:在催化剂作用下亲电试剂进攻甘油三酯脂肪酸链羟基氢原子上的弧对电子,形成水合氢离子,再水解形成碳鎓离子,然后脱除一个氢形成共轭或非共轭二烯产物。

经过化学改性"脱水"工艺的油脂应归入品目 15.18。

油脂精炼的"脱水"工艺和油脂改性的"脱水"工艺，一为物理过程，一为化学过程，完全是两种不同的油脂加工工艺。

注：
① 毛油中含有胶溶性杂质(主要为磷脂)，水化脱胶是在油中加入一定量的水，水和油中的亲水性磷脂化合形成絮状物沉淀，从油中分离。

子目 2202.1 和 2202.9 的商品范围及区别研究①

饮料类产品素来是商品归类中的一个难点，其中又以对子目 2202.1 所列"加味、加糖或其他甜物质的水，包括矿泉水及汽水"与 2202.9"其他"的区分为甚。本文以协调制度及其注释的中英文条款为基础，结合相关国家标准，在明确品目 22.02 商品范围的前提下，对子目 2202.1 和 2202.9 所指代的饮料种类及区分原则进行了研究。

一、品目 22.02 的商品范围

虽然通常认为品目 22.02 对应于饮料类产品，但严格来说，并非所有被称作"饮料"的产品都可归入品目 22.02。因对子目 2202.1 和 2202.9 的研究是以归入 22.02 为前提，故有必要先予明确品目所包括的商品范围，再行讨论子目的内容与区分原则。

在 GB/T 10789-2015《饮料通则》中，"饮料"被定义为：

3.1 饮料 beverage; drinks

饮品

经过定量包装的，供直接饮用或按一定比例用水冲调或冲泡饮用的，乙醇含量（质量分数）不超过 0.5% 的制品，也可为饮料浓浆或固体形态。

但根据协调制度的第二十二章章注三：

三、品目 22.02 所称"无酒精饮料"，是指按容量计酒精浓度不超过 0.5% 的饮料。含酒精饮料应分别归入品目 22.03 至 22.06 或品目 22.08。

以及 22.02 品目注释第二款关于"即供饮用"的规定和排他条款：

本品目不包括：

（一）含可可、水果或香料的液状酸乳及其他发酵或酸化乳及奶油（品目04.03）。

（二）品目17.02的糖浆及品目21.06的加香料糖浆。

（三）水果汁及蔬菜汁，不论是否用作饮料（品目20.09）。

（四）品目30.03或30.04的药品。

可知，液状乳、液状酸乳及其他发酵或酸化乳及奶油、糖浆、水果汁及蔬菜汁、固体饮料、未加糖或其他甜物质及未加味的水、含酒精饮料、药品等可饮用产品均不属于品目22.02的范畴；而可归入品目22.02的饮料产品则主要包括：果蔬汁饮料、蛋白饮料、碳酸饮料（汽水）、运动饮料、营养素饮料、能量饮料、电解质饮料、风味饮料、茶饮料、咖啡饮料及功能饮料等[②]。

品目22.02的饮料及其他饮料产品在协调制度中的分布可归纳为下表。

各种饮料产品在协调制度中的分布

饮料产品	归入品目
液状乳	04.01或04.02
液状酸乳及其他发酵或酸化乳及奶油	04.03
糖浆	17.02或21.06
水果汁及蔬菜汁	20.09
固体饮料	19.01、21.01或21.06
未加糖或其他甜物质及未加味的水	22.01
其他无酒精饮料	22.02
含酒精饮料	22.03至22.06或22.08
药品	30.03或30.04

二、子目2202.1的商品范围

确定子目2202.1商品范围的主要依据为2202.1子目条文和22.02品目注释第一款的内容。

（一）2202.1 子目条文

2202.1 子目条文的完整表述为"加味、加糖或其他甜物质的水，包括矿泉水及汽水（Waters, including mineral waters and aerated waters, containing added sugar or other sweetening matter or flavoured）"。其中"加味、加糖或其他甜物质（containing added sugar or other sweetening matter or flavoured）"是对"水"可添加物质的限定，"包括矿泉水及汽水（including mineral waters and aerated waters）"是对"水"种类的说明，可见 2202.1 子目条文的核心为"水"，即归入该子目的饮料须以水为基料，而非泛指所有含水的饮料产品。

然而，某种饮料中水的含量高于其他成分并不代表此种饮料就是以水为基料的。因为对于食品或饮料而言，基料是指构成基本特征的组分，而不论是否重量最重或体积最大。例如，19.01 品目注释第二款对调制食品就有类似的规定：

本品目包括许多种以细粉、粗粒、粗粉、淀粉或麦精为基料的调制食品，不论其所含的这些基料是否重量最重或体积最大，但这些基料构成了调制食品的基本特征。

（二）22.02 品目注释第一款

22.02 品目注释第一款的标题与 2202.1 子目条文完全相同，故可视作对该子目商品范围的进一步解释：

一、加味、加糖或其他甜物质的水，包括矿泉水及汽水

本组主要包括：

（一）加甜物质或香料的矿泉水（天然或人造）。

（二）饮料，例如，柠檬水、桔子水、可乐，即加有水果汁、果子精或加复合精汁的香味普通饮用水，不论是否甜的。香味剂中有时加入柠檬酸或酒石酸。这些饮料通常充入二氧化碳气体，用瓶子或其他密封容器包装。

其中"加有水果汁、果子精或加复合精汁"虽似有超出子目条文规定的"加味、加糖或其他甜物质"之嫌，但其原文"flavoured with fruit juices or essences, or compound extracts"表明子目 2202.1 商品中所添加的水果汁、果子精或复合精汁应仅限于"加味"的目的，即作为"香味剂"存在。此外，"复合精汁及香味剂中有时加入柠檬酸或酒石酸"则显示用于加味的香味剂可以是经配制的[③]。

以在理解上颇具争议的"可乐"为例,其配料一般为糖、碳酸水(二氧化碳和水)、焦糖色素、磷酸、咖啡因等。咖啡因有提神效果,在 GB 2760-2014《食品安全国家标准 食品添加剂使用标准》中的功能被归为"其他",看似也超出了"加味、加糖或其他甜物质"的范畴。然而,可乐最初是一种以可乐果提取物为香味物质的碳酸饮料,而可乐果本身含咖啡因,因此尽管目前在生产中也使用其他来源的咖啡因,但仍应将咖啡因视作可乐的香味组成之一,而非单独的功能性物质④。

可见,归入子目 2202.1 的饮料产品须以水为基料,且添加的物质不应超出香味剂或甜物质的范畴⑤。

子目 2202.1 的商品范围⑥

组分	种类	说明
水	包括矿泉水及汽水	须构成饮料的基本特征
香味剂	香料、水果汁、果子精、复合精汁等,有时加入柠檬酸或酒石酸	添加量及目的不得超出香味剂的范畴
甜物质	糖或其他甜物质	赋予食品甜味的物质

三、子目 2202.9 的商品范围

子目 2202.9 的列名为"其他",故在明确品目 22.02 和子目 2202.1 商品范围的前提下,子目 2202.9 即对应于其他的无酒精饮料,而 22.02 品目注释第三款亦可视作对该子目的进一步解释:

三、其他无酒精饮料,但不包括品目 20.09 的水果汁或蔬菜汁

本组主要包括:

(一)罗望子果饮料,加有水、糖并经过滤,可即供饮用。

(二)某些可即供饮用的饮料,例如,用乳及可可为基料制成的饮料。

其中,第一项所列"罗望子果饮料,加有水、糖并经过滤,可即供饮用(Tamarind nectar rendered ready for consumption as a beverage by the addition of water and sugar and straining)"表明该款饮料应以罗望子果汁(tamarind nectar)为基料,而不同于子目 2202.1 以水为基料加有水果汁的果味饮料。

子目 2202.1 果味饮料和 2202.9 果汁饮料的区分原则及商品实例[7]

组分	作用	
	子目 2202.1 的果味饮料	子目 2202.9 的果汁饮料
果汁	作为香味剂	作为基料
甜物质	赋予甜味	赋予甜味
水	作为基料	用于稀释

第二项"用乳及可可为基料制成的饮料（those with a basis of milk and cocoa）"对应于加有可可的乳品饮料[8]。"可即供饮用（ready for consumption）"则表明该子目不包括那些不可直接饮用的产品，如本国子目 2106.9040 的"椰子汁"[9]。

四、子目 2202.1 和 2202.9 的区分原则

子目 2202.1 和 2202.9 的列名分别为"加味、加糖或其他甜物质的水，包括矿泉水及汽水"和"其他"，同时在品目注释列举的商品中又明确提出了"基料"的概念，因此两者的商品范围及区别是以对可添加物质与基料的判断为核心的。

通过前述分析，在确定一种饮料产品可归入品目 22.02 的前提下，归入子目 2202.1 的饮料产品须同时符合两个条件：一是以水为基料；二是添加的物质未超出香味剂或甜物质的范畴。

与之相对，子目 2202.9 则包括除 2202.1 之外的其他无酒精饮料：一是非以水为基料的饮料产品，如某些蛋白饮料；二是添加物质超出香味剂及甜物质范畴的饮料产品，如某些电解质饮料[10]。

子目 2202.1 和 2202.9 的商品范围及区别[11]

归入子目	2202.1	2202.9
	加味、加糖或其他甜物质的水	其他无酒精饮料
商品范围	以水为基料，且添加的物质未超出香味剂或甜物质的范畴	非以水为基料，或添加物质超出香味剂或甜物质的范畴
商品实例	碳酸饮料、风味饮料等	蛋白饮料、电解质饮料等

注：
1. 饮料中水的含量高于其他组分并非其构成基料的充分条件；
2. 香味剂可经配制，如加入柠檬酸或酒石酸；
3. 添加物质的限制不适用于食品饮料工业中通用的加工助剂，如酸度调节剂、着色剂、防腐剂等；
4. 可乐型碳酸饮料可添加不超过 0.15 g/kg 的咖啡因。

五、结语

本文以 22.02 品目注释的条款为基础,结合对可乐、果味饮料等疑难商品的解析,就子目 2202.1 和 2202.9 的商品范围及区分原则进行了研究和讨论,认为子目 2202.1 "加味、加糖或其他甜物质的水,包括矿泉水及汽水" 区别于 2202.9 "其他" 的主要特征为:基料是否为水;添加物质有否超出香味剂或甜物质的范畴。在对部分疑难商品(如某些功能型饮料)进行判断时,则可借助 GB 2760-2014《食品安全国家标准 食品添加剂使用标准》、GB/T 10789-2015《饮料通则》、GB 30616-2014《食品安全国家标准 食品用香精》等国家标准的相关规定作为参考。

注:

① 本文为"首届商品归类征文比赛"一等奖获奖作品,根据本书的体例略有修改。

② 所称"果蔬汁饮料、蛋白饮料、碳酸饮料(汽水)、运动饮料、营养素饮料、能量饮料、电解质饮料、风味饮料、茶饮料、咖啡饮料及功能饮料"所指代的范围一般可参见 GB/T 10789-2015《饮料通则》中的相关定义,但协调制度及其注释另有规定的除外。有关乳、发酵乳、果蔬汁同乳品饮料、发酵乳饮料及果蔬汁饮料的区分标准,详见 04.02、04.03 及 20.09 品目注释中的相关规定。

③ 根据 GB 30616-2014《食品安全国家标准 食品用香精》:"2.1 食品用香精 由食品用香料和(或)食品用热加工香味料与食品用香精辅料组成的用来起香味作用的浓缩调配混合物(只产生咸味、甜味或酸味的配制品除外),它含有或不含有食品用香精辅料。通常它们不直接用于消费,而是用于食品加工。",其中柠檬酸和酒石酸被列入食品用香精中允许使用的辅料名单。同时根据 GB 2760-2014《食品安全国家标准 食品添加剂使用标准》,柠檬酸和酒石酸一般用作酸度调节剂,即用以维持或改变食品酸碱度的物质。

④《韦氏大学英语词典》:cola- A carbonated soft drink colored usually with caramel and flavoured usually with extracts from kola nuts; kola nut-the bitter caffeine-containing chestnut-sized seed of a kola tree used especially as a masticatory and in beverages.

⑤ 所称"添加的物质不应超出香味剂或甜物质的范畴"不包括食品工业中通用的加工助剂,如酸度调节剂、着色剂、防腐剂等,又见 GB 2760-2014《食品安全国家标准 食品添加剂使用标准》。

⑥ 表中,香味剂和甜物质为"或"的关系。

⑦ 在 GB/T 10789-2015《饮料通则》中,"果味饮料"被归为风味饮料的一种。目前我国尚无"果味饮料"的单行国家标准,但不同的企业标准(如 Q/DJY,Q/DQY,Q/YHH 等)对"果味饮料"则有着近似的描述,其主要特征是以饮用水为原料,添加食用香精、食用色素等制成。

⑧ 又见 04.02 品目注释的排他条款:"本品目不包括:……(二)加可可或其他香料的乳品饮料(品目 22.02)。"

⑨《本国子目注释》:"子目 2106.9040 椰子汁,是指以椰肉为原料经压榨、过滤、均质、灭菌等工艺制作而成。为使椰子汁不产生油水分离现象,可添加适量的稳定剂和乳化剂等;也可加入少量其他物质,但所加物质不能改变其基本特征。适用于制作蛋糕、糖果、饼干、冰激凌和咖喱等,并适用于烹饪菜、小吃和制作各种甜品。该子目所指'椰子汁'不可直接饮用。"

⑩ GB/T 10789-2015《饮料通则》:"4.3 蛋白饮料 protein beverage 以乳或乳制品,或其他动物来源的可食用蛋白,或含有一定蛋白质的植物果实、种子或种仁等为原料,添加或不添加其他食品原辅料和(或)食品添加剂,经加工或发酵制成的液体饮料。";"4.5.4 电解质饮料 electrolyte beverage 添加机体所需要的矿物质及其他营养成分,能为机体补充新陈代谢消耗的电解质、水分的制品。"

⑪ 有关可乐型碳酸饮料中咖啡因的最大使用量参见 GB 2760-2014《食品安全国家标准 食品添加剂使用标准》表 A.1 食品添加剂的允许使用品种、使用范围以及最大使用量或残留量。

25.30 品目注释和第七十一章附录所列"天青石"的区别研究

25.30 品目注释和第七十一章附录均列有"天青石":

见于 25.30 品目注释第四款第五项:

(五)天青石(天然硫酸锶);冰洲晶石(或方解石)及霰石,即晶体碳酸钙;鳞云母(锂云母)(氟硅铝酸钾及锂)及磷铝石(磷酸铝-氟化锂)。

以及第七十一章附录:

归入品目 71.03 的宝石或半宝石清表

矿物学名称	商业名称
……	
青金石 Lazurite	青金石 Lazurite 杂青金石 Lapis-lazuli 天青石 Lapis

一般认为，同种矿物归入第二十五章或第七十一章的区分标准，主要在于质量是否适用于首饰、金器或银器①。那么，品目 25.30 及第七十一章的两种"天青石"是否也只是品质之别呢？

一、25.30 品目注释所列"天青石"

天青石（Celestite）②

品目 25.30 所列"天青石"对应的英文名称为"Celestite"，是一种主要成分为 $SrSO_4$（有时也含钡、钙等元素）的斜方晶系硫酸盐矿物。

虽然在 GB/T 16552-2017《珠宝玉石 名称》附录 A 的表 A.1 中，天青石（Celestite）被列为一种天然宝石③，但由于协调制度注释未将其作为一种宝石或半宝石列于第七十一章附录，故天青石（Celestite）即使质量适于制作首饰，也因品种的原因而不能归入品目 71.03④。

二、第七十一章附录所列"天青石"

第七十一章附录所列"天青石"，对应英文名称为 Lapis，属于青金石矿物（Lazurite），是一种主要成分为 $(Na, Ca)_{7\sim 8} (Al, Si)_{12} (O, S)_{24} [SO_4, Cl_2 (OH)_2]$ 的等轴晶系碱性硅酸盐矿物⑤。

天青石（Lapis）⑥

由于天青石（Lapis）列于第七十一章附录，因此，如果此种石料的质量达到制作首饰的要求，即可作为宝石或半宝石归入品目 71.03。

中文注释将 Lapis 译作"天青石"，可能是为了与其他两种商业名称——"青金石（Lazurite）"和"杂青金石（Lapis-lazuli）"——进行区分，但其实也完全可以将三者合译为"青金石"，以区别于 25.30 品目注释所列的"天青石（Celestite）"。

注：

① 71.03 品目注释："本章附录列有归入本品目的宝石或半宝石的矿物学名称和商业名称。当然，本品目仅限于其质量可用于首饰的各类石料。本品目也不包括：（一）尽管某些石

料属于上述矿物种类,但它们不是宝石,或其质量不适用于首饰、金器或银器;这些石料应归入第二十五章、第二十六章或第六十八章。"

② 图片来源:La2O3 [CC BY-SA 4.0 (https://creativecommons.org/licenses/by-sa/4.0)], from Wikimedia Commons.

③ GB/T 16552-2017《珠宝玉石 名称》:"3.1.1.1 天然宝石 natural gemstones 由自然界产出,具有美观、耐久、稀少性,可加工成饰品的矿物单晶体(可含双晶)。"

④ 又见本书《研究篇·商品研究分·第七十一章末列"宝石"种类的研究》。

⑤ 一说 Lapis 为 Lapis-lazuli 简称,后者即第七十一章附录所列的"杂青金石",在 GB/T 16552-2017 中,Lapis-lazuli 被列为一种天然玉石。

⑥ 图片来源:Hannes Grobe [CC BY-SA 2.5 (https://creativecommons.org/licenses/by-sa/2.5)], from Wikimedia Commons.

烯丙菊酯和炔丙菊酯的归类与列目研究

烯丙菊酯和炔丙菊酯是两种分子结构相近的化学品。两者主要用作拟除虫菊酯杀虫剂,作为制作蚊香、电热蚊香片、气雾剂的有效成分,也可与其他农药混配,用于防治其他飞行和爬行害虫,以及牲畜的体外寄生虫。

烯丙菊酯①　　　　　炔丙菊酯②

烯丙菊酯与炔丙菊酯的化学结构仅一键之差,但在我国目前的十位商品编码列目中,烯丙菊酯作为含附加含氧基的羧酸列于品目 29.18 下的 29183000.16,炔丙菊酯则按环一元羧酸列于品目 29.16 下的 29162090.27。以下将通过分析烯丙菊酯和炔丙菊酯的归类思路,对两者的归类与列目进行讨论。

一、烯丙菊酯和炔丙菊酯的归类分析

从分子结构看,烯丙菊酯和炔丙菊酯均包含一个酯基和一个酮基。因为酯基是由羧酸基和醇基构成，所以看上去烯丙菊酯和炔丙菊酯都属于含有附加含氧基（醇基和酮基）的羧酸。但根据第二十九章章注五（一）：

（一）本章第一分章至第七分章的酸基有机化合物与这些分章的有机化合物构成的酯，应归入有关分章的最后一个品目。

因此，烯丙菊酯和炔丙菊酯实际上应按构成酯的两种有机化合物从后归类。

以烯丙菊酯为例，其由3-烯丙基-2-甲基-4-氧代-2-烯基环戊醇和2,2-二甲基-3-(2-甲基丙-1-烯基)环丙烷羧酸构成，应归入两者中列目靠后的那种化合物所在的品目。因为3-烯丙基-2-甲基-4-氧代-2-烯基环戊醇属于品目29.14的化合物③，2,2-二甲基-3-(2-甲基丙-1-烯基)环丙烷羧酸属于品目29.16的化合物④，故根据章注五（一）的规定，烯丙菊酯应从后归入2,2-二甲基-3-(2-甲基丙-1-烯基)环丙烷羧酸所在的品目29.16。

炔丙菊酯与烯丙菊酯的酸基部分完全相同，均为2,2-二甲基-3-(2-甲基丙-1-烯基)环丙烷羧酸，故理论上同样应归入品目29.16。

二、烯丙菊酯和炔丙菊酯的列目分析

如章注五（一）规定，烯丙菊酯和炔丙菊酯应按构成酯的两种有机化合物中列目靠后的那种化合物归类，又因为烯丙菊酯和炔丙菊酯的酸基部分完全相同，因此两者理应归入相同的品目，即按2,2-二甲基-3-(2-甲基丙-1-烯基)环丙烷羧酸归入品目29.16。

在这种情况下，位于酯基另一侧的3-烯丙基-2-甲基-4-氧代-2-烯基环戊醇或3-炔丙基-2-甲基-4-氧代-2-烯基环戊醇中所含的酮基不应作为归类时须考虑的因素，故不应将烯丙菊酯或炔丙菊酯按含附加含氧基的羧酸归入品目29.18。这一归类思路与2922.11至2922.50子目注释关于含氧基氨基化合物"母体"片段的规定是颇为相似的⑤。

因此根据第二十九章章注的规定，目前十位商品编码列于品目29.18的相关产品，包括29183000.14的环戊烯丙菊酯，29183000.16的烯丙菊酯等（包括右旋烯丙菊酯、富右旋反式烯丙菊酯、右旋反式烯丙菊酯）以及29183000.17的Es-生物烯丙菊酯、生物烯丙菊酯等（包括S-生物烯丙菊酯），事实上均应归入品目29.16。

注：

① 图片来源：Anypodetos [Public domain], from Wikimedia Commons.
② 图片来源：Fvasconcellos (talk · contribs) [Public domain], from Wikimedia Commons.
③ 3-烯丙基-2-甲基-4-氧代-2-烯基环戊醇含有醇基和酮基，故应作为酮醇归入品目 29.14。
④ 2,2-二甲基-3-(2-甲基丙-1-烯基)环丙烷羧酸含有一个环烷和一个羧基，故应作为环一元羧酸归入品目 29.16。
⑤ 又见本书《应用篇·生化材料分·氨基酸的归类》。

"抗血清"和"免疫制品"的区别研究

"抗血清"和"免疫制品"为品目 30.02 的列名商品，前者应归入子目 3002.12，后者应根据不同的报验状态分别归入子目 3002.13、3002.14 或 3002.15。由于抗血清从字面上理解就是"含有抗体的血清"，而单克隆抗体又属于"免疫制品"的一种，因此实践中常见将抗血清与免疫制品混淆的情形，如误以为抗血清属于免疫制品的一种，或认为免疫制品是抗血清的组成部分。以下将结合抗血清和单克隆抗体的制备工艺，对品目 30.02 所列"抗血清"和"免疫制品"的区别进行讨论。

一、抗血清的制备工艺

抗血清是通过将可诱发机体产生免疫应答的抗原（antigen）注入机体进行免疫，再经提取、分离血液制得①。抗血清制备过程中的免疫机理为：抗原表位（epitope）即抗原上可引起机体产生抗体的分子结构，一个抗原通常有多个抗原表位。多种抗原表位刺激机体，从而使机体产生多种不同的抗体，即多克隆抗体。

因此，抗血清的制备工艺决定其只能是一种含有多克隆抗体的血清。

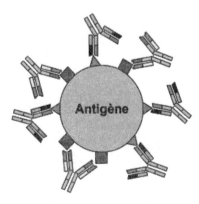

抗原、抗原表位和多克隆抗体②

二、单克隆抗体的制备工艺

除了单克隆抗体以外,"免疫制品"也包括抗体片段、抗体偶联物及抗体片段偶联物等[③]。但因这些产品不易与抗血清混淆,故着重介绍单克隆抗体的制备工艺。

单克隆抗体的制备通常采用杂交瘤技术。杂交瘤抗体技术是在细胞融合技术的基础上,将具有分泌特异性抗体能力的致敏B细胞和具有无限繁殖能力的骨髓瘤细胞(Myeloma Cells)融合为B细胞杂交瘤,用具备这种特性的单个杂交瘤细胞培养成细胞群,从而制备出针对一种抗原表位的特异性抗体,即单克隆抗体。

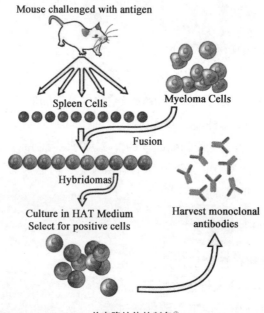

单克隆抗体的制备[④]

三、抗血清和免疫制品的区别

品目30.02所列"抗血清"和"免疫制品"虽均与免疫相关,但抗血清是含有多克隆抗体的血清,而多克隆抗体是不同单克隆抗体的混杂,所以不符合第三十章章注二关于"免疫制品"的规定。

然而,如果抗血清经提纯为多克隆抗体,且经进一步加工(例如,用染料或荧光素标记）制成了抗体偶联物，则可视为一种"免疫制品"⑤。

注：
① 30.02 品目注释第三款第一项的："抗血清是从对某些疾病（不论这些疾病是由病原细菌及病毒、毒素所致或由过敏现象等所致）具有免疫力或已获免疫力的人或动物血液中制得的。"
② 图片来源：The original uploader was Yohan at French Wikipedia. [GFDL (http://www.gnu.org/copyleft/fdl.html)], via Wikimedia Commons.
③ 第三十章章注二："品目 30.02 所称的'免疫制品'是指直接参与免疫过程调节的多肽及蛋白质（品目 29.37 的货品除外），例如，单克隆抗体（MAB）、抗体片段、抗体偶联物及抗体片段偶联物、白介素、干扰素（IFN）、趋化因子及特定的肿瘤坏死因子（TNF）、生长因子（GF）、促红细胞生成素及集落刺激因子（CSF）。"
④ 图片来源：Adenosine [CC BY-SA 3.0 (https://creativecommons.org/licenses/by-sa/3.0) or GFDL (http://www.gnu.org/copyleft/fdl.html)], from Wikimedia Commons.
⑤ 又见本书《应用篇·生化材料分·多克隆抗体的归类分析》。

▶ 酶联免疫吸附分析诊断试剂盒的归类研究

酶联免疫吸附分析（enzyme-linked immunosorbent assay，ELISA）是一种常用的生物化学分析方法。一般认为，由于 30.02 品目注释"诊断试剂盒"一款述及"使用这种试剂盒所发生的正常反应包括凝集、沉淀、中和、成分结合、血液凝集和酶联免疫吸附分析（ELISA）等。"因此看上去所有的 ELISA 诊断试剂盒均应归入该品目。但事实上，由 ELISA 的原理、分类及品目 30.02 的范围来看，对于 ELISA 诊断试剂盒归类的这种"一刀切"式的理解其实并不妥当。

一、ELISA 的基本原理

与其他免疫分析方法一样，ELISA 的基本原理是利用抗原抗体反应的特异性，通过将待测物与酶连接，然后酶与底物产生颜色反应，其所生成的颜色深浅与待测抗原（或抗体）的含量成正比。这种有色产物可用肉眼、光学显微镜、电子显微镜观察，也可以用分光光度计（酶标仪）加以测定。

由于 ELISA 是基于抗原抗体反应的特异性，这意味着该种方法的测定对象既可以是抗原也可以是抗体：当被分析样本为抗原时，检测试剂可针对该种抗原产生特异性的抗体；当被分析样本为抗体时，则其目标抗原可用作结合的试剂。

ELISA 试剂盒通常包含以下组分：已包被抗原或抗体的固相载体，即免疫吸附剂（immunosorbent）；酶标记的抗原或抗体，即结合物（conjugate）[①]；酶的底物（substrate），即显色剂；阴性对照品和阳性对照品（定性测定），或参考标准品和控制血清（定量测定）；酶联物（结合物）及标本的稀释液；洗涤液；酶反应终止液[②]。

其中，免疫吸附剂、结合物和显色剂在整个 ELISA 过程中起到最为关键的作用。试验时，使用免疫吸附剂将待测抗原（或抗体）结合在固相载体上，但仍保留其免疫活性，然后加一种抗体（或抗原）与酶的结合物，此结合物仍保留其原免疫活性与酶活性，当结合物与固相载体上的抗原（或抗体）反应结合后，再加上酶的底物进行显色。

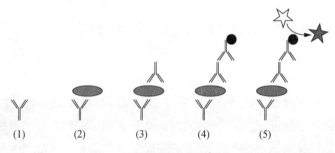

ELISA 的基本原理[③]

二、ELISA 的主要类型

根据试验过程中免疫吸附剂、结合物与待测物的联结与应用形式，ELISA 主要包括夹心法、间接法、竞争法等类型[④]。

（一）夹心法（Sandwich ELISA）

夹心法包括双抗体夹心法测抗原和双抗原夹心法测抗体两种。

1. 双抗体夹心法测抗原

双抗体夹心法是检测抗原最常用的方法：先将含有已知抗体吸附在固相载体上，洗涤；加待测抗原，如两者是特异的，则发生结合，把多余抗体洗除；

加入与待测抗原呈特异反应的酶联抗体，使形成"夹心"；最后加入酶的底物进行显色。

2. 双抗原夹心法测抗体

双抗原夹心法的反应模式与双抗体夹心法类似，即使用特异性抗原包被固相载体和制备酶结合物，以检测相应的抗体。

（二）间接法（Indirect ELISA）

间接法也是检测抗体常用的方法，其原理为利用酶标记的抗-抗体以检测与固相抗原结合的受检抗体，即将酶标抗-抗体代替双抗原夹心法中的酶标抗原[5]。

（三）竞争法（Competitive ELISA）

竞争法一般用于检测小分子物质，以检测抗原为例：将针对小分子抗体的抗原包被在固相载体上，检测时加入待测样本，使样本中的待测抗体与固相载体上的抗原结合；加入酶标记的抗体，此抗体也可与固相载体上的抗原结合，由于固相载体上固着的抗原数量有限，因此当样本中抗体的量越多，则酶标记抗体可结合的包被抗原就越少，两种抗体竞争结合包被抗原，故称为竞争法；最后加入酶的底物进行显色，待测样本中的抗体越多，酶标记的抗体就越少，此时显色也就越浅，反之亦然[6]。

三、ELISA 诊断试剂盒的归类分析

30.02 品目注释第五款的完整表述为：

> 具有本品目所列任何产品基本特征的诊断试剂盒应归入本品目。使用这种试剂盒所发生的正常反应包括凝集、沉淀、中和、成分结合、血液凝集和酶联免疫吸附分析（ELISA）等。例如，基于 pLDH（疟原虫乳酸脱氢酶）单克隆抗体的疟疾诊断试剂盒应归入本品目。其基本特征是由最大程度控制测试过程特性的单一成分所决定。

可见，ELISA 诊断试剂盒归入品目 30.02 的前提为具有该品目所列产品的基本特征，即最大程度控制 ELISA 测试过程特性的单一成分须为品目 30.02 所列的产品[7]。

由于 ELISA 的测定对象既可以是抗体也可以是抗原，而针对不同的测试对象，采用不同方法的 ELISA 试剂盒的主要构成也不尽相同，故其实际归类应以构成试剂盒基本特征的物质而定。

当用于检测抗原时，构成试剂盒基本特征的物质通常为品目30.02所列的抗体，故此类ELISA诊断试剂盒可按注释所列归入品目30.02[8]。

当用于检测抗体时，构成试剂盒基本特征的物质则多为对应的抗原。由于抗原泛指各种能引起抗体产生的物质，而不仅限于细菌、病毒等品目30.02所列的产品，所以许多用于检测样本所含抗体，以抗原为基本特征的ELISA诊断试剂盒并不属于品目30.02的范畴。

例如，对于采用双抗原夹心法测定抗体的ELISA诊断试剂盒来讲，构成试剂盒基本特征的物质即为待测抗体所对应的抗原，而这些物质通常并不属于品目30.02的产品，因此整个ELISA诊断试剂盒实际应归入品目38.22。

另一方面，尽管不少ELISA诊断试剂盒还配有阴性、阳性对照品（定性测定）或参照标准品（定量测定），而这些对照品或标准品一般也含有品目30.02所列抗体或其他产品，但因为这些物质未构成产品的基本特征，所以并不影响诊断试剂盒的归类[9]。

注：
① 在《税则》中，"conjugate"被译作"偶联物"。
② 对于采用竞争法的ELISA试剂盒，还可包含用于竞争的抗体或抗原物质。
③ 图片来源：Jeffrey M. Vinocur [CC BY-SA 3.0 (http://creativecommons.org/licenses/by-sa/3.0/)]。
④ 所称ELISA"夹心法"、"间接法"或"竞争法"之原理与范畴可因具体语境而异。
⑤ 抗-抗体：抗体分子作为抗原诱导机体产生的第二抗体。
⑥ 尽管竞争法亦可用于检测大分子物质，但由于空间位阻的影响，使得该检测方法没有夹心法检测的灵敏度高。另一方面，竞争法也包括间接竞争法。
⑦ 因此，诊断试剂盒的基本特征应视各单一成分在测试过程中所起的具体作用而定，而非这些组分的含量或价值占比。
⑧ 又见本书《研究篇·规则研究分·品目30.02所称"免疫制品"之商品范围注疏》。
⑨ 事实上，含有品目30.02所列产品的检定参照物即使在单独报验时也应优先归入品目38.22。这是因为根据38.22品目注释："除第二十八章或第二十九章的产品外，检定参照物在本目录中应优先归入品目38.22。"

挥发性有机溶剂的界定标准研究

有机溶剂是一类在生活和生产中广泛应用的有机化合物，其应用包括涂料、黏合剂、清洁剂等。常见的有机溶剂有：芳香烃类的甲苯和二甲苯，脂肪烃类的己烷和辛烷，卤化烃类的二氯苯和二氯甲烷，醇类的乙醇和异丙醇，醚类的乙醚，酯类的乙酸乙酯，酮类的丙酮和丁酮等。有机溶剂一般是挥发性的，但也存在一些低挥发性的溶剂，如高沸点溶剂 DBE（Dibasic Ester，二元羧酸酯）。

协调制度中与挥发性有机溶剂相关的注释主要包括第三十二章章注四：

四、品目 32.08 包括由品目 39.01 至 39.13 所列产品溶于挥发性有机溶剂的溶液（胶棉除外），但溶剂重量必须超过溶液重量的 50%。

以及 38.14 品目注释：

本品目包括不是单独已有化学定义的其他品目未列名的有机溶剂及稀释剂（按重量计不论是否含有 70% 及以上的石油）。它们是有一定挥发性的液体，主要用于配制清漆或油漆或用作机械零件等的去油脂剂。

但两者都没有给出有关"挥发性"的具体判断标准。

由于挥发性有机溶剂属于挥发性有机化合物，因此对有机溶剂"挥发性"的界定其实也可以参照 VOC（volatile organic compound，挥发性有机化合物）的相关标准。以下介绍三组常见的 VOC 标准：

ISO 4618—2014《色漆及清漆 术语和定义》：

在常温常压下，任何能在与其接触的大气中自发挥发的有机液体和/或固体[1]。

ASTM D 3960—2005（2013）《涂料及相关涂层中挥发性有机化合物含量测定的标准实施规程》：

任何能参加大气光化学反应的有机化合物[2]。

GB 18582-2008《室内装饰装修材料内墙涂料中有害物质限量》：

3.1 挥发性有机化合物（VOC）volatile organic compounds

在 101.3 kPa 标准压力下，任何初沸点低于或等于 250 ℃ 的有机化合物[3]。

以上三种标准对 VOC 的规定各有侧重：国际标准既不限定初沸点，也不论是否参加大气光化学反应，只强调在常温常压下能自发挥发；美国材料与试验协会的标准虽然也没有对初沸点进行限定，但强调了须参加大气光化学反应；我国国家标准规定了 VOC 在标准压力下的初沸点，属于量化标准，在三者中的操作性显然是最强的。

因此，可将 GB 18582-2008 中关于 VOC 的标准"在 101.3 kPa 标准压

力下，初沸点低于或等于250 ℃"作为有机溶剂"挥发性"的界定依据。

注：

① ISO 4618—2014 Paints and varnishes -Terms and definitions："2.270 volatile organic compound VOC Any organic liquid and/or solid that evaporates spontaneously at the prevailing temperature and pressure of the atomsphere with which it is in contact.",又见GB/T 5206-2015《色漆和清漆 术语和定义》。

② ASTM D 3960—2005（2013）Standard Practice for Determining Volatile Organic Compound（VOC）Content of Paints and Related Coatings："3.1 volatile organic compound （VOC）,n-any organic compound that participates in atmospheric photochemical reactions."

③ 又见 DIN 55649—2001《涂料和清漆 水稀释乳胶涂料中挥发性有机化合物含量的测定》。

有机表面活性剂的亲水性研究

"有机表面活性剂"为品目34.02列名的商品，其范围遵循第三十四章章注三：

三、品目34.02所称"有机表面活性剂"，是指温度在20 ℃时与水混合配成0.5%浓度的水溶液，并在同样温度下搁置一小时后：

（1）成为透明或半透明的液体或稳定的乳浊液而未离析出不溶解物质；

（2）将水的表面张力减低到每厘米45达因及以下。

可见，除应满足表面张力的指标外，品目34.02所称"有机表面活性剂"对货品的亲水性亦有一定要求。 换句话说，并非所有的表面活性产品都可以不加区分地归入品目34.02，如34.02品目注释的排他条款就有规定：

本品目不包括：

……

（五）不溶于水的环烷酸盐、石油磺酸盐以及其他水不溶性表面活性产品及制品。如果它们在其他品目未具体列名，则应归入品目38.24。

为此，可通过亲水亲油平衡值（hydrophilic lipophilic balance, HLB）对表面活性产品的亲水性加以估算。

一、亲水亲油平衡值

验证表面活性剂亲水性的基本方法为取样化验，但除此以外，也可通过亲水亲油平衡值来进行估算。HLB 值表示了表面活性剂分子结构中亲水基和亲油基的平衡关系。HLB 值越大，表示一种物质的亲水性越强。

表面活性剂的 HLB 值与水中分散情况的关系

表面活性剂加入水中的状况	HLB 值
不分散	1~3
分散的不好	3~6
激烈振荡后形成乳状液体	6~8
稳定的乳状液	8~10
半透明或透明溶液	10~13
透明溶液	13 以上

二、HLB 值的计算[①]

表面活性剂 HLB 值的计算方法有很多，但基本都是一些经验方法，以下只介绍结构因子法和质量法[②]。

（一）结构因子法

结构因子法的思路是将表面活性剂分子分解为一些简单的基团，每个小的基团都对 HLB 值有贡献，整个表面活性剂分子的 HLB 值可看作各个基团 HLB 值的代数和，计算公式为：

$$\text{表面活性剂分子HLB值} = 7 + \sum \text{亲水性基团HLB值} + \sum \text{亲油性基团HLB值}$$

常见亲水性基团和亲油性基团的 HLB 值

亲水性基团		亲油性基团	
—OSO$_4$Na	38.7	—CF$_3$	−0.87
—COOK	21.1	—CF$_2$—	−0.87
—COONa	19.1	—CH—	−0.475
—SO$_3$Na	11	—CH$_2$-	−0.475

(续表)

亲水性基团		亲油性基团	
—N（叔胺）	9.4	CH_3—	−0.475
酯（失水山梨醇环）	6.8	=CH—	−0.475
酯（自由）	2.4	—[CH_2（CH_3）CHO]—	−0.15
—COOH	2.1	苯环	−1.662
—OH（自由）	1.9		
—O—	1.3		
—OH（失水山梨醇环）	0.5		
—（CH_2CH_2O）—	0.33		

例如，使用结构因子法可估算十二烷基磺酸钠的 HLB 值为 12.3，属于一种可溶于水的阴离子表面活性剂③。

十二烷基磺酸钠④

（二）质量法

对于聚乙二醇型和多元醇型的非离子表面活性剂，其亲水性与分子中所含亲水基的质量成正比，HLB 值可以通过下式计算：

表面活性剂分子 HLB 值 = 20 × 亲水基的摩尔质量/表面活性剂的摩尔质量⑤

例如，使用质量法可估算十二醇聚氧乙烯醚-7 的 HLB 值为 13.2，为一种易溶于水的非离子表面活性剂⑥。

三、常见表面活性剂的 HLB 值

一些常见表面活性剂的 HLB 值

表面活性剂	商品名称	表面活性剂类型	HLB 值
油酸		阴离子	1
失水山梨醇三油酸酯	Span-85	非离子	1.8

(续表)

表面活性剂	商品名称	表面活性剂类型	HLB值
失水山梨醇硬脂酸酯	Span-65	非离子	2.1
失水山梨醇单油酸酯	Span-80	非离子	4.3
失水山梨醇单硬脂酸酯	Span-60	非离子	4.7
失水山梨醇单棕榈酸酯	Span-40	非离子	6.7
失水山梨醇单月桂酸酯	Span-20	非离子	8.6
聚氧乙烯失水山梨醇三油酸酯	Tween-85	非离子	11
聚氧乙烯失水山梨醇单油酸酯	Tween-80	非离子	15
聚氧乙烯失水山梨醇单硬脂酸酯	Tween-60	非离子	14.9
聚氧乙烯失水山梨醇单棕榈酸酯	Tween-40	非离子	15.6
聚氧乙烯失水山梨醇单月桂酸酯	Tween-20	非离子	16.7
油酸钠		阴离子	18
油酸钾		阴离子	20
十二烷基硫酸钠		阴离子	40

注：

① 文中所述HLB值的计算方法都是针对特定的分子结构，而归入品目34.02的有机表面活性剂本身是没有化学定义的。对于没有化学定义的表面活性剂（通常为同系物的混合物），其HLB值一般可采用重量分数加和法计算，得到的结果通常可满足应用的需要。但对于结构复杂的表面活性剂，尤其是高分子表面活性剂，在各种基团的相互影响下，采用重量分数加和法计算会存在较大的误差。

② 此外还有结构参数法和极性指数法等。

③ 十二烷基磺酸钠的HLB值 $= 7 + 11 - 12 \times 0.475 = 12.3$，但单独有化学定义的十二烷基磺酸钠应归入品目29.04。

④ 图片来源：Calvero. (Selfmade with ChemDraw.) [Public domain], via Wikimedia Commons.

⑤ 石蜡无亲水基，HLB值 $= 0$；聚乙二醇全部为亲水基，HLB值 $= 20$。因此对于聚乙二醇型和多元醇型的非离子表面活性剂而言，其HLB值应介于0~20。

⑥ 十二醇聚氧乙烯醚-7的结构为 $C_{12}H_{25}$—O—$[CH_2CH_2O]_7$—H；亲水基质量数 $= 16 + 44 \times 7 + 1 = 325$；亲油基质量数 $= 12 \times 12 + 1 \times 25 = 169$；十二醇聚氧乙烯醚-7的HLB值 $= 20 \times 325 \div (325 + 169) = 13.2$。

"共聚物"和"化学改性聚合物"的关系研究

在协调制度中,"共聚物"和"化学改性聚合物"是第三十九章的两个重要概念:"共聚物"是在整个聚合物中按重量计没有一种单体单元的含量在95%及以上的各种聚合物;"化学改性聚合物"是聚合物主链上的支链通过化学反应发生了变化的聚合物[①]。

有关"共聚物"和"化学改性聚合物"的归类规定分别见于章注四、五及子目注释的相关条款:在品目层级,"共聚物"应按聚合物中重量最大的那种共聚单体单元所构成的聚合物归入相应品目,"化学改性聚合物"应按未改性的聚合物的相应品目归类;在子目层级,"共聚物"应归入具体列名的子目(3901.30、3903.20、3903.30及3904.30)或按聚合物中重量最大的那种单体单元所构成的聚合物归入相应子目,"化学改性聚合物"应归入"其他"子目(在同级子目中有一个"其他"子目的)或按相应的未改性聚合物的子目归类(在同级子目中没有"其他"子目的)。

由于两者所适用的归类规定各不相同,所以一般也认为"共聚物"和"化学改性聚合物"属于两种完全不同的聚合物概念。

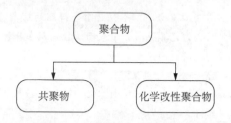

对"共聚物"和"化学改性聚合物"关系的一般理解

另一方面,章注四对"共聚物"的规定"在整个聚合物中按重量计没有一种单体单元的含量在95%及以上的各种聚合物"是从聚合物单体单元种类和比例的角度,章注五对"化学改性聚合物"的规定"聚合物主链上的支链通过化学反应发生了变化的聚合物"是从聚合物支链结构的角度,由于支链结构的变化有时也会导致单体单元发生变化,从而形成新的单体种类,因此"共聚物"和"化学改性聚合物"可适用的商品范围看上去又是存在交叉的。

例如,氯化聚乙烯是由聚乙烯经氯化取代反应制得的一种化学改性聚合物,但由于聚乙烯在氯化的过程中形成了新的单体种类,所以也可看作一种乙烯、氯乙烯和二氯乙烯的无规共聚物。

又如,聚乙烯醇缩醛是由聚乙烯醇与醛反应,或由聚乙酸乙烯酯与醛反应制得,在此过程中聚合物主链上的支链通过化学反应发生了变化,因此符合章注五关于"化学改性聚合物"的规定。反应后的聚乙烯醇缩醛中既含有新的聚乙烯醇缩醛单体单元,也含有未反应的聚乙烯醇单体,因此看上去也符合章注四所称的"共聚物"。

在分别对两种聚合物按"共聚物"或"化学改性聚合物"适用相应归类规定的场合,可以得到完全不同的结论:氯化聚乙烯作为"共聚物"时,应根据其乙烯、氯乙烯、二氯乙烯的实际单体单元比例分别归入品目39.01或39.04,作为"化学改性聚合物"时,则应按未改性的聚乙烯归入品目39.01;聚乙烯醇缩醛作为"共聚物"时,应归入列名为"共聚物"的子目3905.91,作为"化学改性聚合物"时,则应归入"其他"子目3905.99[②]。

聚合物作为"共聚物"或"化学改性聚合物"时的归类

聚合物	共聚物	化学改性聚合物
氯化聚乙烯	品目39.01或39.04	品目39.01
聚乙烯醇缩醛	子目3905.91	子目3905.99

为了厘清"共聚物"和"化学改性聚合物"的关系,可将与两者相关的注释条款按定义和规则的标准分为两部分:所称"定义部"是对"共聚物"或"化学改性聚合物"的商品范围作出定义的条款;所称"规则部"是对"共聚物"或"化学改性聚合物"的归类规则进行明确的条款。

"共聚物"和"化学改性聚合物"的商品范围和归类规则

	共聚物	化学改性聚合物
定义部	所称"共聚物",包括在整个聚合物中按重量计没有一种单体单元的含量在95%及以上的各种聚合物	化学改性聚合物,即聚合物主链上的支链通过化学反应发生了变化的聚合物

		共聚物	化学改性聚合物
品目层级		在本章中，除条文另有规定的以外，共聚物（包括共缩聚物、共加聚物、嵌段共聚物及接枝共聚物）及聚合物混合体应按聚合物中重量最大的那种共聚单体单元所构成的聚合物归入相应品目。 在本注释中，归入同一品目的聚合物的共聚单体单元应作为一种单体单元对待。如果没有任何一种共聚单体单元重量为最大，共聚物或聚合物混合体应按号列顺序归入其可归入的最末一个品目	应按未改性的聚合物的相应品目归类
规则部	子目层级	（一）在同级子目中有一个"其他"子目的： 2. 子目3901.30、3903.20、3903.30及3904.30所列的共聚物，如果该种共聚单体单元含量在整个聚合物中按重量计占95%及以上，即应归入上述子目。 4. 不符合上述1、2、3款规定的聚合物，应按聚合物中重量最大的那种单体单元（与其他各种单一的共聚单体单元相比）所构成的聚合物归入该级其他相应子目。为此，归入同一子目的聚合物单体单元应作为一种单体单元对待。只有在同级子目中的聚合物共聚单体单元才可以进行比较。 （二）在同级子目中没有"其他"子目的： 1. 聚合物应按聚合物中重量最大的那种单体单元（与其他各种单一的共聚单体单元相比）所构成的聚合物归入该级相应子目。为此，归入同一子目的聚合物单体单元应作为一种单体单元对待。只有在同级子目中的聚合物共聚单体单元才可以进行比较	（一）在同级子目中有一个"其他"子目的： 3. 化学改性聚合物如未在其他子目具体列名，应归入列明为"其他"的子目内。 （二）在同级子目中没有"其他"子目的： 2. 化学改性聚合物应按相应的未改性聚合物的子目归类

由上表可见，"共聚物"和"化学改性聚合物"状似存在的"交集"其实仅存在于章注四和章注五的"定义部"，而在"规则部"则设有各种明确两者适用顺序的条款（着重部分）③。

其中，章注四所称"除条文另有规定的以外"，表明在品目层级的归类中，一种符合"共聚物"定义的聚合物如果也存在其他可适用的归类规定（包括作为"化学改性聚合物"的归类规定），则应优先按"另有规定"的条款确定归类。因此，对于氯化聚乙烯来讲，即使其氯乙烯和二氯乙烯的单体比例超过了乙烯单体，也应优先作为"化学改性聚合物"按未改性的聚乙烯归入品目39.01④，而不是适用章注四按单体比例较高的氯乙烯和二氯乙烯所构成的聚合物归入品目39.04。

同样地，子目注释一（一）3所称"如未在其他子目具体列名"，表明在子目层级的归类中，一种化学改性聚合物如果已在其他的子目列名（包括列为"共聚物"的子目），则应优先归入具体列名的子目。因此，聚乙烯醇缩醛应优先归入列为"共聚物"的子目3905.91，而不是适用子目注释一（一）3归入"其他"子目3905.99。

由上述分析可知，第三十九章所称"共聚物"和"化学改性聚合物"实际上是两种范围存在交集的聚合物概念⑤，而在对同时符合两者的聚合物进行归类时，应根据相关条款的适用顺序确定具体的归类方法。

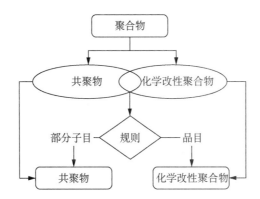

对"共聚物"和"化学改性聚合物"关系的研究结论

注：
① 严格来说，"化学改性聚合物"的范围包括但并不限于主链上的支链通过化学反应发生了变化的聚合物，又见本书《研究篇·译文研究分·化学改性聚合物的注释译文研究》。
② 又见本书《研究篇·商品研究分·聚乙烯醇缩醛归类思路的比较研究》。
③ 第三十九章第一分章的子目中，在同级子目中没有"其他"子目的情况仅见于品目39.07的一级子目和品目39.09的一、二级子目，鉴于这些子目所列聚合物的特殊性，故在子目注释一（二）未设有关于"共聚物"和"化学改性聚合物"适用顺序的条款。
④ 又见第三十九章总注释："氯化聚乙烯及氯磺化聚乙烯应归入品目39.01。"
⑤ 事实上，聚合物的化学改性和共聚在行业中本就是两个存在交叉的概念，如《聚合物改性》（王国全、王秀芬编著）："化学改性包括嵌段和接枝共聚、交联、互穿聚合物网络等……"

聚乙烯醇缩醛归类思路的比较研究

聚乙烯醇缩醛是由聚乙烯醇与醛类反应或由聚乙酸乙烯酯与醛进行醇解和缩醛化制得的聚合物总称，主要品种有聚乙烯醇缩甲醛、聚乙烯醇缩乙醛、聚乙烯醇缩甲乙醛和聚乙烯醇缩丁醛，可用作绝缘材料、增塑剂、胶黏剂和涂料等。

在协调制度中，聚乙烯醇缩醛应作为一种乙烯基聚合物归入品目39.05[①]，但有关其子目的归类则存在三种思路：一是视其为一种共聚物，即"共聚论"；二是视其为一种化学改性聚合物，即"改性论"；三是认为其既属于共聚物又属于化学改性聚合物，共聚物和化学改性聚合物的归类规定间进行"竞赛"，按较为优先的规定适用，即"竞赛论"。

一、共聚论

在由聚乙烯醇与醛反应制得的聚乙烯醇缩醛中，既包括聚乙烯醇缩醛单体，也包括未反应的聚乙烯醇单体，符合第三十九章章注四关于"共聚物"的规定，故应按共聚物归入3905.91[②]。

二、改性论

聚乙烯醇缩醛可由聚乙烯醇与醛反应制得，在此过程中聚合物主链上的支链通过化学反应发生了变化，符合第三十九章章注五关于"化学改性聚合物"的规定，同时又根据第三十九章子目注释一（一）3："化学改性聚合物如未在其他子目具体列名，应归入列明为'其他'的子目内。"故聚乙烯醇缩醛应作为化学改性聚合物归入"其他"子目3905.99。

三、竞赛论

聚乙烯醇缩醛的单体单元构成符合章注四关于"共聚物"的定义，制备过程又符合章注五关于"化学改性聚合物"的规定，因此既是一种共聚物又是一种化学改性聚合物。

在第三十九章的子目归类中，适用子目注释一（一）3将化学改性聚合物归入"其他"子目的前提是"未在其他子目具体列名"，由于聚乙烯醇缩醛同时具有共聚物和化学改性聚合物的属性，故应视其已作为"共聚物"在子目3905.91具体列名，从而优先归入3905.91，而无须再适用子目注释一（一）3的规定归入"其他"子目3905.99。

聚乙烯醇缩醛的三种归类思路，本质上是对共聚物和化学改性聚合物两者关系的不同认识：在"共聚论"和"改性论"中，共聚物与化学改性聚合物是两个完全不相容的概念；"竞赛论"则认为共聚物和化学改性聚合物在定义上没有绝对的界线，但所对应的归类规则存在适用顺序的差异[3]。

注：
① 39.05品目注释："聚乙烯醇醛可由聚乙烯醇与醛（例如，甲醛、丁醛）反应制得，或者由聚乙酸乙烯酯与醛反应制得。"
② 为便于讨论，假设聚合物中没有任何一种单体含量达到95%。
③ 又见本书《研究篇·商品研究分·"共聚物"和"化学改性聚合物"的关系研究》。

塑料硬管的界定标准研究

品目39.17"塑料制的管子及其附件（例如，接头、肘管、法兰）"下列有子目3917.2"硬管"及3917.3"其他管"。塑料管件的软、硬虽常可通过感官判断，但亦不乏一些临界情况。例如，某些管件在一定长度下柔韧性较好，可呈盘卷状态，但截短后却体现出一定的"硬挺性"。由于协调制度及其注释并未给出"硬管"的具体界定标准，故为此类商品在子目层级的区分带来了困难。

3917.2子目条文的原文为"Tubes, pipes and hoses, rigid"，即"硬质的管"，故关于塑料硬管的标准讨论可简化为对硬质塑料的界定。

根据我国国家标准GB/T 2035-2008《塑料术语及其定义》：

2.862 硬质塑料 rigid plastic

在规定条件下，弯曲弹性模量或（弯曲弹性模量不适用时）拉伸弹性模量大于 700 MPa 的塑料。

2.887 半硬质塑料 semi-rigid plastic

在规定条件下，弯曲弹性模量或（弯曲弹性模量不适合时）拉伸弹性模量在（70～700）MPa之间的塑料。

以及国际标准 ISO 527.1—2012《Plastics—Determination of tensile properties》：

3.12

rigid plastic

Plastic that has a modulus of elasticity in flexure (or, if that is not applicable, in tension) greater than 700 MPa under a given set of conditions.

3.13

semi-rigid plastic

Plastic that has a modulus of elasticity in flexure (or, if that is not applicable, in tension) between 70 MPa and 700 MPa under a given set of conditions.

可知，子目 3917.2 的塑料硬管可通过相应的机械性能加以确定，其具体标准为"弯曲弹性模量或（弯曲弹性模量不适用时）拉伸弹性模量大于 700 MPa"。同时，该标准也可适用于协调制度其他与硬质塑料相关的商品，如品目 84.65 的硬质塑料加工机床。

热带木与红木范围的比较研究

红木是我国特有的对高端、名贵家具用材的统称，其与协调制度第四十四章所称"热带木"在范围上存在部分的重叠。因此，原木状态的热带红木应归入本国子目 4403.4980，其他非热带木的红木则应归入 4403.9930。

2017 版协调制度对热带木及 GB/T 18107-2017《红木》关于红木的规定均较前一版本有较大的调整。

2017 版协调制度对热带木范围的规定由 2012 版的第四十四章子目注释

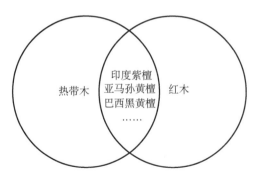

第四十四章热带木与国标红木的关系①

调整至该章的附录,并根据"热带木材国际技术协会"(ATIBT)、"法国国际农业发展研究中心"(CIRAD)、"国际热带木材组织"(ITTO)推荐的引导名称进行了命名。

GB/T 18107-2017 则将红木的类别由 GB/T 18107-2000 规定的 5 属 8 类 33 种调整为 5 属 8 类 29 种,删除了花梨木类的越柬紫檀(大果紫檀的异名)和鸟足紫檀(大果紫檀的异名)、黑酸枝木类的黑黄檀(刀状黑黄檀的异名)、乌木类的蓬塞乌木;将乌木类的毛药乌木调整至条纹乌木类;将鸡翅木类的铁刀木属(Cassia spp.)改为了决明属(Senna spp.)。

调整后热带木与红木的对应关系如表所示。

GB/T 18107-2017 红木与第四十四章附录热带木的对应关系②

GB/T 18107-2017 红木类别一览表		拉丁学名	第四十四章附录某些热带木的名称	
中文名			引导名称	
花梨木类	刺猬紫檀	Pterocarpus erinaceus Poir.	刺猬紫檀	Vene
	印度紫檀	Pterocarpus indicus Willd.	印度紫檀	Padauk Amboyna
黑酸枝木类	阔叶黄檀	Dalbergia latifolia Roxb.	红酸枝(部分)	Palissandre d'Asie
	卢氏黑黄檀	Dalbergia louveli R. Vig.	黄檀(部分)	Palissandre de Madagascar
	东非黑黄檀	Dalbergia melanoxylon Gutif. & Perr.	东非黑黄檀	Grenadille d'Afrique
	巴西黑黄檀	Dalbergia nigra (Vell.) Allem. ex Benth.	巴西黑黄檀	Palissandre Rio

(续表)

GB/T 18107-2017 红木类别一览表 中文名		拉丁学名	第四十四章附录 某些热带木的名称	
			引导名称	
黑酸枝木类	亚马孙黄檀	Dalbergia spruceana Benth.	亚马孙黄檀	Palissandre Para
	伯利兹黄檀	Dalbergia stevensonii Standl.	洪都拉斯黄檀	Palissandre Honduras
红酸枝木类	巴里黄檀	Dalbergia bariensis Pierre	红酸枝（部分）	Palissandre d'Asie
	交趾黄檀	Dalbergia cochinchinensis Pierre		
	奥氏黄檀	Dalbergia oliveri Gamble ex Prain	奥氏黄檀	Burmese Rosewood
	微凹黄檀	Dalbergia retusa Hemsl.	微凹黄檀	Cocobolo
乌木类	厚瓣乌木	Diospyros crassiflora Hiern.	乌木（部分）	Ebène d'Afrique (Ebène Madagascar)
	乌木	Diospyros ebenum J. Koen.	乌木（部分）	Ebène noire d'Asie
条纹乌木类	苏拉威西乌木	Diospyros celebica Bakh.	乌木（部分）	Ebène veinée d'Asie
鸡翅木类	非洲崖豆木	Millettia laurentii De Wild.	崖豆木（部分）	Wengé
	铁刀木	Senna siamea (Lam.) H. S. Irwin & Barneby.	铁刀木	Djohar

GB/T 18107-2017规定的29种红木中，有17种同时也作为热带木列于第四十四章的附录：紫檀木类和香枝木类的红木都不属于热带木；花梨木类、黑酸枝木类、红酸枝木类、鸡翅木类和条纹木类的红木部分属于热带木；乌木类的红木全部属于热带木。

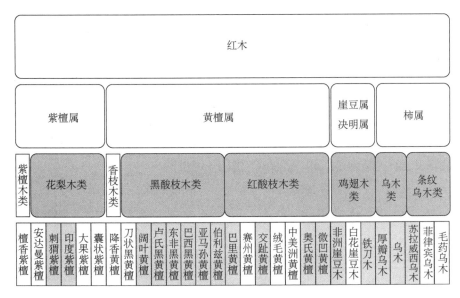

属于第四十四章附录所列热带木的红木分布

注：
① 重叠部分的热带红木采用2017版注释译名。
② 奥氏黄檀还见于第四十四章附录所列红酸枝（Palissandre d'Asie）Dalbergia oliveri Prain。

44.20 和 94.03 品目注释所列"衣帽架"的区别研究

44.20 与 94.03 品目注释中均列有"衣帽架"。

分别见于 44.20 品目注释第二款：

二、木制家具，但第九十四章的木家具除外（参见本章总注释）。本品目包括衣帽架、衣刷挂架、办公用信件盘、烟灰盅、笔盘及墨水台。

以及 94.03 品目注释第一款：

一、住宅、旅馆等用的家具。例如，橱柜、被服箱、面包箱、木柴箱；五斗橱、高脚柜；各种底座、花木架；梳妆台；台座式桌子；衣柜、衣橱；衣帽架、伞架；餐具柜、食具柜、碗碟橱；食物橱；床头柜；床（包括衣柜床、行军床、折叠床、帆布床等）；刺绣桌；脚凳、壁炉防火屏；屏风；落地式烟灰缸；乐谱柜、架或台；婴儿围栏；食物推车（不论是否装有加热板）。

两种"衣帽架"虽对应于不同的英文——前者为"coat or hat racks"，后者为"hall stands"——但《韦氏大学英语词典》将"rack"释为"a framework, stand, or grating on or in which articles are placed"，因此单从语义上区分"rack"和"stand"是比较困难的。

在条文适用上，品目94.03的"衣帽架"应遵循第九十四章章注二：

二、品目94.01至94.03的物品（零件除外），只适用于落地式的物品。

对下列物品，即使是悬挂的、固定在墙壁上的或叠摞的，仍归入上述各品目：

（一）碗橱、书柜、其他架式家具（包括与将其固定于墙上的支撑物一同报验的单层搁架）及组合家具；

（二）坐具及床。

即94.03品目注释所列"衣帽架（hall stands）"应指大厅的落地式衣帽架。

另一方面，44.20品目条文"第九十四章以外的木制家具"则表明"衣帽架（coat or hat racks）"一般应指固定于墙壁的衣帽架。

最后，还应注意勿将上述两种"衣帽架"与子目4421.10的"衣架（clothes hangers）"混淆。

品目94.03的衣帽架①

品目44.20的衣帽架②

子目4421.10的衣架③

注：
① 图片来源：item.jd.com/1177831.html。

② 图片来源：Levanal ［CC BY-SA 3.0 (https://creativecommons.org/licenses/by-sa/3.0)］, from Wikimedia Commons.

③ 图片来源：item.jd.com/2324079.html.

第七十一章未列"宝石"种类的研究①

在协调制度中，归入第七十一章的珠宝玉石包括品目 71.01 的天然或养殖珍珠、品目 71.02 的钻石、品目 71.03 的其他宝石以及品目 71.04 的合成或再造的宝石。除珍珠和钻石外，其他宝石的范围（包括品目 71.04 的合成或再造宝石）由第七十一章附录"归入品目 71.03 的宝石或半宝石清表"给出②。

另一方面，GB/T 16552-2017《珠宝玉石 名称》在附录中也列有常见的天然宝石、天然玉石、天然有机宝石、合成宝石与人造宝石名称。

由于总体上 GB/T 16552-2017 所列宝石品种的范围要大于第七十一章的附录，故以 GB/T 16552-2017 对宝石的分类为基础，通过比照第七十一章附录的宝石清表，对第七十一章未列的"宝石"种类进行归纳③。

一、第七十一章未列的天然宝石

根据 GB/T 16552-2017：

3.1.1.1 天然宝石 natural gemstones

由自然界产出，具有美观、耐久、稀少性，可加工成饰品的矿物单晶体（可含双晶）。

第七十一章附录所列的大多数宝石都属于天然宝石的范畴，其未列的天然宝石如表所示。

第七十一章未列的天然宝石④

天然宝石基本名称	英文名称	矿物名称
矽线石	Sillimanite	矽线石
鱼眼石	Apophyllite	鱼眼石

(续表)

天然宝石基本名称	英文名称	矿物名称
塔菲石	Taaffeite	塔菲石
重晶石	Barite	重晶石
天青石	Celestite	天青石
硅铍石	Phenakite	硅铍石
蓝方石	Hauyne	蓝方石

二、第七十一章未列的天然玉石

根据 GB/T 16552-2017：

3.1.1.2 天然玉石 natural jades

由自然界产出，具有美观、耐久、稀少性和工艺价值，可加工成饰品的矿物集合体，少数为非晶质体。

第七十一章附录所列的部分宝石属于天然玉石的范畴，其未列的天然玉石如表所示。

第七十一章附录未列的天然玉石

天然玉石基本名称	英文名称	主要组成矿物
查罗石	Charoite	紫硅碱钙石
大理石	Marble	方解石、白云石
汉白玉	Marble	
蓝田玉	Lantian Yu, Lantian Jade	蛇纹石化大理石
菱锌矿	Smithsonite	菱锌矿
白云石	Dolomite	白云石
水钙铝榴石	Hydrogrossular	水钙铝榴石
羟硅硼钙石	Howlite	羟硅硼钙石
玻璃陨石	Moldavite	天然玻璃
鸡血石	Chicken-blood Stone	血：辰砂；地：迪开石、高岭石、叶蜡石、明矾石
粘土矿物质玉	Clay minerals Jade	迪开石、高岭石、叶蜡石、伊利石、珍珠陶土等

(续表)

天然玉石基本名称	英文名称	主要组成矿物
寿山石	Shoushan Stone, Larderite	
青田石	Qingtian Stone	
巴林石	Balin Stone	
昌化石	Changhua Stone	
水镁石	Brucite	水镁石
苏纪石	Sugilite	硅铁锂钠石
异极矿	Hemimorphite	异极矿
云母质玉	Mica Jade	云母
白云母	Muscovite	白云母
锂云母	Lepidolite	锂云母
针钠钙石	Pectolite	针钠钙石
绿泥石	Chlorite	绿泥石

三、第七十一章未列的天然有机宝石

根据 GB/T 16552-2017：

3.1.1.3 天然有机宝石 natural organic materials

与自然界生物有直接生成关系，部分或全部由有机物质组成，可用于饰品的材料。

第七十一章附录不包括天然有机宝石，故除品目 71.01 的天然或养殖珍珠外，第七十一章未列的天然有机宝石如表所示。

第七十一章未列的天然有机宝石

天然有机宝石基本名称	英文名称	材料名称
珊瑚	Coral	珊瑚
琥珀	Amber	琥珀
蜜蜡		
血珀		
金珀		

(续表)

天然有机宝石基本名称	英文名称	材料名称
绿珀		
蓝珀		
虫珀		
植物珀		
煤精	Jet	褐煤
象牙	Ivory	象牙
猛犸象牙	Mammoth Ivory	猛犸象牙
龟甲	Tortoise Shell	龟甲
玳瑁		
贝壳	Shell	贝壳
砗磲		

四、第七十一章未列的合成宝石

根据 GB/T 16552-2017：

3.1.2.1 合成宝石 synthetic stones

完全或部分由人工制造且自然界有已知对应物的晶质体、非晶质体或集合体，其物理性质、化学成分和晶体结构与对应的天然珠宝玉石基本相同。在珠宝玉石表面人工再生长与原材料成分、结构基本相同的薄层，此类宝石也属于合成宝石，又称再生宝石（synthetic gemstone overgrowth）。

合成宝石对应于品目 71.04 的范畴，但其品种仍可参照品目 71.02 与 71.03 所列的天然珠宝玉石，第七十一章未列的合成宝石如表所示。

第七十一章未列的合成宝石

合成宝石基本名称	英文名称	材料名称
合成金红石	Synthetic Rutile	合成金红石
合成碳硅石	Synthetic Moissanite	合成碳硅石

五、第七十一章未列的人造宝石

根据 GB/T 16552-2017：

3.1.2.2 人造宝石 artificial stones

由人工制造且自然界无已知对应物的晶质体、非晶质体或集合体。

第七十一章不包括人造宝石，尤其是品目70.18的玻璃仿宝石，其未列的人造宝石如表所示。

第七十一章未列的人造宝石

人造宝石基本名称	英文名称	材料名称
人造钇铝榴石	Yttrium Aluminium Garnet (YAG)	人造钇铝榴石
人造钆镓榴石	Gadolinium Gallium Garnet (GGG)	人造钆镓榴石
人造钛酸锶	Strontium Titanate	人造钛酸锶
人造硼铝酸锶	Strontium Aluminate Borate	人造硼铝酸锶
塑料	Plastic	塑料
玻璃	Glass	玻璃

以上所列天然宝石、天然玉石、天然有机宝石、合成宝石与人造宝石，即使质量可用于首饰，也不能归入第七十一章，其归类列举如下：重晶石应按天然硫酸钡归入品目25.11；白云母应归入品目25.25；绿泥石、锂云母、煤精、琥珀、天青石等应按其他品目未列名的矿产品归入品目25.30；象牙和玳瑁应归入品目05.07；珊瑚和砗磲应归入品目05.08；玻璃制的仿宝石应归入品目70.18⑤。

注：
① 文中所称"宝石"也包括半宝石。
② 71.04品目注释："品目71.02及71.03的注释，特别是关于宝石加工范围的规定，也适用于本品目。"
③ 某些"宝石"在第七十一章与GB/T 16552-2017的附录均未列出，如磷叶石（Phosphophyllite）、柱星叶石（Neptunite）、南极石（Antarcticite）等。同时，本文不涉及对珠宝制品，尤其是首饰的讨论。
④ 关于表中所列"天青石（Celesite）"，又见本书《研究篇·商品研究分·25.30品目注释和第七十一章附录所列"天青石"的区别研究》。
⑤ 但已加工的动物质或矿物质材料，如象牙、珊瑚、琥珀等，应归入品目96.01或96.02。

83.02 和 87.08 品目注释所列"脚踏板"的区别研究

83.02 与 87.08 品目注释中均列有"脚踏板"。

见于 83.02 品目注释第三款：

三、不属于第十七类所列零件或附件范围的机动车辆（例如，小客车、货车、旅行车）用附件及架座。例如，制成的串珠饰带；脚踏板；扶手杆、条及把手；遮帘用的配件（杆、托架、紧固件、弹簧机构等）；车内行李架；开窗机件；专用烟灰缸；后车厢板扣件。

以及 87.08 品目注释列举零件及附件的第二项：

（二）车身零件及其配套附件，例如，底板、侧板、前面板、后面板、行李舱等；门及其零件；发动机罩；带框玻璃窗、装有加热电阻器及电气接头的窗、窗框；脚踏板；挡泥板、叶子板；仪表板；散热器护罩；牌照托架；保险杠；转向柱托架；外部行李架；遮阳板；由车辆发动机供热的非电气供暖及除霜设备；固定装在机动车内用以保护人身安全的座位安全带；地毯（纺织材料或未硬化硫化橡胶制的除外）等。

查阅两种"脚踏板"的原文，前者为"foot rests"，后者为"running-boards"。

根据《韦氏大学英语词典》对两者的解释，"footrest"指"a support for the feet"，即搁脚的支撑物，"running board"指"a footboard especially at the side of an automobile"，即汽车侧面的踏板，该踏板有助于进入离地间隙较高的车辆[①]。

将两种"脚踏板"的适用部位和所实现的功能进行对比，其区别可归纳如下。

两种机动车辆用脚踏板的比较

中文名称	英文名称	适用部位	实现功能	归入品目
脚踏板	foot rests	车厢	用于搁脚的支撑物	83.02
	running-boards	车身	助于进入车辆的踏板	87.08

注：

① Wikipedia: A running board or footboard is a narrow step fitted under the side doors of a tram (cable car, trolley, or streetcar in North America), car, or truck. It aids entry, especially into high vehicles, and is typical of vintage trams and cars, which had much higher ground clearances than today's vehicles.

提升机、卷扬机和曳引机的商品范围及区别研究

提升机（hoist）、卷扬机（winch）和曳引机（traction machine）是三种不同的物料搬运设备或部件，因其应用领域乃至结构存在部分交叉，故在归类实践中往往容易发生混淆。本文以协调制度注释的规定为基础，结合相关国家标准，对提升机、卷扬机和曳引机的商品范围及区别进行了研究。

一、提升机、卷扬机和曳引机的商品范围

（一）提升机

根据84.25品目注释第一款的规定：

本品目的滑车及提升机由一套较为复杂的滑轮、缆、链条、绳索等组成。这些机器可利用机械增益原理进行起重（例如，使用多个不同直径的滑轮、齿轮及传动装置进行起重）。

电动葫芦①

因此，品目84.25所列"提升机"的特征为须包含"一套较为复杂的滑轮、缆、链条、绳索等"，典型的此类设备有电动葫芦（electric hoist）、气动葫芦（pneumatic hoist）、液动葫芦（hydraulic hoist）等，但不包括那些有时虽名为"提升机"，结构却不符合注释规定的设备，如某些剪叉式液压提升机，以及品目条文明确排除的倒卸式提升机（skip hoist）。

剪叉式液压提升机②

卷扬机④

（二）卷扬机

同为品目84.25的列名装置，卷扬机是一种由卷筒通过挠性件（钢丝绳、链条）起升、运移重物的起重设备。此外，卷扬机也可作为电梯的驱动装置使用③。

（三）曳引机

曳引机是一种靠摩擦力驱动的电梯装置，见于 GB/T 7024-2008《电梯、自动扶梯、自动人行道术语》：

曳引机⑤

4.35 曳引机 traction machine

包括电动机、制动器和曳引轮在内的靠曳引绳和曳引轮槽摩擦力驱动或停止电梯的装置。

二、提升机、卷扬机和曳引机的区别

（一）卷扬机、曳引机和提升机的区别

卷扬机主要由卷绕缆索的卧式棘轮卷筒构成，曳引机主要由电动机、制动器和曳引轮构成，两者在结构上都不符合"由一套较为复杂的滑轮、缆、链条、绳索等组成"的规定，故不同于品目84.25所列"提升机"。

卷扬机、曳引机和提升机的结构对比

机器	结构
卷扬机	由卷绕缆索的卧式棘轮卷筒构成
曳引机	由电动机、制动器和曳引轮构成
提升机	由一套较为复杂的滑轮、缆、链条、绳索等组成

（二）曳引机和卷扬机的区别

曳引机和卷扬机在结构上具有一定的相似性，且都可用作电梯的驱动装置，但根据 GB/T 7024-2008：

2 电梯类型术语

2.15 曳引驱动电梯"依靠摩擦力驱动的电梯"。

2.16 强制驱动电梯"用链或钢丝绳悬吊的非摩擦方式驱动的电梯"。

可见，曳引机和卷扬机是两种不同工作原理的电梯驱动装置。由曳引机驱动的电梯属于"曳引驱动电梯"，由卷扬机驱动的电梯则属于"强制驱动电梯"。

曳引机和卷扬机的工作原理对比

机器	工作原理
曳引机	依靠摩擦力驱动电梯
卷扬机	用链或钢丝绳悬吊的非摩擦方式驱动电梯

三、提升机、卷扬机和曳引机的归类

（一）提升机和卷扬机的归类

提升机和卷扬机均为品目 84.25 的列名商品：提升机应归入子目 8425.1[⑥]；卷扬机应归入子目 8425.3。两者归类的要点主要在于商品属性的确定及避免与类似机械混淆。

（二）曳引机的归类

曳引机的结构不符合"一套较为复杂的滑轮、缆、链条、绳索等"，故不能按提升机归入子目 8425.1；曳引机的驱动电梯的方式不同于卷扬机，亦不能作为卷扬机归入子目 8425.3；曳引机不能独立实现升降、搬运、装卸的功能，故也不能按其他升降、搬运、装卸机械归入品目 84.28[⑦]。

作为曳引驱动电梯的主机，单独报验的曳引机应按专用于电梯的零件归入品目 84.31[⑧]。

注：
① 图片来源：item.jd.com/27018488607.html.
② 图片来源：item.jd.com/31542886386.html.
③ 84.28 品目注释第一款第一项："（一）通常用卷扬机及缆索操作，或使用水压、气压或油压器件工作的升降机。"
④ 图片来源：item.jd.com/11209481986.html.
⑤ 图片来源：item.jd.com/33406527046.html.
⑥ 倒卸式提升机及提升车辆用的提升机除外。
⑦ 实践中亦见认为应类比卷扬机而将曳引机归入"整机"品目 84.28 的观点。严格来说，尽管曳引机在应用领域和卷扬机存在相似的地方，但曳引机的设计用途仅包括驱动电梯，实际完成升降和搬运工作的是完整的电梯，而卷扬机除了作为电梯的驱动装置外，也可单独用作轻型起重设备，故在类比卷扬机的归类时，应将曳引机和卷扬机在用途上的这种差异考虑在内。
⑧ 亦可参考用于驱动带式或辊式运输机的滚筒或滚轴的归类，85.01 品目注释排他条款："本品目也不包括：（一）装有电动机的滚筒或滚轴，适用于带式或辊式运输机（品目 84.31）。"

磨床、研磨机和砂轮机的商品范围及区别研究

磨床、研磨机和砂轮机是三种不同类型的磨削机床。

在84.60品目注释中，各种类型的磨床被简单解释为"用于完善其他机器的加工操作，使产品达到需要的精度"，关于研磨机的注释则为"用以使磨削表面达到一定精度"，看上去磨床和研磨机都是为了使产品达到某一精度。另一方面，8460.9010所列"砂轮机"也没有对应的本国子目注释，同样难以判断其具体范围。因此，实践中常见将磨床、研磨机和砂轮机三者混淆的情形。

以下将结合相关国家标准，对磨床、研磨机和砂轮机的商品范围及区别进行研究。

一、磨床、研磨机和砂轮机的商品范围

由于《税则》《税则注释》和《本国子目注释》未对磨床、研磨机及砂轮机作具体规定，故参考GB/T 6477-2008《金属切削机床 术语》的规定[①]：

2.1.10 磨床 grinding machines；grinders

用磨具或磨料加工工件各种表面的机床。通常，磨具旋转为主运动，工件或磨具的移动为进给运动。

在GB/T 6477-2008中，磨床的范围包括外圆磨床、内圆磨床、坐标磨床、无心磨床、平面磨床、砂带磨床、砂轮机、珩磨机、研磨机等，也就是说，广义的磨床也包括研磨机和砂轮机[②]。

（一）磨床

在品目84.60下子目列名的磨床有：平面磨床、无心磨床、外圆磨床、曲轴磨床、内圆磨床及轧辊磨床，GB/T 6477-2008关于这些磨床的定义与相关配图如下[③]：

7.1.1 外圆磨床 external cylindrical grinding machines；cylindrical grinders

主要用于磨削圆柱形和圆锥形外表面的磨床。一般工件装夹在头架和尾架之间进行磨削。

7.1.1.1.2 万能外圆磨床 universal external cylindrical grinding machines
具有磨削圆柱形和圆锥形内表面装置的外圆磨床。

7.1.2 内圆磨床 internal cylindrical grinding machines; internal grinders
主要用于磨削圆柱形和圆锥形内表面的磨床。砂轮主轴一般为水平布置。

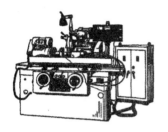
万能外圆磨床

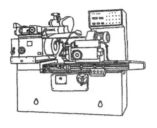
内圆磨床

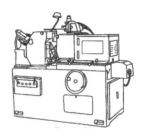
无心磨床

7.1.4 无心磨床 centerless grinding machines

工件采用无心夹持，一般支承在导轮和托架之间，由导轮驱动工件旋转，主要用于磨削圆柱形表面的磨床。

7.1.4.1 无心外圆磨床（简称无心磨床）external cylindrical centerless grinding machines

用于磨削圆柱形外表面的无心磨床。

7.1.5 平面磨床 surface grinding machines
主要用于磨削工件平面的磨床。

7.1.5.1 卧轴矩台平面磨床 surface grinding machines with horizontal wheel spindle and reciprocating table

卧轴矩台平面磨床

砂轮主轴水平布置，矩形工作台作往复运动的平面磨床。

7.1.6 轧辊磨床 roll grinding machines

用于磨削具有中凸（凹）型辊面及圆柱型辊面轧辊的磨床。机床带有中凸（凹）机构，以控制轧辊型面的中凸（凹）度。

……

7.1.13 曲轴磨床 crankshaft grinding machines
主要用于磨削曲轴的连杆轴颈或主轴颈表面的磨床。

（二） 研磨机

研磨是一种利用涂敷或压嵌游离磨粒与研磨剂的混合物，在有一定刚性的软质研具上,通过研具与工件在一定压力下作相对滑动,以提高工件的尺寸、形状精度和降低表面粗糙度的精整加工方法。 研磨不能提高工件各表面间的位置精度。

研磨机就是用涂上或嵌入研磨剂的研具按预定的复杂往复运动轨迹对工件表面进行研磨的机床。 经研磨后的工件能提高表面的耐磨性和疲劳强度。 研磨机主要用于研磨高精度平面、内外圆柱面、圆锥面、球面、螺纹齿形面、齿轮齿形面和其他型面,属于精整加工机床的一种。

双盘研磨机

研磨机在 GB/T 6477-2008 中的定义如下:

7.1.11 研磨机 lapping machines

用于研磨工件平面或圆柱形内、外表面的磨床。

7.1.11.1 双盘研磨机 two-lap lapping machines

在双研磨盘之间研磨工件平面或圆柱形内、外表面的研磨机。

(三) 砂轮机

砂轮机是修磨各种刀具的常用设备,也用作普通小零件的磨削、去毛刺及清理等工作,主要由基座、砂轮、电动机或其他动力源、托架、防护罩等组成,包括台式砂轮机、落地砂轮机、悬挂砂轮机等。

砂轮机在 GB/T 6477-2008 中的定义如下:

7.1.9 砂轮机 grinders

主要用于修磨刀具和去除坯件毛刺的磨床。

但根据 84.60 品目注释:

本品目不包括:

……

(五) 手提式风动或液压工具及本身装有电动或非电动动力装置的手提式工具(品目 84.67)。

因此,品目 84.60 不包括手提式的砂轮机。

二、磨床、研磨机和砂轮机的区别

(一) 磨床与研磨机的区别[①]

各种类型的磨床与研磨机主要可通过磨具(研具)类型、磨削机理和加工工序三方面进行区分:

1. 磨具（研具）类型

各种类型的磨床均有专属的磨具。例如，内圆磨床一般以砂轮作为磨具，砂带磨床以砂带为磨具。

研磨机则以研具作为涂敷或嵌入磨料的载体，常见的研具有研磨平板、研磨圆盘等。

2. 磨削机理

微观上，磨床和研磨机的磨削机理不尽相同。

砂轮和砂带磨削机理类似，切屑形成过程都有弹性擦滑变形、耕犁和切削三个阶段。

（1）滑擦阶段：磨粒开始挤入工件，滑擦而过，工件表面产生弹性变形而无切屑。

（2）耕犁阶段：磨粒挤入深度加大，工件产生塑性变形，耕犁成沟槽，磨粒两侧和前端堆高隆起。

（3）切削阶段：切入深度继续增大，温度达到或超过工件材料的临界温度，部分工件材料明显地沿剪切面滑移而形成磨屑。

研磨机理亦可由以下三个过程来描述：

（1）游离磨粒破碎磨圆阶段：游离磨粒大小不完全一样，研磨开始只有较大的磨粒起作用，在接触点局部高压和高温下磨粒凸峰被破碎，棱角被磨圆，使同时参加切削的磨粒数增多，研磨效率提高。

（2）多磨粒均匀研磨塑性变形阶段：磨粒棱边进一步磨圆变钝。材料切除率大体不变。在磨粒不断挤压下，研磨点局部温度逐渐升高，使被加工表层材料局部软化产生塑性变形，工件表面峰谷在塑性变形中趋于熨平，并在反复变形中冷却硬化，最后断裂成细微切屑。

（3）研具堵塞、磨粒化学作用阶段：随着加工表面的平滑，研具与工件表面间更趋贴近，其间充满了微屑和破碎磨料微渣，堵塞了研具表面。研具与工件表面相互摩擦。研磨效率下降，工件表面进一步光滑。当采用氧化铬、硬脂酸或其他磨料时，工件表面会形成一层极薄的氧化膜，在研磨过程中氧化膜不断迅速形成，又不断被磨掉，从而加快了研磨过程，使表面粗糙度降低。

3. 加工工序

磨削加工按切除率和精度可分为粗加工、精加工、精整加工、光整加工、修饰加工等。

研磨属于精整加工的一种。精整加工是在精加工后从工件上切除极薄的材料层，以提高工件精度和降低表面粗糙度的加工方法，但不能提高工件各表面间的位置精度。

（二）磨床与砂轮机的区别

砂轮机和许多磨床一样使用砂轮作为磨具，但砂轮机主要用于修磨刀具和去除坯件毛刺，因此，各种类型的磨床与砂轮机很容易根据加工对象、加工目的及机器结构等方面区分。

在实践中，以上各种因素须相互印证，综合判断，切忌偏执一端，顾此失彼。

注：

① 2017年版《税则注释》于84.60品目注释增加了关于无心磨床和外圆磨床的条款："本组包括，例如：1. 无心磨床。此类机器的特征：无轴，装有两个研磨轮（一个砂轮机一个导轮），并有一个托板，用以支撑工件。2. 外圆磨床。此类机器的特征：有轴，装有一个支架，用以夹住并带动工件，并装有一个或多个砂轮。可作用于工件的外表面、内表面，或者同时作用于工件的内外表面（万能外圆磨床）。"

② 为便于讨论，下文所称"磨床"仅指84.60品目注释所称的"各种类型的磨床"，即子目8460.1与8460.2对应的商品范围。

③ 标准中的部分磨床无对应配图。

④ 主要参考资料：《机械工程手册》（第二版）机械制造工艺及设备卷（二）。

▶ 84.79品目注释所列"发动机启动器"的商品范围研究

84.79品目注释第三款第二项列有一种"发动机启动器"：

（二）发动机启动器（机械式、液压式或气压式等），但不包括品目85.11所列的电气设备。

该商品似为一种利用机械、液压或气压等原理起动发动机的装置。

但根据84.12品目注释第三款：

……这种发动机还可作为内燃机的辅助起动发动机，用于某些铁道机车、飞机、潜艇等，以及用以推进鱼雷。

即用于辅助起动内燃机的气压发动机应归入品目 84.12。

由于品目 84.79 具有"其他品目未列名"的"兜底"性质，故其下商品不应构成品目 84.12 所列的气压动力装置，但 84.79 品目注释所列"发动机启动器"又包括"气压式"，则可推知所称"发动机启动器"，以气压式为例，应指一种气压式的"非动力装置"。上述推导过程见图。

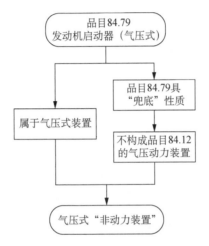

发动机启动器(气压式)属于气压式"非动力装置"的推导过程

同时，其实并非所有在协调制度注释中称作"启动器"的商品都属于动力装置，如 85.33 品目注释第二款所列的"电动机启动器"：

> 某些变阻器具有特殊用途（例如，戏院中用于照明电路的减光器，可使灯光缓慢熄灭；电动机启动器及控制器，由多个电阻器组成，配有必要的开关装置，可将电动机电路中的一个或多个电阻器接上或切断）。这类变阻器仍归入本品目。

电动机启动器虽名为"启动器"，但从所列的结构和功能看，其实际上应指一种用于电动机电路的"控制装置"，而不同于品目 84.12 的辅助起动发动机或品目 85.11 的起动电机。

如前所述，品目 84.79 的"发动机启动器"应指一种气压式的"非动力装置"，故类比品目 85.11 电动机启动器"由多个电阻器组成，配有必要的开关装置"的结构，猜想品目 84.79 的"发动机启动器"或指一种由阀门和管路构成，用于起动发动机的"控制装置"①。

事实上，在内燃机的气动马达起动系统中，除作为动力装置的气动马达外，一般还包括一套由阀门、管路等构成的复杂装置②。该套装置的结构完全符合前述关于"发动机启动器"之假设，故84.79品目注释所列"发动机启动器"或指一种用于发动机起动管路，主要由各种阀门、管路等构成的控制装置③。

注：
① 管路类比电路，阀门类比电阻和开关装置。
② 主要参考资料:《机械工程手册》(第二版)动力设备卷·第4篇内燃机·第6章润滑、冷却、起动和点火系统·3起动系统。
③ 本文仅讨论了注释所列气压式发动机启动器可能的商品范围，但未验证机械式或液压式的情况，尤其是尚未发现与两者相关的商品实例，待考。

子目8480.71"注模或压模"的商品范围研究

对于橡胶或塑料用型模的归类，判断子目8480.71所列"注模或压模"的范围一直是个难点。这主要是由于协调制度注释仅对相关模具进行了概括说明，而未就注模或压模作具体解释造成的。以下将结合国家标准，对子目8480.71的范围及相关注释译文展开讨论。

一、塑料或橡胶用模具的类型

有关橡胶或塑料用型模的规定见于84.80品目注释第七款:
本组包括:
（一）制造硫化轮胎用的囊式型模，由两个可调节的金属冷硬铸模组成，用蒸汽或电加热，内有环状的充气袋（气囊）或热水袋（水囊），以将胎坯牢牢地压向型模的内壁。
（二）模制或硫化杂项橡胶制品用的型模。

（三）制塑料制品用的型模，不论是电热或用其他方式加热的；这些型模可用重力、压注或压缩等方式操作。

但其中并没有关于"注模或压模"的解释。

在GB/T 8845-2017《模具 术语》中，塑料模的种类有：注射模、压缩模、压注模、挤出模、吹塑模、热成型模、发泡模等；橡胶模的种类有：硫化橡胶模、热塑性橡胶模、液体橡胶模、乳胶模、压缩模、压注模、挤出模、轮胎模、轮胎成型鼓模等。

GB/T 8845-2017 对塑料模和橡胶模的分类

塑料模类型	橡胶模类型
注射模	硫化橡胶模
压缩模	热塑性橡胶模
压注模	液体橡胶模
挤出模	乳胶模
热成型模	压缩模
发泡模	压注模
	注射模
	挤出模
……	轮胎模
	轮胎成型鼓模
	……

然而，塑料模和橡胶模中均未见名为注模或压模的模具，可见子目条文所译的"注模或压模"其实并不是模具的标准术语

二、"注模或压模"的原版条款

8480.71子目条文对应的英文为"Injection or compression types"，其中injection为注射的意思，故"注模"其实应指注射模，compression为压缩的意思，故"压模"其实应指压缩模。而现版译文"注模或压模"则容易让人误解为泛指一切工序中存在"注"或"压"的模具。例如，在一些真空吸塑成型工艺中，将片材夹紧在吸塑模具的过程中就存在加压的步骤，但根据GB/T 8845-2017，塑料真空成型模属于热成型模的一种，而不是压缩模。

另一方面，这种译文的混乱亦可见于《税则注释》。在 84.80 品目注释中，"they may operate by gravity, or by injection or compression" 被译作"这些型模可用重力、压注或压缩等方式操作"，其中将 injection 译成"压注"，compression 译成了"压缩"。

injection 和 compression 的三种译文

原版条款	《税则》	《税则注释》	GB/T 8845-2017
injection	注（模）	压注	注射（模）
compression	压（模）	压缩	压缩（模）

三、"注模或压模"的商品范围

由于子目 8480.71 所列"注模或压模"实际上应指"注射模或压缩模"，因此其范围可参考 GB/T 8845-2017 关于塑料和橡胶用注射模和压缩模的规定：

2.3.1.1.1 塑料用注射模 injection mould for plastics

通过注射机的螺杆或柱塞，使料筒内塑化熔融的塑料经喷嘴与浇注系统注入闭合型腔，并固化成型所用的模具。

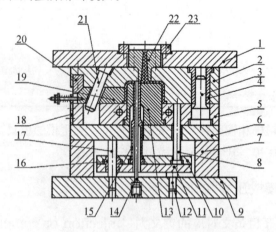

说明：
1—定模座板； 2—型腔板； 3—带肩导柱； 4—带头导套； 5—型芯固定板；
6—支承板； 7—垫块； 8—复位杆； 9—动模座板； 10—推杆固定板；
11—推板； 12—限位钉； 13、14—型芯； 15—推管； 16—推板导套；
17—推板导柱； 18—限位块； 19—侧型芯滑块； 20—楔紧块； 21—斜导柱；
22—浇口套； 23—定位圈。

塑料注射模

2.3.2.1.1 塑料压缩模 compression mould for plastics
使直接放入型腔内的塑料熔融并固化成型所用的模具。

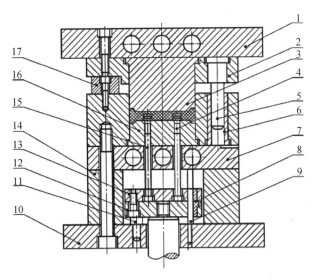

说明：
1—上模座板；   2—凸模固定板；   3—上凸模；   4—嵌件；
5—带肩导柱；   6—带头导套；   7—支撑板；   8—推板导套；
9—推板导柱；   10—下模座板；   11—限位钉； 12—推板；
13—推杆固定板； 14—垫块；   15—圆柱头推杆； 16—下凸模；
17—限位块。

塑料压缩模

2.11.1.5 橡胶压缩模 compression mould for rubber
使直接放入型腔内的混炼胶熔融并硫化成型所用的模具。

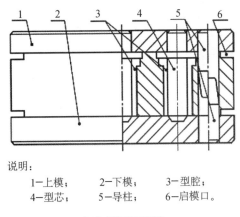

说明：
1—上模；   2—下模；   3—型腔；
4—型芯；   5—导柱；   6—启模口。

移动式橡胶压缩模

2.11.1.7 橡胶注射模 injection mould for rubber

通过注射机的螺杆或柱塞，使料筒内熔融橡胶经喷嘴与浇注系统注入型腔，并固化成型所用的模具。

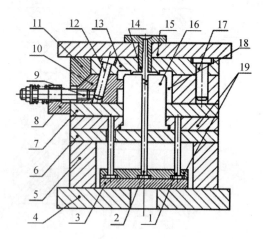

说明：
1—推杆； 2—拉料杆； 3—推板； 4—动模座板； 5—垫块；
6—支承板； 7—推件板； 8—限位块； 9—定距拉杆； 10—侧型芯滑块；
11—楔紧块； 12—斜导柱； 13—定模型腔板； 14—浇口套； 15—定模座板；
16—型芯； 17—导柱； 18—制件； 19—固定板。

橡胶注射模结构

四种模具的共同特点是加工过程中存在"型腔"，但这种界定方法仍比较粗略，容易同标准中的其他模具，尤其是压注模混淆：

2.3.2.1.2 塑料压注模（传递模）transfer mould for plastics

通过柱塞，使加料腔内塑化熔融的塑料经浇注系统注入闭合型腔，并固化成型所用的模具。

2.11.1.6 橡胶压注模（传递模）transfer mould for rubber

通过柱塞使加料腔内粘流态橡胶经浇注系统注入型腔成型的模具。

鉴于在 GB/T 8845—2017 中，塑料或橡胶用压注模与注射模的定义非常接近，故还可进一步参考《机械工程手册》（第二版）关于塑料模和橡胶模的分类[①]。

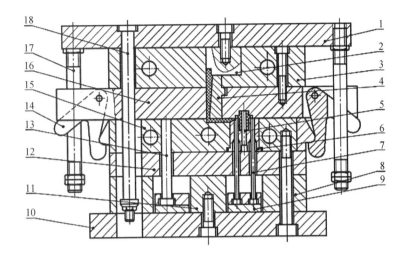

说明：
1—上模座板； 2—柱塞； 3—加料腔； 4—浇口套； 5—型芯；
6—镶件； 7—圆柱头推杆； 8—垫块； 9—推板； 10—下模座板；
11—支承柱； 12—支承板； 13—复位杆； 14—拉钩； 15—凹模固定板；
16—上模型腔板； 17—拉杆； 18—定距拉杆。

塑料压注模

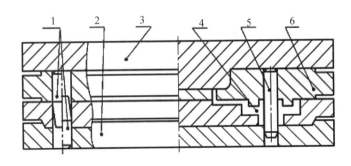

说明：

1—导柱； 2—下模； 3—柱塞；
4—型腔； 5—型芯； 6—加料腔。

移动式橡胶压注模

塑料成型用模具的分类

	适用塑料	塑料成型简要过程	特点	使用设备	对模具要求
压缩模	热固性塑料为主	将定量的塑料置于加热的模具型腔内，在合模过程中对塑料加热、加压，使塑料流动并充满型腔，合模后保持适当时间使之固化成型	可制作各种用途的塑件。适合制作有嵌件的塑件 塑件取向现象少，几乎没有材料损耗。操作简单，但成型周期较长	压缩成型机	型芯、型腔需耐压、耐磨、耐腐蚀，需淬硬、表面需抛光并按需镀硬铬
传递模（又称压注模、挤胶模）	热固性塑料	模具先闭合，将已预热的塑料放入模具上部的加料腔内，使之加热软化，用柱塞加压，塑料经浇注系统进入模具型腔，在一定时间内保持压力和加热使固化成型	适用于匀质、厚壁、精度高、有细小嵌件等用压缩模难以成型的塑件成型 成型周期短，塑件几乎无飞边	压缩成型机或传递成型机	加料腔、浇注系统部分、型芯、型腔需耐压、耐磨、耐腐蚀；需淬硬，表面抛光并按需镀硬铬
注射模	热塑性塑料 热固性塑料	塑料在注射机料筒中加热到流动（可塑化）状态。闭合模具，以高压将料筒内的塑料通过机床喷嘴、注射入模具，并经浇注系统进入型腔、充满。然后保压、冷却（热固性塑料为加热）固化成型	可成型复杂形状的塑件 成型周期短、效率极高，易于进行自动控制 除无流道注射外，一般用注射模成型都有浇注系统废料损失	热塑性塑料注射机 热固性塑料注射机	要求同传递模 根据成型产量要求对某些热塑性注射模的工作零件可不淬硬

橡胶模分类[②]

	成型简要过程	特点
压制模	使用平板硫化机，将橡胶原料填入模具下模，合上上模后加压、加热并保持一定时间硫化成型，称压制成型	应用较多 模具简单 较难成型精度要求高的制件

(续表)

	成型简要过程	特点
压注（传递）模	使用平板硫化机，上、下模合模后放入机内，模具上放上加料圈并将橡胶原料放入，再放入柱塞，压机对柱塞加压并对模具加热，橡胶原料即通过流道进入模具型腔硫化成型，称压注（传递）成型	模具较简单 适用于有较细小孔的制件 成型精度较高
注射模	用于注射成型，成型方法与塑料注射成型相似，硫化时间短，效率高是橡胶成型的发展方向	模具与塑料注射模相似，适用于大量生产

因此，对于塑料模，可从适用塑料类型、成型过程、使用设备等方面对压缩模、压注模和注射模进行区分。橡胶模与塑料模有很多相似之处，亦可通过成型过程和特点来分辨模具的类型。

注：
① 主要参考资料：《机械工程手册》（第二版）机械制造工艺及设备卷（一）·第5篇 模具。
② 橡胶模部分仅见压制模，而未见有关压缩模的内容。

"滑轮"和"滑轮组"的商品范围研究

"滑轮"和"滑轮组"是两种品目84.83的列名商品，因两者归入同一子目8483.50，故以往对"滑轮"及"滑轮组"具体指代的商品范围研究甚少。一般只是认为，品目84.83所称"滑轮"指单个圆轮，"滑轮组"指多个滑轮与绳、胶带、钢索、链条等同时报验的情况。

然而，根据84.83品目注释第七款的规定：

滑轮由多个轮子构成，有些滑轮的轮缘有槽，可利用绕在滑轮上的环带或绳索，将旋转运动从一个滑轮传送到另一个滑轮。本品目包括一般滑轮、鼓轮（宽滑轮）、锥形滑轮、级轮等。

可知注释所称的"滑轮"其实已经包含多个滑轮与绳、胶带、钢索、链条

品目84.83的"滑轮"[1]

等同时报验的情况,那么"滑轮组"所指代的又是哪种商品呢?

"滑轮组"所对应的原文为"pulley blocks",虽然"pulley blocks"确可译作"滑轮组",但根据《韦氏大学英语词典》对"block"的解释:"a wooden or metal case enclosing one or more pulleys and having a hook, eye, or strap by which it may be attached",即装有一或多个滑轮的木制或金属外壳,并附有钩、眼或带子[2]。

因此,品目84.83所称"滑轮组"实际上应指一或多个滑轮装于外壳内并附带钩等的"紧凑结构",如品目注释所称"提升机等用的滑轮组"便属此种结构,而不是通常认为的由多个圆轮与绳、胶带、钢索、链条等构成的"松散系统"。

最后,结合品目注释"但由两个或多个滑轮组组成的装置(例如,提升机)不归入本品目(品目84.25)"的排他条款,可将品目84.83所称"滑轮""滑轮组"及相关商品的归类归纳为下表的形式。

品目84.83的"滑轮组"[3]

品目84.83所称"滑轮""滑轮组"及相关商品的归类

注释列名	结构	归类
滑轮	单个可绕中心轴旋转的圆轮	子目8483.50
	多个滑轮同时报验	
滑轮组	外壳内装有一或多个滑轮,附有钩、眼或带子	
	由两个或多个上述"滑轮组"组成的装置	品目84.25等

注:

① 图片来源:No machine-readable author provided. Borowski~commonswiki assumed (based on copyright claims). [Public domain], via Wikimedia Commons.

② 因此"滑轮组(pulley blocks)"也包含外壳中仅含单个滑轮的情况。

③ 图片来源:Dingdongchathan [CC BY-SA 4.0 (https://creativecommons.org/licenses/by-sa/4.0)], from Wikimedia Commons.

"磁化后准备制永磁铁的物品"的商品范围研究

对于85.05品目条文所称"磁化后准备制永磁铁的物品",一般有两种理解:一是"磁化后准备制永磁铁的物品"指在报验时已经过磁化,但尚未制作成为永磁铁的物品,故可通过报验时是否具有磁性来判断可否归入品目85.05;二是"磁化后准备制永磁铁的物品"指在报验时尚未经过磁化,须在之后进一步磁化并制作成为永磁铁的物品,即在报验时可以不带有磁性。

根据85.05品目注释第二款关于"磁化后准备制永磁铁的物品"的规定:

磁化后准备制永磁铁的物品可根据其形状和成分予以确定,这些货品常为立方体或圆盘形(磁片)的金属或粘聚铁氧体(例如,钡铁氧体)[①]。

即判别一种商品是否属于"磁化后准备制永磁铁的物品"应依据其形状和成分,而非是否具有磁性。

另一方面,磁性材料根据其矫顽力的不同可以分为硬磁材料和软磁材料。硬磁材料是指磁化后不易退磁而能长期保留磁性的一种磁性材料;软磁材料则指易于磁化也易于通过敲打和加热退磁的磁性材料。因此,可制成永磁铁的

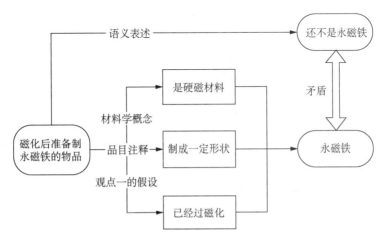

假设"磁化后准备制永磁铁的物品"具有磁性的逻辑矛盾

物品材质应为硬磁材料，而经过磁化后且具有一定形状的硬磁材料即是永磁铁，而不存在经过磁化，具有一定形状，准备制成永磁铁，却尚未制成永磁铁的物品。

因此，品目85.05所称"磁化后准备制永磁铁的物品"实际上应指报验时尚未经过磁化，须之后进一步磁化制作成为永磁铁的物品，即在判断一种商品是否属于"磁化后准备制永磁铁的物品"时，应根据其材质和形状，而非报验时是否具有磁性。

注：
① "磁片"的英文为"tags"，并非具有磁性的意思。

85.15品目注释所列两种"焊头"的区别研究

品目85.15包括"电气（包括电热气体）、激光、其他光、光子束、超声波、电子束、磁脉冲或等离子弧焊接机器及装置"，其注释在第一款"软钎焊、硬钎焊或其他熔焊机器及器具"和零件部分分别列有两种"焊头"：

一、软钎焊、硬钎焊或其他熔焊机器及器具

本组包括某些软钎焊、硬钎焊或熔焊机器及器具。不论是便携式的还是固定式的。兼有切割功能的此类机器及器具也归入本品目。

……

一般来说，软钎焊、硬钎焊或其他熔焊机器使用直流发电机供给的低压直流电，或者使用降压变压器供给的低压交流电。变压器等一般装在电焊机内。但在某些情况下（例如，在某些移动式电焊机中），焊头或焊接器具是以电缆与变压器等连接的。即使是在后一种情况下，只要变压器等与焊头或焊接器具一起报验，整套装置仍归入本品目；如果单独报验，变压器或发电机应归入其所属的适当品目（品目85.02或85.04）。

……

零 件

除零件的归类总原则另有规定的以外（参见第十六类总注释），本品目所列货品的零件也应归入本品目。

这些零件主要包括焊头及焊钳、电焊条夹及金属接触电极（例如，接触头、接触滚及接触夹片）；还包括手提原子氢焊接设备用的焊枪头及其成套喷嘴。

两种"焊头"对应于不同的英文：注释第一款所列"焊头"为"welding head"，零件部分所列"焊头"则为"soldering heads"。

根据《韦氏大学英语词典》，weld 指 "to unite (metallic parts) by heating and allowing the metals to flow together or by hammering or compressing with or without previous heating" 或 "to unite (plastics) in similar manner by heating"；solder 在作为名词时指 "a metal or metallic alloy used when melted to join metallic surfaces; especially: an alloy of lead and tin so used" 或 "something that unites"，动词为 "to unite or make whole by solder"。

因此以金属焊接为例，weld 是指通过加热将两块金属熔化使其整合在一起的焊接方法，如电阻焊；solder 则是利用熔化的软金属（例如，铅和锡的合金）将两块金属焊件连在一起的焊接方法，即钎焊①。

在85.15品目注释中，"焊头（welding head）"列于注释第一款"软钎焊、硬钎焊或其他熔焊机器及器具"，并与"焊接器具（welding appliance）"并列，故单独报验时应作为焊接机器及装置归入品目85.15下相应的整机子目；"焊头（soldering head）"列于零件部分，所以应按焊接机器及装置的零件归入子目8515.90。

注：
① 又见85.15品目注释第一款标题的译文与原文：软钎焊、硬钎焊或其他熔焊机器及器具(SOLDERING, BRAZING OR WELDING MACHINES)，其中将 solder 译作"软钎焊"，weld 译作"熔焊"。

85.33 和 85.41 品目注释所列"变阻器"的区别研究

85.33 和 85.41 品目注释均提到了"变阻器"。

见于 85.33 品目注释的第二款:

二、变阻器,为一种可变电阻器,装有一个滑动接触器或其他装置,能随意改变电路中的电阻值。变阻器的种类有:滑线变阻器,其游标在电阻线圈上滑动;步进变阻器;液体变阻器,其可移动电极浸入液体导体中;自动变阻器(例如,配有最大或最小电流或电压操纵装置的变阻器);离心变阻器。

以及 85.41 品目注释第一款第三项的排他条款:

但本组不包括某些半导体器件。这些半导体器件与上述半导体器件不同,主要利用温度、压力等进行工作。例如,非线性半导体电阻器(热敏电阻器、变阻器、磁电阻器等)(品目 85.33)。

尽管两者的中文名称均为"变阻器",但由注释可知,前者是一种装有滑动接触器或其他装置的可变电阻器,后者则属于非线性半导体电阻器的一种,而非线性电阻器实际上列于 85.33 品目注释的第一款第五项:

(五)非线性电阻器,依靠带正负温度系数的温度工作(热敏电阻器)(通常装在一根玻璃管内);也包括依靠电压工作的非线性电阻器(压敏电阻器/VDR),但不包括品目 85.41 的变阻二极管。

也就是说,两款注释中出现的"变阻器"分别对应于 85.33 品目注释的不同款项,所以其实应指两种不同类型的电阻器。

比照两款注释的原文,85.33 品目注释第二款的"变阻器"为"Rheostats",即可变电阻器[①];85.41 品目注释第一款第三项排他条款的"变阻器"为"varistors",即 85.33 品目注释第一款第五项中列举的"压敏电阻器",为一种电阻率随施加电压发生变化的非线性电阻器[②]。

可变电阻器(rheostat)③

压敏电阻器(varistor)④

此外,切忌将压敏电阻器(varistor)与压电晶体(piezo-electric crystal)混淆,后者是一种可在外界压力作用下产生电位差(正压电效应)或在外电场作用下发生形变(逆压电效应)的非中心对称晶体。已装配的压电晶体应归入品目85.41,未装配的压电晶体一般归入品目38.24、71.03或71.04。

压敏电阻器和压电晶体的差异对比

中文名称	英文名称	工作原理	归入品目
压敏电阻器（变阻器）	varistor	电阻率随施加电压发生变化	85.33
压电晶体	piezo-electric crystal	在外界压力作用下产生电位差或在外电场作用下发生形变	85.41等

注:

① GB/T 2900.18-2008《电工术语 低压电器》:"4.6.2 变阻器 rheostat 由电阻材料制成的电阻元件或部件和转接装置组成的电器,可在不分断电路的情况下有级地或均匀地改变电阻值"。

②《韦氏大学英语词典》:varistor—an electrical resistor whose resistance depends on the applied voltage.

③ 图片来源:Photograph: wdwd [CC BY-SA 4.0 (https://creativecommons.org/licenses/by-sa/4.0)], from Wikimedia Commons.

④ 图片来源:Michael Schmid [GFDL (http://www.gnu.org/copyleft/fdl.html), CC-BY-SA-3.0 (http://creativecommons.org/licenses/by-sa/3.0/) or CC BY-SA 2.5 (https://creativecommons.org/licenses/by-sa/2.5)], via Wikimedia Commons.

混合集成电路和多元件集成电路的比较研究

在 2017 版协调制度中，品目 85.42 在原有的单片集成电路（Monolithic integrated circuits）、混合集成电路（Hybrid integrated circuits）及多芯片集成电路（Multichip integrated circuits）三种集成电路的基础上又增列了多元件集成电路（Multi-component integrated circuits）。其中单片集成电路和多芯片集成电路较易区分，但在某些场合，混合集成电路和多元件集成电路的结构组成则极为相似。以下将结合两者的注释条款，对混合集成电路和多元件集成电路的易混淆情况进行对比研究。

一、混合集成电路和多元件集成电路的注释规定

混合集成电路和多元件集成电路的定义分别见于第八十五章章注九（二）2 和 4：

2. 混合集成电路，即通过薄膜或厚膜工艺制得的无源元件（电阻器、电容器、电感器等）和通过半导体工艺制得的有源元件（二极管、晶体管、单片集成电路等）用互连或连接线实际上不可分割地组合在同一绝缘基片（玻璃、陶瓷等）上的电路。这种电路也可包括分立元件；

……

4. 多元件集成电路（MCOs）：由一个或多个单片、混合或多芯片集成电路以及下列至少一个元件组成：硅基传感器、执行器、振荡器、谐振器或其组件所构成的组合体，或者具有品目 85.32、85.33、85.41 所列商品功能的元件，或品目 85.04 的电感器。其像集成电路一样实际上不可分割地组合成一体，作为一种元件，通过引脚、引线、焊球、底面触点、凸点或导电压点进行连接，组装到印刷电路板（PCB）或其它载体上。

此外，85.42 品目注释第二款对混合集成电路中可包含的分立元件作了进一步解释：

混合集成电路还可装有另外制作的无源元件，这些无源元件采用与半导体器件同样的方式组装在基础膜电路上。这些无源元件一般为电容器、电阻器、电感器等芯片状元件。

因此,可将两种集成电路的结构要点归纳为以下形式:

混合集成电路的结构

	半导体工艺制有源元件		薄膜或厚膜工艺制得的无源元件		分立元件（可选）	
混合集成电路	二极管	+	电容器	+	电容器	不可分割地组合在同一绝缘基片上
	晶体管		电阻器		电阻器	
	单片集成电路		电感器		电感器	
	……		……		……	

多元件集成电路的结构

	集成电路		元件	
多元件集成电路	单片集成电路	+	硅基传感器、执行器、振荡器、谐振器或其组件所构成的组合体	不可分割地组合成一体
	混合集成电路		具有品目85.32、85.33、85.41所列商品功能的元件	
	多芯片集成电路		品目85.04的电感器	

一般情况下,根据混合集成电路和多元件集成电路结构的特点,可通过排除法对两者进行区分。例如,多元件集成电路必须由集成电路与其他元件构成,若产品内部结构中不含集成电路,则可直接排除其为多元件集成电路的可能;又如,混合集成电路的分立元件不包括硅基传感器、执行器、振荡器、谐振器或其组件所构成的组合体,如果一种集成电路的结构包含这些元件,也可排除其为混合集成电路的可能[①]。

二、混合集成电路和多元件集成电路的易混淆情况

在某些场合,混合集成电路和多元件集成电路的结构也可能是非常相似的。例如,在章注九（二）对两者的定义中,混合集成电路和多元件集成电路允许包含单片集成电路,而多元件集成电路可带有的品目85.32、85.33所列商品及品目85.04的电感器,看上去也与混合集成电路可带有的电容器、电阻

器、电感器存在对应关系,即混合集成电路和多元件集成电路看上去都包含了单片集成电路与电阻器、电容器、电感器组合的情况②。

混合集成电路包含单片集成电路时的结构

混合集成电路	半导体工艺制得的有源元件	+	通过薄膜或厚膜工艺制得的无源元件	+	分立元件(可选)	不可分割地组合在同一绝缘基片上
	单片集成电路		电容器		电容器	
			电阻器		电阻器	
			电感器		电感器	

多元件集成电路包含单片集成电路时的结构

多元件集成电路	集成电路	+	元件	不可分割地组合成一体
	单片集成电路		具有品目 85.32、85.33 所列商品功能的元件	
			品目 85.04 的电感器	

三、混合集成电路和多元件集成电路的结构区别

由章注和品目注释的规定可知,在由单片集成电路和电阻器、电容器或电感器等无源元件组合的情况下,混合集成电路和多元件集成电路的主要区别在于无源元件的制作工艺。

多元件集成电路可包含的电容器和电阻器应为具有品目 85.32、85.33 所列商品功能的元件,电感器应为品目 85.04 的商品;混合集成电路中的电阻器、电容器或电感器由薄膜或厚膜工艺制得,而完全由无源元件组成的膜电路应属于品目 85.34 印刷电路的范畴,而非品目 85.04、85.32 或 85.33③。

因此,对于由单片集成电路和电阻器、电容器或电感器不可分割地组合在一体所构成的集成电路,如果其中电感器、电容器或电阻器是通过膜工艺制得,则属于混合集成电路,若为品目 85.04、85.32 或 85.33 所列元件,则应视作多元件集成电路。

注:
① 但两者并不是非此即彼的关系,排除为混合集成电路的可能,并不意味其一定就属于多元件集成电路,反之亦然。

② 应注意混合集成电路"不可分割地组合在同一绝缘基片上"和多元件集成电路"不可分割地组合成一体"两种表述的差异。

③ 85.34品目注释:"本品目包括完全由无源元件组成的薄膜或厚膜电路。"

子目9031.20"试验台"的商品范围研究①

在协调制度中,对子目9031.20"试验台"商品范围的理解一直是个难点。本文以协调制度注释的规定为基础,结合工具书籍及相关的商品实例,采用引证、归纳及比较研究等方法,从"试验台"的组成结构、工作原理、功能用途和专业分类四个方面对子目9031.20的商品范围进行了讨论②。

一、"试验台"的组成结构

确定子目9031.20"试验台"组成结构的主要依据为90.31品目注释第一款第二项的规定,但因该条款译文尚欠明晰(如将"Test benches"译作"测试台"而不是"试验台"),故进而结合英英解释及归类决定作为补充之印证。

(一) 品目注释

根据90.31品目注释第一款第二项:

2. 发动机、电动机、发电机、泵机、示速器或转速计等测试台,由一个台架和测量或校正仪器构成(Test benches for engines and motors, electrical generators, pumps, speed indicators or tachometers, etc., consisting of a frame and a measuring or calibrating instrument)。

由于子目9031.20"试验台"的原文即"Test benches",故可认为上述注释条款就是对子目9031.20的解释,即"试验台"的组成应由一个台架和测量或校正仪器构成。换言之,台架和测量或校正仪器是"试验台"不可或缺的基本构成,这是由商品归类的法定依据得出的结论③。

(二) 英英解释

尽管注释明确"试验台"应由一个台架和测量或校正仪器构成,但对"台架"的理解则一直颇具争议,如某些柜式的试验机是否可视作"试验台"? 以下从英英解释的角度对"试验台"和"台架"的结构进行讨论。

非台式的"试验台"⑤

"bench"虽有"工作台"的意思,但根据《韦氏大学英语词典》对其的解释:"a long worktable; also: LABORATORY",故可认为"试验台(test bench)"其实并不限于通常认为的台式结构,也可指其他配有必要设备,供测试与分析的试验机④。

另一方面,"台架"的原文为"frame","frame"虽常指"框架",但根据《韦氏大学英语词典》,其也可泛指"something composed of parts fitted together and united",可见"试验台"的结构亦不限于架式。

(三) 归类决定

目前在我国公开的归类决定中,作为"试验台"归入子目9031.20的商品仅见Z2010-0066"飞机发动机测试台"一项⑥。

"飞机发动机测试台"的组成含测试台主控台、发动机测试台转接架、发动机测试台整流罩、发动机测试台进气道、发动机测试台进气道支撑架、发动机测试台尾部整流罩、涡轮风扇、发动机起动机及尾锥,其中涡轮风扇、发动机起动机及尾锥等部件被视为与试验台配套进口的配件而与试验台一同归类。

由此可见,"试验台"在报验时可配有相应的附属装置,同时其"台架"应经过专门设计,以适于进行相关的试验⑦。

综上,子目9031.20"试验台"的基本构成为一个台架和测量或校正仪器,且报验时可带有相关的配件。尽管"台架"的存在是作为"试验台"归入9031.20的必要条件,不过由"bench"和"frame"的英英解释可知,所称"台架"其实并不限于台式或架式的结构(例如,某些"柜式"装置),但应经过专门的设计。

二、"试验台"的工作原理

研究子目9031.20"试验台"工作原理的必要性在于,若将其简单诠释为试验或测试,则难以同许多其他测量或检验仪器(如探针台)进行区分。 鉴于协调制度注释未对"试验台"的工作原理作详细描述,故通过将

探针台⑧

"试验台"与其他测量或检验仪器进行比较研究,对"试验台"的特征工作原理进行讨论。

(一) 试验台

仍以归类决定 Z2010‐0066 "飞机发动机测试台"为例,对其工作原理的描述为:

> 当一台发动机进厂维修完成后,将安装上涡轮风扇、起动机和尾锥组成模拟的发动机运行环境,而后发动机被送进测试台……

可知,归入子目 9031.20 的飞机发动机测试台是通过模拟被测物的运行环境来进行试验或测试的[⑨]。

(二) 其他测量或检验仪器

以正弦规为例,其主要由量块、测微仪、平台等构成。90.31 品目注释第一款第九项列有"用于检测角度的正弦规及可调台式正弦规",故正弦规应作为其他测量或检验仪器、器具及机器归入子目 9031.80。

根据我国机械行业标准 JB/T 7973—1999《正弦规》:

正弦规[⑩]

2.1 正弦规

根据正弦函数原理,利用量块的组合尺寸,以间接方法测量角度的测量器具。

可知,归入子目 9031.80 的正弦规仅用于测量角度,而不包括对被测物运行环境的模拟。

将"试验台"和"正弦规"两者的组成结构和工作原理进行对比,发现"正弦规"虽然在组成结构上与"试验台"相似,但工作原理不包括对被测物运行环境的模拟,所以不能作为"试验台"归入子目 9031.20。

"试验台"和"正弦规"的比较

	试验台	正弦规
组成结构	台架和测量仪器等	量块、测微仪、平台等
工作原理	模拟被测物运行环境测试可靠性	仅测量,不模拟被测物运行环境
归入子目	9031.20	9031.80

综上,子目 9031.20 "试验台"的工作原理应为通过模拟被测物的运行环

境进行试验或测试。这也表明"台架"的存在并非作为"试验台"归入子目9031.20的充分条件,除非已经过专门的设计,如配有或可配有各种用以模拟被测物运行环境的辅助系统等。

三、"试验台"的功能用途

在限定子目9031.20"试验台"的组成结构和工作原理的前提下,即由一个台架和测量或校正仪器构成,且通过模拟运行环境实现对被测物的试验或测试,仍不足以将"试验台"与归入第九十章其他品目或品目90.31下其他子目的仪器加以区分,因此还须进一步从测试参数和测试对象两个方面对"试验台"的功能、用途展开讨论。

(一)测试参数

对"试验台"测试参数的讨论,主要是为区别于第九十章其他品目的商品。

90.31品目注释虽未限制"试验台"具体测试的参数,但参考英文维基百科"test bench"的词条:

A test bench or testing workbench is an environment used to verify the correctness or soundness of a design or model.

可知"试验台"通常用于验证被测物的性能或可靠性,且因其列于品目90.31"本章其他品目未列名的测量或检验仪器、器具及机器",故所测试的参数不应令"试验台"构成第九十章其他品目所列的测量或检验仪器、器具及机器[11]。

例如,美国海关就曾将一款用于测试管件的试验台按材料机械性能的试验机器归入了子目9024.80[12]。同理,专门用于电量测量或检验的试验台,即使组成结构和工作原理符合前述的条件,也应归入品目90.30。

(二)测试对象

对"试验台"测试对象的讨论,主要是为区别于品目90.31其他子目的商品,尤其是子目9031.10的"机械零件平衡试验机"。

根据90.31品目注释关于"机械零件平衡试验机"的规定:

1.机械零件平衡试验机(动平衡机、静平衡机或带电子平衡装置的平衡机),用于对转子、叶轮、曲轴、连杆、传动轴、摆轮、飞轮等进行平衡试验。

动平衡机通过零件在两个支承架上或顶尖中旋转来对其不平衡量进行机械

测量（记录盘上的描迹图、弹性平衡原理等）。

静平衡机利用倾斜现象进行测量，不平衡量从标尺或度盘上读得，它与动平衡机的不同之处在于进行平衡试验的零件处于不旋转状态。

不平衡量通过增加或减少量进行校正。

带电子平衡装置的平衡机是使不平衡所引起的振动由特殊的敏感元件测出并予以放大测得。

本品目还包括带有机床（例如，钻床），专门用于校正不平衡的平衡试验机。

其中，动平衡机不仅在组成结构上包含相当于台架和测量或校正仪器的驱动部件、支承部件及测量系统，其工作原理同样包括对被测物的运行环境（旋转）进行模拟[13]。故在不对测试对象加以限定的情况下，子目9031.10和9031.20两者的范围看似是存在交叉的。

动平衡机[14]

为此，将"机械零件平衡试验机"和"试验台"的组成结构、测试参数及测试对象进行对比：

"机械零件平衡试验机"和"试验台"的比较

	机械平衡试验机（动平衡机）	试验台
组成结构	驱动部件、支承部件、测量系统等	一个台架和测量或校正仪器
测试参数	平衡性	性能或可靠性
测试对象	转子、叶轮、曲轴、连杆、传动轴、摆轮、飞轮等	发动机、电动机、发电机、泵机、示速器或转速计等
归入子目	9031.10	9031.20

可知，"机械零件平衡试验机"与"试验台"的主要差别在于测试对象。前者常用于回转类零部件的测试，而后者一般用于试验整台机器或仪器[15]。

此外，参考美国海关 Ruling NY D89720 中的归类意见：

You propose classification in HTS 9031.20. However, Exclusion f to its EN excludes the appliances of 90.24, and, as you acknowledge, <u>this device is not testing one of the exemplars in 9031 EN I-A-2 (Test Benches)</u>.

也表明测试对象（发动机、电动机、发电机、泵机、示速器或转速计等）可作为子目9031.20"试验台"区别于其他测量或检验仪器的特征之一[16]。

综上，子目9031.20"试验台"的功能和用途主要为测试发动机、电动机、发电机、泵机、示速器或转速计等整台机器仪器的性能或可靠性，但不应构成已在第九十章其他品目列名的测量或检验仪器、器具及机器。

四、"试验台"的专业分类[17]

在专业领域，金属与非金属材料试验机、平衡机、振动台、大型结构试验机、汽车零部件和整车试验台等均被归为试验机（testing machine）的范畴，即子目9031.20所列"试验台"在专业领域中属于试验机的一种。

试验机是用于研究与检测材料、零部件、各类产品的力学性能与可靠性的测试仪器，是光机电等一体化、技术密集的高科技产品，结构一般包括机械与电气系统两大部分。

试验机的上述特征可作为区分"试验台"与其他非试验机的测试仪器（例如，某些分析仪器）的参考，但无法用以区分"试验台"与同为试验机的其他测试仪器。

五、结语

本文通过对子目9031.20"试验台"组成结构、工作原理及功能用途的研究与讨论，同时结合专业领域对"试验台"的分类，认为归入该子目的商品应指一类基本结构为一个台架和测量或校正仪器，通过模拟被测物的运行环境，用于测试发动机、电动机、发电机、泵机、示速器或转速计等机器或仪器的性能或可靠性的试验机。

子目9031.20"试验台"的商品范围

	结论	备注
组成结构	一个台架和测量或校正仪器，可带有相关配件	所称"台架"可不限于台式或架式结构，但应经过专门设计
工作原理	通过模拟被测物的运行环境进行试验或测试	对运行环境的模拟可通过配件实现

(续表)

	结论	备注
功能用途	用于试验发动机、电动机、发电机、泵机、示速器或转速计等整台机器或仪器的性能或可靠性	测试的参数未使其构成第九十章其他品目列名的测量或检验仪器、器具及机器
专业分类	属于试验机的一种	一般包括机械与电气系统两大部分

注：

① 本文为首届商品归类征文比赛参赛作品，根据本书的体例略有修改。

② 在协调制度及其注释中，不同类别商品（化学品、机器、零件等）的"功能"和"用途"在不同语境下有时具有不同的含义。例如，多功能机器的"功能"和多用途机器的"用途"就是不同的概念，但在84.79品目注释关于"通用的工业机器人"的条款中，又存在将"功能"和"用途"混用的情况；此外，在38.02品目注释关于活性碳和活性天然矿产品的条款中，"过滤"被视作一种"用途"，但站在第八十四章"功能优先用途归类"的角度，品目84.21所列的"过滤"又明显属于"功能"的范畴。因此，本文有关"试验台"功能和用途的讨论仅限于文中选取的角度，即其测试的参数与对象。

③ 在不同的学科领域，被称作"试验台"或"测试台"的设备可具有不同的含义。例如，"试验台"在航空和航天工程中可指集中装有试验设备，用以试验或验证发动机及其仪表的固定平台；"测试台"在电工学中可指一种装有测试设备的交换台，在通信工程中可指由测试人员对故障线路施以专门测试以确定故障性质的专用坐席。因此，本文在讨论子目9031.20"试验台"的商品范围时，以协调制度注释中的规定为根本依据，而其他资料仅作为补充和参考。

④《韦氏大学英语词典》: laboratory—a place equipped for experimental study in a science or for testing and analysis.

⑤ 图片来源: Gonek [GFDL (http://www.gnu.org/copyleft/fdl.html) or CC BY-SA 4.0(https://creativecommons.org/licenses/by-sa/4.0)], from Wikimedia Commons.

⑥ 归类决定 Z2010-0066"飞机发动机测试台"："该商品为用于测试飞机发动机的试验台，由测试台主控台、发动机测试台转接架、发动机测试台整流罩、发动机测试台进气道、发动机测试台进气道支撑架、发动机测试台尾部整流罩、涡轮风扇、发动机起动机及尾锥等部件组成。其中的涡轮风扇、发动机启动机及尾锥等部件虽然和发动机正式部件完全相同，但此次进口的上述部件是和测试台配套进口，与每一台被测发动机配装在一起提供真实的模拟环境，且非耗材，故应视为试验台的配件一同归类。该商品属《税则》和《税则注释》均列名的试验台，符合《税则》税目90.31及其子目条文的描述，根据归类总规则一及六，应按试验台归入税则序列9031.2000。"

⑦ 不同于第十六类，第九十章总注释中并没有专门关于附属装置的规定。

⑧ 图片来源: Rgarrigan [CC BY-SA 4.0 (https://creativecommons.org/licenses/by-sa/4.0)], from Wikimedia Commons.

⑨ 对归类决定 Z2010-0066 的"飞机发动机测试台"来讲，其对发动机运行环境的模

拟是由涡轮风扇、发动机起动机及尾锥等"配件"来实现的。

⑩ 图片来源：Rrudzik［GFDL（http://www.gnu.org/copyleft/fdl.html）or CC BY-SA 4.0（https://creativecommons.org/licenses/by-sa/4.0）］, from Wikimedia Commons.

⑪ 可适用第九十章章注三或总规则三的情况除外。

⑫ Ruling NY D89720：The tariff classification of "Test Bench" for tubes and hoses, from Sweden.

⑬ 动平衡机（离心力式平衡机）的组成结构参见《机械工程手册》（第二版）检测、控制与仪器仪表卷表6.5-3 离心力式平衡机的部件功能及主要类型。

⑭ 图片来源：www.xhzhengli.com。

⑮ 根据第十六类类注五的规定："上述各注释所称'机器'，是指第八十四章或第八十五章各品目所列的各种机器、设备、装置及器具。"因此传动轴、飞轮等回转类零件在某些条款中亦被称作"机器"，作为"试验台"测试对象的"整台机器"不包括这类"机器"；另一方面，如汽车、航空器等复杂设备的某些零部件本身就具有"机器"的性质，则作为"试验台"测试对象的"整台机器"也包括这类作为零部件的"机器"。

⑯ 但不包括测试对象为发动机、电动机、发电机、泵机、示速器或转速计等，而组成结构或工作原理不符合前述分析的设备，如90.31品目注释第一款第四项所列的"车辆发动机的测试及调整设备，用于检查点火系统的各种部件（线圈、火花塞、电容器、电池等），通过对排出废气的分析将化油器调到最佳状态或者测定气缸压力。"

⑰ 主要参考资料：《机械工程手册》（第二版）检测、控制与仪器仪表卷·第6篇 科学测试仪器·第5章 试验机。

品目90.32下两类自动控制仪器及装置的比较研究

品目90.32包括两类自动控制仪器及装置：液体或气体的流量、液位、压力或其他变化量的自动控制仪器及装置或温度自动控制装置；电量自动调节器及自动控制非电量的仪器或装置。两者具有某些共性，也存在一定的差异。以下将从工作原理、组成结构等方面，对两类自动控制仪器及装置的同异进行研究。

一、两类自动控制仪器及装置的共性

两类自动控制仪器及装置的共性主要体现在控制方式和基本结构两个

方面。

（一）控制方式

两类自动控制仪器及装置的工作原理都包括将要被控制的因素调到并保持在一设定值上，通过持续或定期测量实际值来保持稳定，修正任何偏差，即控制的过程存在反馈，因此两者所适用的控制系统都属于反馈控制系统（或闭环控制系统）[1]。

（二）组成结构

两类自动控制仪器及装置的组成结构具有一定的相似性，通常都包括三个部分：测量装置、控制装置、启停或操作装置[2]。

二、两类自动控制仪器及装置的特性

两类自动控制仪器及装置的差异主要体现在控制对象、工作原理及组成部件三方面[3]。

（一）控制对象

第一类自动控制仪器及装置的控制对象为液体或气体的流量、液位、压力或其他变化量，以及任意物质的温度；第二类自动控制仪器及装置的控制对象为电量或非电量[4]。

（二）工作原理

第一类自动控制仪器及装置不论是否依靠要被自动控制的因素所发生的不同的电现象来进行工作；第二类自动控制仪器及装置必须依靠要被控制的因素所发生的不同的电现象进行工作[5]。

（三）组成部件

尽管两类自动控制仪器及装置的基本构成通常包括测量装置、控制装置、启停或操作装置三部分，但实际组成两者的部件其实存在"结构层级"的差异：

1. 对第二类自动控制仪器及装置而言属于"测量装置"的部件（例如，热电偶）[6]，对某些第一类自动控制仪器及装置来讲则属于"元件"[7]；

2. 对第二类自动控制仪器及装置而言呈现基本特征的"控制装置"[8]，对某些第一类自动控制仪器及装置来讲并不是必需的[9]；

3. 对第二类自动控制仪器及装置而言属于"执行机构"的部件（例如，阀）[10]，对某些第一类自动控制仪器及装置来讲则属于"启停或操作装置"[11]。

因此在以组成部件为参照的场合，第一类自动控制仪器及装置相对于第二类自动控制仪器及装置具有"较高"的"结构层级"[12]。

三、两类自动控制仪器及装置的研究意义

实践中，有关控制装置的归类多聚焦于对品目85.37与90.32的区分，而少有关于品目90.32下两类控制仪器及装置异同的讨论，从而导致许多相关商品的归类长期处于"悬而未决"的状态。这些问题包括：

1. 子目9032.20"恒压器"和9032.81"其他液压或气压的仪器及装置"的区别是什么[13]；

2. 90.32品目注释第一款的温度自动控制仪器及装置与第二款可应用于温度调节的自动调节器该如何区分[14]；

3. 在其他注释中写明应作为零件归类的热电偶[15]，为什么在90.32品目注释第二款被视为一种电气测量装置[16]。

根据前述观点，品目90.32下两类自动控制仪器及装置的差异不仅存在于控制对象和工作原理，还包含"结构层级"的不同。

因此，子目9032.20的"恒压器（Manostats）"属于"结构层级"较高的第一类自动控制仪器及装置[17]，而子目9032.81的其他液压或气压的仪器及装置则对应于"结构层级"较低的第二类自动控制仪器及装置。同理，90.32品目注释第一款的温度自动控制仪器及装置与第二款的温度自动调节器之间也属于"结构层级"的差别。

另一方面，不同规格的热电偶应根据其设计所适用的仪器及装置的"结构层级"来确定作为零件或整机归类[18]：如果某款规格的热电偶只能用于"结构层级"较高的仪器及装置（例如，恒温器），在其所适用的设备中只能作为"元件"存在，则应按相应的零件归类；如果某种规格的热电偶可用于"结构层级"较低的仪器及装置（例如，90.32品目注释第二款的温度调节器），在其所适用的设备中是作为"测量装置"存在，则可按温度测量装置归入品目90.25[19]。

注：

①《机械工程手册》（第二版）电工、电子与自动控制卷·第5篇 自动控制理论·第1章 概论："反馈控制系统是由反馈信号将控制系统构成闭环回路，随时测量被控制量与给定值或给定的变化规律之间的误差，根据这个误差改变受控对象的输入量以消除误差，这

个是一个随时都在出现误差，随时都在消除这个误差的运动过程。"

② 某些第一类仪器及装置不带有将测量值与期望值进行比较的装置，它们通过开关直接进行控制，详见第二部分的讨论。

③ 但不包括某些因注释翻译原因所导致的"差别"。例如，"the desired value"在90.32品目注释关于两类仪器及装置的规定中被分别译为"期望值"和"给定值"，而"complete automatic control systems"则被分别译作"完整控制系统"和"全自动控制系统"。

④ 因此后者控制参数的范围其实要大于前者，因为非电量包括温度、流量、液位、压力或其他变化量。

⑤ 仅考虑控制对象和工作原理的场合，两类自动控制仪器及装置的范围存在一定的交叉，例如，两者看上去都包括自动控制温度的仪器及装置，所以必须考虑除控制对象及工作原理之外的因素（如组成部件）以区别两者。

⑥ 90.32品目注释第二款："它们主要由以下装置构成：（一）测量装置（传感装置、转换器、电阻测温器探头、热电偶等），用于测定受控变量的实际值并将其转换成相应的电信号。"

⑦ 90.32品目注释第一款："用于自动控制温度的恒温器，其主要元件有：（1）对温度变化敏感的元件，它们的工作方式有：……④ 热电阻或热电偶。"

⑧ 90.32品目注释第二款："电气控制装置应作为不完整自动控制仪器或设备归入本品目。"

⑨ 90.32品目注释第一款："某些仪器及装置不带有将测量值与期望值进行比较的装置，它们通过开关直接进行控制，例如，在达到设定值时打开开关。"

⑩ 90.32品目注释第二款："自动调节器均连有电动、气动或液动执行机构，这些机构可将控制参量控制在设定值内，它们有用于调节电弧炉电极间隙的夹头、控制送入锅炉、熔炉、捣碎机等的水或蒸汽的电动阀。各种执行机构应归入其各自相应的品目中（可调夹头归入品目84.25；电动或电磁阀归入品目84.81；电磁定位器归入品目85.05等）。"

⑪ 90.32品目注释第一款："用于自动控制温度的恒温器，其主要元件有：……（3）触发或启动装置，按照采用的传递方式（机械式、伺服液动式、电动式）不同，其主要部件有：杠杆机构、弹簧等，以及阀或电气开关。"

⑫ 所称两类自动控制仪器及装置"层级"的高低是相对于参照物而定的：在以组成部件为参照的场合，前者的"结构层级"要高于后者；而以自身功能为参照的场合，前者的"功能层级"则低于后者。

⑬ 这个问题的意思是，如果子目9032.20的"恒压器"包括了所有的压力自动控制仪器及装置，那么还有哪些商品可归入子目9032.81。

⑭ 90.32品目注释第二款："本类调节器不仅应用于电压、电流、频率及功率等电量的调节，也可应用于非电量（例如，每分钟转速、扭矩、牵引力、物位、压力、流量或温度）的调节。"

⑮ 85.06品目注释的排他条款："本品目不包括：……（五）热电偶（例如，品目85.03、85.48、90.33）。"

⑯ 90.32品目注释第二款："它们主要由以下装置构成：（一）测量装置（传感装置、转换器、电阻测温器探头、热电偶等）……电气测量装置一般归入品目90.25、90.26

或 90.30。"

⑰ 90.32 品目注释第一款："本组包括：1. 压力控制器或调节器（也称为恒压器），主要由压敏装置、用于比较（例如，利用可调节弹簧）控制压力和设定压力的控制装置以及控制伺服电路的电接触器或小型阀门构成。"

⑱ 在考虑热电偶的归类时，其用途应根据某一具体规格热电偶的设计用途来确定。

⑲ 实践中，常见将任意规格的热电偶统一按"温度传感器"归入子目 9025.19 的做法，但这就有悖于 85.06 品目注释排他条款第五项的内容了。

规 则 研 究 分

商品归类的映射过程和"二分法"原则

商品归类本质上是对特定商品适用一定的归类规则以确定商品编码的活动,故亦可表示为映射过程"归类规则:商品→商品编码",或记为"$y = f(x)$"。 其中:自变量 x 代表商品属性;因变量 y 代表商品编码;映射法则 f 代表具体适用的归类规则[①]。

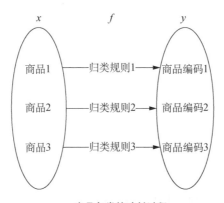

商品归类的映射过程

在商品归类的诸多规定中,按列名归类(包括归入列为"其他"或"未列名"的品目)的方法占据了非常中心的地位,因此这种映射过程也可分为两种情况:一是商品按列名直接就可确定唯一的商品编码;二是商品先按列名确定数个候选编码,再根据其他规定筛选出唯一的商品编码。 对于后者,其映射过程可记为 $y = f_2[f_1(x)]$,其中:f_1 代表按列名归类的方法;f_2 代表用于筛选候选编码的规定。 因此,对于复杂的问题,可将归类的过程分解为 f_1 和 f_2 两个步骤,即"二分法"原则。

一、商品属性(自变量 x)

商品自身的固有属性是适用"二分法"原则的基石。很多时候,商品属性(自变量)的确定过程会与归类规则(映射法则)的适用混为一谈。

例如,对于具有两种及两种以上互补或交替功能的机器而言,机器的主要功能是商品的固有属性(尽管这种属性是抽象的),即自变量 x,按机器的主要功能进行归类是归类的规则,即映射法则 f。确定机器主要功能是和适用归类规则相关的过程,但不是适用的规则本身。

有相当一部分归类争议是基于对商品认知的分歧产生的,此时的首要之务应为统一对商品属性的认识,而不是直接争论归类规则的理解和适用。

二、列名法(法则 f_1)

按列名归类是最为直观也是使用频率最高的归类方法,任何商品的归类都会使用这种方法。很多时候,仅根据列名即可确定唯一的商品编码,例如,在商品属性明确的前提下,酸乳可直接按列名归入品目 04.03。

某些商品的属性和相关类注、章注存在"绑定"的关系,如具有机器零件属性的商品(不论最终是否归入"零件"品目)和第十六类类注二关于机器零件的规定,在按列名归类时应同时(全部或部分)考虑这些类注或章注。

按列名归类的方法并不总能唯一地确定商品编码。在这种情况下,一种商品之所以看上去能归入两个或两个以上不同的商品编码,其实是由对税目条文以及总规则、有关类注或章注等不严格的局部适用所造成的。

例如,对于裹巧克力的饼干,根据列名,之所以看上去可同时归入品目 18.06 和 19.05,是因为在按含可可的食品归入品目 18.06 时,没有考虑 18.06 品目条文中的"其他"以及品目注释的排他条款:"本品目不包括:……(2)裹巧克力的饼干及其他烘焙糕饼(品目 19.05)。"

又如,对于可用作动物饲料的酶制品,按列名之所以看上去可同时归入品目 23.09 和 35.07,是因为在按配制的动物饲料归入品目 23.09 时,没有考虑 23.09 品目注释的排他条款:"本品目不包括:……(八)第三十五章的蛋白物质。",在按酶制品归入品目 35.07 时,也没有考虑 35.07 品目条文中的"其他品目未列名"。

三、筛选法（法则 f_2）

筛选商品编码的过程是对列名之外的归类规定（法则 f_2）的综合考虑。如果将按列名归类（法则 f_1）得出的候选编码记为 y_1，y_2，y_3……，则筛选编码的过程可记为 $y=f_2(y_1,y_2,y_3……)$。按筛选时须考虑的标准数量，筛选过程可分为单纯筛选和复合筛选两种情况。

（一）**单纯筛选**

单纯筛选时只考虑相对单一的标准，不同的标准虽有各自的适用条件和范围，但互相之间不存在冲突。这些标准的形式有具体列名、基本特征、从后归类、排他条款和另有规定。

1. 具体列名[②]

列名比较具体的商品编码优先于列名一般的商品编码，即总规则三（一），但不包括按品目列名进行归类的方法（总规则一），因为后者属于"列名法"的范畴。

2. 基本特征[③]

包括总规则三（二）及具有"类似规定"的类注、章注。后者如，第十五类类注五（一）："贱金属的合金按其所含重量最大的金属归类"，第十六类类注三："由两部及两部以上机器装配在一起形成的组合式机器，或具有两种及两种以上互补或交替功能的机器，除条文另有规定的以外，应按具有主要功能的机器归类"等。

3. 从后归类[④]

包括总规则三（三）及"类似规定"的类注、章注。后者如，第二十九章章注三："可以归入本章两个或两个以上品目的货品，应归入有关品目中的最后一个品目。"以及第十一类类注二（一）："当没有一种纺织材料重量较大时，应按可归入的有关品目中最后一个品目所列的纺织材料归类"等。

4. 排他条款

通常为"本（类、章、品目）不包括：……"或者"……除外"的形式，归类时应优先归入"被不包括"或"被除外"的商品编码。例如，根据第三十九章章注二："本章不包括：……（六）有机表面活性剂或品目34.02的制剂"，因此聚乙二醇型非离子表面活性剂应优先按"被不包括"的有机表面活性剂归入品目34.02，而不是作为聚醚归入品目39.07。

5. 另有规定

一般为"除……另有规定的以外"的形式，归类时应优先适用"另有规定"的条款。例如，根据第十六类类注二："除本类注释一、第八十四章注释一及第八十五章注释一另有规定的以外，机器零件（不属于品目84.84、85.44、85.45、85.46或85.47所列物品的零件）应按下列规定归类：……"，以及第八十四章章注一："本章不包括：……（二）陶瓷材料制的机器或器具（例如，泵）及供任何材料制的机器或器具用的陶瓷零件（第六十九章）；"因此机器的陶瓷零件应优先适用"另有规定"的第八十四章章注一按陶瓷产品归入第六十九章，而不是适用第十六类类注二的规定按机器零件归类。

（二）复合筛选

复合筛选的原则是基于"互排性"建立的，主要包括"互排条款"和"互另条款"两种情况。

1. 互排条款⑤

"互排条款"是指在一组排他条款中，两者的排除主体和被排除对象间存在交集的情况。例如，根据第十六类类注一："本类不包括：……（十二）第九十章的物品；"以及第九十章章注一："本章不包括：……（七）品目84.13的装有计量装置的泵……"，相当于在第十六类排除第九十章的同时，第九十章也排除了第十六类的部分商品，此时应优先适用被排除对象比较具体的条款，即第九十章章注一。

"互排条款"还有一种特殊的形式，即排他条款与未列名品目进行比较的情况，此时应将品目条文中的"其他品目未列名"等效理解为"本品目不包括任何已在其他品目列名的商品"。例如，根据23.09品目注释："本品目不包括：……（八）第三十五章的蛋白物质。"以及35.07品目条文"其他品目未列名的酶制品"，此时应将35.07品目条文视为等价的排他条款"本品目不包括任何在其他品目列名的酶制品"，因此用作动物饲料的酶制品应优先适用被排除对象比较具体的23.09品目注释排他条款，即"本品目不包括：……（八）第三十五章的蛋白物质。"归入品目35.07。

2. 互另条款

"互另条款"是指在一组注释条款中，另有规定的内容存有交集的情况。由于"除……另有规定的以外"本质上也是排他条款的一种形式，因此可理解为排他条款在普通条款中的"嵌入"。

"互另条款"的适用原则与"互排条款"类似,另有规定内容比较具体的部分应优先于另有规定内容一般的部分适用,但由于优先适用的对象仅限于条款中"嵌入"的排他部分,因此对于整条条款来讲,优先适用排他部分比较具体的结果反而是另有规定内容一般的条款优先于另有规定内容比较具体的条款适用。

例如,根据第十六类类注三:"由两部及两部以上机器装配在一起形成的组合式机器,或具有两种及两种以上互补或交替功能的机器,除条文另有规定的以外,应按具有主要功能的机器归类。",以及第八十四章章注七:"除本章注释二、第十六类注释三另有规定的以外,凡任何品目都未列明其主要用途的机器,以及没有哪一种用途是主要用途的机器,均应归入品目84.79。"其中第十六类类注三为"除条文另有规定的以外",而第八十四章章注七为"除本章注释二、第十六类注释三另有规定的以外",此时另有规定的内容一般的第十六类类注三应优先于另有规定的内容比较具体的第八十四章章注七适用。

上述单纯筛选或复合筛选仅针对"单次"的筛选,有些时候,f_2 的筛选过程未必是"一步到位"的。例如,对于包含组合货品在内的零售成套包装货品,在确定归类时通常要对整个零售成套包装货品和其中具有基本特征的组合货品分别适用总规则三(二)⑥。

四、提出映射过程 $y = f_2[f_1(x)]$ 和"二分法"原则的意义

商品归类的对象和依据——商品与归类规则——本身是客观的,因此归类争议主要源于主观认知的矛盾,而这些矛盾往往具有不同的层级。归类争议的僵持时常表现为试图在不同的层级处理矛盾,即存在"层次的混淆",故有必要建立一个便于解析矛盾层级的架构,即本文提出的映射过程 $y = f_2[f_1(x)]$。

(一)商品属性认知的矛盾

矛盾的第一个层级在于商品属性的认知,即确认自变量 x 的过程。

确定商品属性(自变量 x)的过程不应与对其最终可能归入的商品编码(因变量 y)的期望联系在一起。例如,当确定一种商品是否为管件时,不应考虑其最终是否归入列名为"管"的商品编码。商品编码(因变量 y)是商品

属性（自变量 x）依据一定归类规则（法则 f）的映射结果，但不能"以果证因"，将对映射结果的假设作为映射的依据。

在某些场合，一个商品归入的商品编码可作为另一个相关商品归类时的依据。例如，对于一些加工机器而言，被加工对象归入的类、章或品目有时可作为加工机器归类时参考的依据。

（二）归类规则适用的矛盾

矛盾的第二个层级在于归类规则的适用，即确认法则 f 的过程。

归类规则是由总规则、品目条文、类注和章注等构成的综合体系。单一的注释条款只能依照空间和逻辑的线性方式顺序展开，因此不同的归类规定之间就不乏适用范围看似存在交叉的情况。由于归类规则适用的矛盾正是源于这种看似存在的交叉，因此有必要将适用归类规则的过程一分为二：按列名归类（法则 f_1）和筛选候选编码（法则 f_2），即"二分法"原则。

"二分法"原则是以常规思维规律为标准划分的。因为商品归类本身就是从商品到商品编码的映射过程，所以按列名归类的 f_1 是确定商品编码最为直观的方法。另一方面，f_2 和解决归类争议在形式上都是从数个候选编码中确定唯一的编码，因此可将"二分法"原则作为解决归类争议的一种协调机制。

对于归类的疑难问题，适用 f_2 的过程往往会涉及基于"互排性"的复合筛选标准。在线性的思维和表述方式下，这类问题的复杂程度通常令人感到无从下手，而映射过程 $y = f_2 [f_1(x)]$ 和"二分法"原则的提出则为此类疑难问题提供了解析的框架和沟通的平台。

注：
① 又见本书《杂说篇·归类新语分·商品归类的三要素》。
② 又见本书《研究篇·规则研究分·"具体列名"原则的比较研究》。
③ 又见本书《研究篇·规则研究分·"基本特征"原则的比较研究》。
④ 又见本书《研究篇·规则研究分·"从后归类"原则的比较研究》。
⑤ 又见本书《研究篇·规则研究分·商品归类的"互排条款"研究》。
⑥ 在总规则三（二）可适用的前提下，首次适用总规则三（二）以确定构成零售成套包装货品基本特征的商品，若构成基本特征的商品本身又为组合货品，则再次适用总规则三（二）以确定构成该组合货品基本特征的材料或部件的归类。

附：应用"二分法"原则处理归类争议的流程

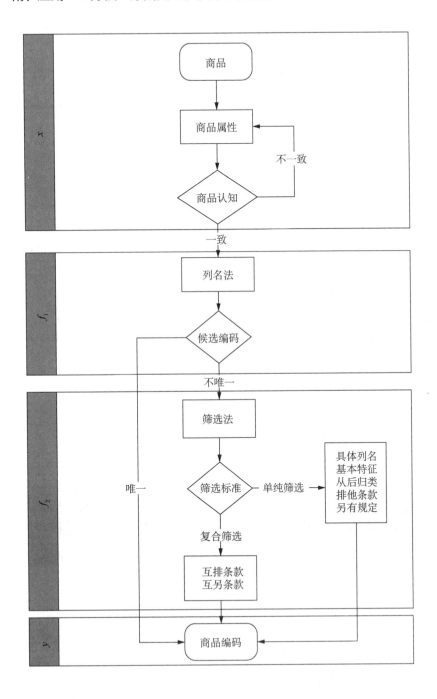

商品归类中的规则和原则

"规则"是指具有一定结构形式的规定,其逻辑结构是明确而具体的。商品归类的规则如:第三十九章子目注释中关于聚合物子目的归类规则,第七十一章注释五贵金属合金的归类规则,以及第十六类注释二机器零件的归类规定等,因为它们穷尽了全部的可能性及相应的处置方法。

与之相对,"原则"是笼统、概括、抽象的一般的准则,允许存在一定程度的例外,两个不同的原则之间产生交叉地带并不奇怪。商品归类的原则一般可分为两类:一是通常以简化记忆或教学培训为目的,人为提炼总结出来的原则,如纯净物按成分、混合物按用途的化工品归类原则,最小单元的零件归类原则等;二是在协调制度注释中,虽不具有严密的逻辑结构,但在实践中具有相当参考价值的规定,如总规则三(一)的注释:"通过制订几条一刀切的规则来确定哪个品目比其他品目列名更为具体是行不通的。但作为一般原则可以这样说:……"

在协调制度注释中,"规则"和"原则"的关系主要包括为三种情况①。

一、名为"原则"实为"规则"

由于英汉行文习惯的差异,英文在表达诸如"按照下列规则/原则/规定归类"的意思时,有时会省略 rule、principle 或 provision,而简略表述为"be classified as follows"等。但为符合中文的表达习惯的需要,在翻译时须恢复省略的部分,这时就有可能在恢复时存在选词不当的问题。

例如,品目32.04的子目注释有两处"应按下列原则归类":

对于某些因具有两种或多种使用方法而可归入不同子目的有机合成着色料,应按下列原则归类:

——报验时处于既可用作瓮染料,也可用作颜料的,应按瓮染料归入子目3204.15。

——其他可归入子目3204.11至3204.17中两个或多个具体列名子目的,应归入有关子目的最后一个子目。

——既可归入子目3204.11至3204.17中的某一具体列名子目,又可归入

"其他"子目 3204.19 的有机合成着色料，应归入具体列名的有关子目项下。

有机合成着色料混合物及以其为基本成分的制剂应按下列原则归类：

——归入同一子目的两种及以上产品的混合物，应归入相同的子目内。

——归入不同子目（3204.11 至 3204.19）的两种及以上产品的混合物，应归入"其他"子目 3204.19 项下。

其中两处"按下列原则归类"对应的英文版本均为"are classified as follows"，但事实上这两条规定本身逻辑结构严谨，内容具体明确，完全可译作"按下列规则归类"。

对于此类因翻译或其他原因表述为"原则"，但本质为"规则"的注释条款，应按"规则"的标准严格执行。

二、名为"规则"实为"原则"

出于避免用词单一的考虑，某些规定虽明显属于原则的范畴，但有时也会使用诸如"一般规则"这样的措辞来替代。

例如，第四十四章总注释关于木材归类的"一般的规则（general considerations）"：

总的来说，在本协调制度中，木材的归类既不受因保存所需而进行处理的影响，例如，干燥、表面炭化、填缝及塞孔、浸杂酚油或其他木材防腐剂［例如，煤焦油、五氯苯酚（ISO）、加铬的砷酸铜或含氨的砷酸铜］，也不受涂油漆、着色剂或清漆的影响。然而，这些一般的规则不适用于品目 44.03 及 44.06 的子目，因为这些子目对某些涂油漆、着色剂或作防腐处理的木材在归类上作了明确的规定。

以及第八十二章总注释中关于工具、利口器等归类的"一般规则（general rules）"：

工具、利口器等只有在其刀片、工作刃、工作面或其他工作部件是由贱金属、硬质合金（参见品目 28.49 的注释）或金属陶瓷（参见品目 81.13 的注释）制成的情况下，才归入本章；只要符合这一条件，上述器具即使装有其重量超过金属工作部件的非金属柄、身，仍应归入本章（例如，装有金属刀片的木刨）。

本章也包括由天然、合成或再造宝石或半宝石（例如，黑金刚石）制的工作部件装于贱金属、硬质合金或金属陶瓷支架上而构成的工具；此外，在某些情况下，其工作部件可由用磨料镶嵌或包覆的贱金属制成。

这些一般规则不适用于某些在品目中已具体列名的物品（例如，轻便锻炉及带支架砂轮）。而且，归入本章的研磨工具为数不多（参见品目82.02及82.07的注释），因为品目68.04包括用天然石料、粘聚研磨料或陶瓷制成的砂轮及类似品（例如，研磨、磨刃、抛光、修整及切割用的轮、头、盘及尖），不论其是否配有其他物料制成的芯、柄、套座、轴或类似品，但不带支架。

经"一般"修饰的"规则"，虽名为"规则"，但所述内容往往存在例外情况，故实际上属于"原则"的范畴。

此类"一般的规则"往往只是为了提供某类商品归类方法的概要，且通常另有专门注释条款给出具体的归类规定。除非在无据可依的情况下，否则一般不作为直接的归类依据。

三、"原则"是"规则"的补充解释

作为一种更常见的情况，原则是其所补充解释之规则的不严格形式。

例如，第八十四章总注释的第五款是章注五（五）的补充解释：

第八十四章章注五（五）：

（五）装有自动数据处理设备或与自动数据处理设备连接使用，但却从事数据处理以外的某项专门功能的机器，应按其功能归入相应的品目，对于无法按功能归类的，应归入未列名品目。

第八十四章总注释的第五款：

根据第八十四章注释五第（五）款的规定，下列归类原则适用于装有自动数据处理装置或与自动数据处理设备连接使用，但却从事某项专门功能的机器：

（一）装有自动数据处理装置，但却从事除数据处理以外的某项专门功能的机器，可按其功能归入有关品目；如无列名品目可归，则应归入未列名品目，但不能归入品目84.71。

（二）与自动数据处理设备一同报验并与其连接使用，但却从事除数据处理以外的某项专门功能的机器，应按下列规则归类：

自动数据处理机应单独归入品目84.71，其他机器归入与其功能相应的品目，除非其符合第十六类注释四或第九十章注释三的规定，则整套机器归入第八十四章、第八十五章或第九十章的其他品目。

两者都旨在说明装有自动数据处理装置或与自动数据处理设备连接使用但却从事某项专门功能的机器的归类方法，但严格来说，章注五（五）和总注释

第五款适用对象的具体范围是存在一定差异的。

第八十四章章注五(五)

从事数据处理以外的某项专门功能的机器	可按功能归类	无法按功能归类
装有自动数据处理设备	归入相应的品目	归入未列名品目
与自动数据处理设备连接使用		

第八十四章总注释第五款

从事数据处理以外的某项专门功能的机器	可按功能归类	无法按功能归类	第十六类注释四或第九十章注释三	
			符合	不符合
装有自动数据处理设备	归入相应的品目	归入未列名品目	无规定	
与自动数据处理设备一同报验并与其连接使用	无规定		一起归类	分别归类

相较于章注五（五），总注释第五款述及的内容虽看似更为丰富，但因未穷尽全部的可能性及对应处置方法，因此只能称作"原则"。

由于此类"原则"单独适用时无法穷尽全部的可能情况，故应配合所补充解释的对应"规则"，一并作为归类的依据。

注：
① 文中未深入讨论那些人为提炼总结的归类原则，因此类原则的理解和表述往往因人而异，故缺乏研讨的基准。

"逐级归类"原则应用案例集解

"逐级归类"是商品归类中的一条基本原则，亦称"同级比较"原则，其内涵可表述为，某一商品在确定所归入的品目或各级子目时，有关的比较只能在同级中进行，其本质则是总规则一及六的相关规定。 以下介绍六组具体运用该原则的案例。

一、改性聚酰胺-6,6切片

39081011.90列有经螺杆二次混炼加入玻璃纤维、矿物质、增韧剂、阻燃剂的改性聚酰胺-6,6切片，是一种经物理改性的聚酰胺。但该商品编码的范围不包括某些以其他聚合物（例如，聚烯烃）为增韧剂的改性聚酰胺-6,6切片（聚酰胺-6,6在整个聚合物中按重量计含量低于95%），因为添加有其他聚合物的聚酰胺-6,6应视为聚合物混合体，并在上级子目3908.10和3908.90作同级比较时，优先归入了3908.90[1]。

二、机器及仪器用塑料零件

本国子目3926.9010列有"机器及仪器用零件"，但该子目的范围其实仅包括第十六类类注一和第九十章章注一排他条款中所列的部分塑料产品（例如，塑料制的"通用零件"），因为根据第三十九章章注二，该章不包括第十六类或第九十章的物品[2]。因此，3926.9010不包括塑料制的轴承滚珠，其应作为滚动轴承的零件归入品目84.82。

三、6405.1010的鞋靴

子目6405.10"皮革或再生皮革制鞋面的"下设有本国子目6405.1010"橡胶、塑料、皮革及再生皮革制外底的"，所以看上去6405.1010应包括皮革或再生皮革制鞋面，橡胶、塑料、皮革及再生皮革制外底的鞋靴。然而，该子目实际上只包括再生皮革制鞋面，橡胶、塑料、皮革及再生皮革制外底的鞋靴[3]，这是因为皮革制鞋面，橡胶、塑料、皮革及再生皮革制外底的鞋靴已经在品目64.03和64.05作同级比较时，优先归入了64.03。

四、换向阀和流量阀

本国子目8481.802和8481.803分别列有"换向阀"与"流量阀"，但两者不包括用于液压或气压传动系统的换向阀或流量阀，因为此类阀门已在上级子目8481.20"油压或气压传动阀"和8481.80"其他器具"作同级比较时，优先归入了8481.20[4]。

五、具有变流功能的半导体模块

本国子目8542.3111列有"具有变流功能的半导体模块"，但该子目不包括结构上不属于集成电路的半导体模块。例如，由两个或两个以上半导体器件组成或由单个半导体器件与其他器件或装置构成的半导体模块，或由IGBT芯片与二极管封装在一起构成的IGBT模块。因为两种模块已在品目的同级比较中，优先归入了品目85.04或85.41。

此外，本国子目8542.3111也不包括功能上不属于处理器或控制器的集成电路功率模块，因为在上级子目8542.31和8542.39作同级比较时，功率模块已经优先归入了8542.39。

六、检测半导体圆片或器件用的仪器

子目9030.82列有"测试或检验半导体圆片或器件用"的仪器，但该子目不包括利用光学手段检测半导体晶圆表面缺陷的仪器，因为后者在品目90.30和90.31作同级比较时，已优先作为其他测量或检验仪器归入了90.31。

此外，子目9030.82也不包括无线电通信领域专用的电性能（电压、电流、电阻或功率除外）检测仪器，因为此类商品在子目9030.4和9030.8作同级比较时，也已经优先归入了9030.4。

注：
① 又见本书《应用篇·生化材料分·改性聚合物的归类》。
② 又见本书《研究篇·规则研究分·商品归类的"互排条款"研究》。
③ 综合分类表：6405101000 再生皮革制鞋面，橡胶、塑料、皮革及再生皮革制外底的鞋靴。
④ 归类决定 Z2006-0706 "油压阀"："……用于液压传动系统的油压阀，应归入税则号列8481.2010。"

"具体列名"原则的比较研究

一般认为，"具体列名"原则就是指总规则三（一），该说见于总规则三的注释一：

一、对于根据规则二（二）或由于其他原因看起来可归入两个或两个以上品目的货品，本规则规定了三种归类方法。这三种方法应按其在本规则的先后

次序加以运用。据此，只有在不能按照规则三（一）归类时，才能运用规则三（二）；不能按照规则三（一）和（二）归类时，才能运用规则三（三）。因此，它们的优先次序为：(1) 具体列名；(2) 基本特征；(3) 从后归类。

不过，习惯上时常也将按照品目条文确定归类的方法称作"具体列名"，而此种方法实际上属于总规则一的范畴：

类、章及分章的标题，仅为查找方便而设；具有法律效力的归类，应按品目条文和有关类注或章注确定，如品目、类注或章注无其他规定，则按以下规则确定。

因此在适用"具体列名"原则时，应注意总规则三（一）和按品目条文归类之间的区别。

一、比较品目具体程度的"具体列名"原则

根据总规则三（一）：

列名比较具体的品目，优先于列名一般的品目。但是，如果两个或两个以上品目都仅述及混合或组合货品所含的某部分材料或物质，或零售的成套货品中的部分货品，即使其中某个品目对该货品描述得更为全面、详细，这些货品在有关品目的列名应视为同样具体。

总规则三（一）的"具体列名"，是通过比较两个或两个以上品目列名的具体程度确定归类的方法，基础是存在两个或两个以上的候选品目条文为货品所符，方法在于对候选品目条文的比较。例如，确定为用于小汽车的簇绒地毯，不应作为小汽车附件归入品目87.08，而应归入品目57.03，因品目57.03所列地毯更为具体。

故知，总规则三（一）的"具体列名"原则，是一种比较品目具体程度的方法，其核心在于"具体"。

二、按照品目条文归类的"具体列名"原则

按品目条文进行归类的"具体列名"，基础是货品符合品目条文及相关的类、章注释，方法在于对列名的适用。在适用条文或注释列名的过程中，一般无须通过其他的注释条款"扩大"品目所包含的商品范围，或对多个待选品目进行比较筛选，而能够直接根据列名归入相应的品目。

因此，谷物分选机按"具体列名"归入品目84.37（种子、谷物或干豆的清洁、分选或分级机器），适用的是按品目条文归类的总规则一，而不是比较

品目具体程度的总规则三（一），因为在整个过程中不存在和其他品目比较列名具体程度的步骤。当考虑其他可能相关的品目，如品目84.38（本章其他品目未列名的食品、饮料工业用的生产或加工机器）的时候，所称"本章其他品目未列名"意味着该品目不包括已在其他品目有具体列名的商品，谷物分选机不归入品目84.38是因为不符合该品目的条文，而不是因为品目84.38的列名不如84.37具体。

故知，总规则一的"具体列名"原则，是一种按照品目条文归类的方法，其核心在于"列名"。

三、两种"具体列名"原则的关系

两种"具体列名"原则分别属于总规则一和三（一）的范畴，两者的区别和关系可归纳为下列形式。

两种"具体列名"原则的区别

归类规定	适用基础	适用方法	核心
总规则一	符合某个品目	按品目条文确定归类	列名
总规则三（一）	符合两个或两个以上的品目	比较品目条文具体程度	具体

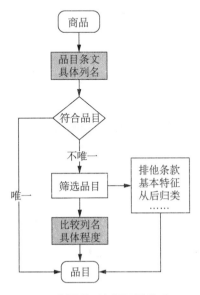

两种"具体列名"原则的关系

"基本特征"原则的比较研究

一般认为,"基本特征"原则是对总规则三(二)的归纳,该说见于总规则三的注释一:

一、对于根据规则二(二)或由于其他原因看起来可归入两个或两个以上品目的货品,本规则规定了三种归类方法。这三种方法应按其在本规则的先后次序加以运用。据此,只有在不能按照规则三(一)归类时,才能运用规则三(二);不能按照规则三(一)和(二)归类时,才能运用规则三(三)。因此,它们的优先次序为:(1)具体列名;(2)基本特征;(3)从后归类。

不过,在总规则二(一)和某些品目注释(如19.01品目注释)中亦见有关"基本特征"的规定,而这些规定与总规则三(二)所称"基本特征"却有着完全不同的内涵[①]。

一、总规则二(一)的"基本特征"

总规则二(一)的完整表述为:

品目所列货品,应视为包括该项货品的不完整品或未制成品,只要在报验时该项不完整品或未制成品具有完整品或制成品的基本特征;还应视为包括该项货品的完整品或制成品(或按本款规则可作为完整品或制成品归类的货品)在报验时的未组装件或拆散件。

总规则二(一)所称"基本特征",为商品构成所归品目的基本特征,故商品的成分或组成应"小于"所归品目。

例如,缺少电动机的手提式电动工具具有完整机器的基本特征,应归入完整的手提式电动工具所在的品目84.67。其中,缺少电动机的手提式电动工具的组成"小于"完整的手提式电动工具所在的品目84.67。

二、总规则三(二)的"基本特征"

总规则三(二)的完整表述为:

混合物、不同材料构成或不同部件组成的组合物以及零售的成套货品,如果不能按照规则三（一）归类时，在本款可适用的条件下，应按构成货品基本特征的材料或部件归类。

总规则三（二）所称"基本特征"，为所归品目构成商品的基本特征，故商品的成分或组成应"大于"所归品目。

例如，由牛肉三明治（品目16.02）和炸土豆片（品目20.04）包装在一起的成套货品，按构成基本特征的牛肉三明治归入品目16.02。其中，由牛肉三明治和炸土豆片包装在一起的成套货品的组成"大于"牛肉三明治所在的品目16.02。

三、19.01品目注释的"基本特征"

根据19.01品目注释第二款关于调制食品的规定：

本品目包括许多种以细粉、粗粒、粗粉、淀粉或麦精为基料的调制食品，不论其所含的这些基料是否重量最重或体积最大，但这些基料构成了调制食品的基本特征。

19.01品目注释所称"基本特征"，为商品的基本特征构成所归品目的基本特征，故商品的成分或组成应"等于"所归品目。

例如，营养米粉是以谷物细粉、粗粒、粗粉为基料的调制食品，这些基料构成了营养米粉的基本特征，应按细粉、粗粒、粗粉制的食品归入品目19.01。其中营养米粉的基料谷物细粉、粗粒、粗粉"等于"品目19.01所列商品的基料构成。

但应注意，并非所有包含"基本特征"规定的品目注释都属于品目19.01这样的情况，不少注释所称"基本特征"其实都是对总规则二（一）或三（二）的引用，例如：

61.16品目注释：

本品目还包括未完成的针织或钩编手套，只要其已具备制成品的基本特征。

96.01品目注释：

覆有或镶有动物质雕刻材料的物品，只要其覆有或镶有的动物质雕刻材料构成了物品的基本特性，就应归入本品目。它们有用兽牙、骨、玳瑁壳或角覆面或镶嵌的木盒子、木箱子等。

比较三种关于"基本特征"的规定，其主要区别在于实际商品和品目所列商品在"基本特征"构成中扮演角色的不同。

三种"基本特征"原则的区别

归类规定	本质	商品与品目的关系
总规则二（一）	商品构成所归品目基本特征	商品"小于"品目
总规则三（二）	所归品目构成商品基本特征	商品"大于"品目
19.01品目注释	商品基本特征构成所归品目基本特征	商品"等于"品目

注：
① 除此之外，在协调制度及其注释中还有不少与总规则三(二)类似的规定，如第三十九章关于共聚物单体单元比例的规定，第十五类关于合金的规定，以及第十六类类关于多功能机器和组合机器的规定等，但这些规定在适用顺序、适用对象或适用方法上均与总规则三(二)存在差异。最为重要的是，这些规定本身不是总规则三(二)。

"从后归类"原则的比较研究

一般认为，"从后归类"原则即指总规则三（三），见于总规则三的注释一：

一、对于根据规则二（二）或由于其他原因看起来可归入两个或两个以上品目的货品，本规则规定了三种归类方法。这三种方法应按其在本规则的先后次序加以运用。据此，只有在不能按照规则三（一）归类时，才能运用规则三（二）；不能按照规则三（一）和（二）归类时，才能运用规则三（三）。因此，它们的优先次序为：(1) 具体列名；(2) 基本特征；(3) 从后归类。

但很多商品的"从后归类"其实是对类注、章注或子目注释的适用，而不是通常认为的总规则三（三），在归类时应注意不同"从后归类"原则的适用条件和范围。

一、化工品的"从后归类"

（一）有机化学品

根据第二十九章章注三的规定，可归入该章两个或两个以上品目的有机化学品,应归入有关品目中的最后一个品目。例如,抗坏血酸既可作为内酯(品目 29.32),也可作为维生素(品目 29.36),因此应从后归入品目 29.36;烯丙雌醇既是一种环醇(品目 29.06),也是一种具有原甾烷结构的激素(品目 29.37),因此应从后归入品目 29.37。但该款不适用注释条款有明确规定除外的情况,如 29.40 品目条文最后一句明确地规定不包括品目 29.37、29.38 及 29.39 的产品,也不适用于第二十九章的子目。

根据第二十九章章注五的规定,该章第一分章至第七分章的酸基有机化合物与这些分章的有机化合物构成的酯,应归入有关分章的最后一个品目,例如,品目 29.04 的苯磺酸与品目 29.05 的甲醇反应所生成的苯磺酸甲酯应归入品目 29.05;第一分章至第十分章及品目 29.42 的有机化合物之间生成的盐,应按生成该盐的碱或酸(包括酚基或烯醇基化合物)归入本章有关品目中的最后一个品目,例如,品目 29.15 的乙酸与品目 29.21 的苯胺反应所生成的乙酸苯胺应归入品目 29.21;配位化合物(第十一分章或品目 29.41 的产品除外)应按该化合物所有金属键(金属-碳键除外)"断开"所形成的片段归入第二十九章有关品目中的最后一个品目,例如,"断开"金属键后包含柠檬酸(品目 29.18)和胆碱(品目 29.23)片段的枸橼酸铁胆碱应归入品目 29.23。

根据 2922.11 至 2922.50 子目注释的规定,如果一种含氧基氨基化合物含有两个或两个以上的连接于同一醚基或酯基上的胺基,这种化合物应按号列顺序归入其可归入的最后一个子目。

(二) 有机合成着色料及相关制品

根据 3204.11 至 3204.19 子目注释的规定,可归入子目 3204.11 至 3204.17 中两个或多个具体列名子目的有机合成着色料及相关制品,应归入有关子目的最后一个子目,但既可用作瓮染料,也可用作颜料的产品,应按瓮染料归入子目 3204.15。

(三) 杀虫剂、杀菌剂、除草剂、消毒剂及类似产品

根据 3808.91 至 3808.99 子目注释的规定,因具有多种用途看起来可归入一个以上子目的货品,一般应按归类总规则第三条确定归类。该款注释是对总规则三(三)的引用,因此可同时作用于真菌和细菌的杀菌消毒剂,应从后归入消毒剂所在的子目 3808.94。

（四）共聚物和聚合物混合体

根据第三十九章章注四的规定，在共聚物或聚合物混合体中，如果按重量计没有任何一种共聚单体单元的含量为最大，共聚物或聚合物混合体应按号列顺序归入其可归入的最末一个品目。因此，由50%乙烯及50%丙烯单体单元组成的乙烯-丙烯共聚物应归入丙烯聚合物所在的品目39.02。

二、材料类商品的"从后归类"

（一）纸

根据第四十八章章注七的规定，符合品目48.01至48.11中两个或两个以上品目所规定的纸、纸板、纤维素絮纸及纤维素纤维网纸，应按号列顺序归入有关品目中的最末一个品目。

（二）混纺产品

根据第十一类类注二（一）的规定，可归入第五十章至第五十五章及品目58.09或59.02的由两种或两种以上纺织材料混合制成的货品，如果没有一种纺织材料重量较大时，应按可归入的有关品目中最后一个品目所列的纺织材料归类。因此，按重量计含有40%的棉、30%的人造纤维短纤以及30%的合成纤维短纤的机织物应归入人造纤维短纤机织物所在的品目55.16，因为在先将合成纤维短纤和人造纤维短纤的比例合并计算归入第五十五章后，品目55.16在可归入的品目中按序号为最末一个。

（三）服装

根据第六十一章章注九或第六十二章章注八的规定，无法区别是男式还是女式的服装，应"从后"按女式服装归入有关品目。

三、机电产品的"从后归类"

根据第十六类总注释第六款及第九十章总注释第四款的规定，多功能机器在不能确定机器的主要功能，而且根据第十六类类注三的规定，也没有作出明确要求的其他规定，可运用归类总规则三（三）进行归类。例如，当多功能机器看起来可归入品目84.25至84.30、品目84.58至84.63或品目84.69至84.72的几个品目时，可运用归类总规则三（三）从后归类。

各类商品"从后归类"时所适用的依据

商品类型	"从后归类"适用的依据
有机化学品	第二十九章章注三
酯、盐、配位化合物	第二十九章章注五
含氧基氨基化合物	2922.11至2922.50子目注释
有机合成着色料及制品	3204.11至3204.19子目注释
杀虫剂、杀菌剂、除草剂、消毒剂及类似产品	总规则三（三）
共聚物、聚合物混合体	第三十九章章注四
纸	第四十八章章注七
混纺产品	第十一类类注二（一）
服装	第六十一章章注九；第六十二章章注八
机电产品	总规则三（三）

因此，除了总规则三（三）和对其进行引用的注释外，类注、章注及子目注释中出现的"从后归类"虽然在适用方法上与总规则三（三）相近，但在适用范围、适用顺序或适用对象上与总规则三（三）均有差异。最为重要的是，这些规定本身并不是总规则三（三）。

商品归类的"互排条款"研究

"排他条款"在归类中的主要作用是确定一种商品归入不同税目的优先层级。例如，根据第三十九章章注二："本章不包括：……（二）品目27.12或34.04的蜡；"因此虽然聚乙烯蜡属于一种聚合物，但因具有品目34.04规定的蜡质特性，则应优先归入品目34.04，而不是第三十九章。这意味着在适用顺序上，排他条款中被排除对象总是优先于排除主体①。

另一方面，注释条款中还存在一种现象，即有两条排他条款，其各自的排除主体和被排除对象间存在交集。因为看上去两者似乎是互相排除的，故将这类条款称为"互排条款"。

一、"互排条款"的适用规则

以第十六类和第九十章的排他条款为例，根据第十六类类注一："本类不包括：……（十二）第九十章的物品；"同时第九十章章注一也有规定："本章不包括：……（七）品目84.13的装有计量装置的泵……"由于品目84.13属于第十六类，相当于第十六类排除了第九十章，而第九十章又排除了第十六类的部分品目，因此第十六类类注一（十二）和第九十章章注一（七）就形成了一组"互排条款"[②]。

虽然在归类实践中，一般都优先适用第九十章的排他条款将装有计量装置的泵归入品目84.13，而不考虑第十六类类注的规定，但鲜有细究其中所隐含的逻辑——第九十章章注的排他条款优先于第十六类类注适用的根本依据为何？

一种诠释是将两条注释整合为"第十六类不包括第九十章的物品，但品目84.13的装有计量装置的泵除外"的形式，而不可能成为相反的形式，因为一个集合只能作为本身所处的更大集合的例外[③]。这种理解方式可以有效解释为何第九十章章注一（七）优先于第十六类类注一（十二）适用的事实，但也存在相当的局限，因其只适用于一个排他条款的被排除对象与另一个排他条款的排除主体相同的情况。例如，第十六类类注一（十二）的被排除对象和第九十章章注一（七）的排除主体相同，均为"第九十章"。

然而在"互排条款"中，一个排他条款的被排除对象并不总和另一个排他条款的排除主体完全相同。例如，根据第三十九章章注二："本章不包括：……（十九）第十七类的航空器零件及车辆零件；"以及第十七类类注二："本类所称'零件'及'零件、附件'，不适用于下列货品，不论其是否确定为供本类货品使用：……（二）第十五类注释二所规定的贱金属制通用零件（第十五类）或塑料制的类似品（第三十九章）；"两条注释的排除主体和被排除对象之间虽然存在交集，但范围并不完全相同，因此不适用前述方法将两者整合为一条等价的条款[④]。

但在实践中，一般仍优先考虑第十七类类注二（二）将塑料制"通用零件"归入第三十九章，而不适用第三十九章章注二（十九）的规定归入第十七类。由此可得出另一个更具普遍适用性的推论：在一组"互排条款"中，被排除对象范围比较具体的条款，通常总是优先于被排除对象范围一般的条款适用。

二、"互排条款"的应用实例

由于"互排条款"的特点是排除主体和被排除对象的范围存在交叉,因此不仅可能以类注或章注的形式出现,同样也可能存在于品目注释,乃至品目条文。

例如,当一种酶制剂同时具有配制的动物饲料属性时,就同时涉及品目23.09和35.07。根据23.09品目注释:"本品目不包括:……(八)第三十五章的蛋白物质。"即归类时应优先考虑第三十五章的蛋白物质,而非品目23.09;而35.07品目条文"其他品目未列名的酶制品"则意味着归类时应优先考虑其他品目已有列名的酶制品,而不是35.07。如果没有一条可以参照的标准,就很难确定23.09品目注释的排他条款和35.07品目条文何者更为优先,确定该商品归类的过程将会十分复杂,但若将23.09品目注释的排他条款和35.07品目条文的"其他品目未列名"视为一组"互排条款",则可提供一种可供操作的基准。

为此,可将35.07品目条文"其他品目未列名的酶制品"等效理解为"本品目不包括任何在其他品目列名的酶制品",以同23.09品目注释的排他条款形成了一组"互排条款"。由于23.09品目注释的排除对象"第三十五章的蛋白物质"属于特定章节的特定物质,而35.07品目条文排除的则是所有成分可能为酶制品的品目,相比之下前者排除对象的范围较后者更为具体,则根据前述推论,应优先适用被排除对象范围比较具体的排他条款,因此用作动物饲料的配制酶制剂应优先适用23.09品目注释的排他条款归入品目35.07,而不是23.09[5]。

在商品归类中,不同税目之间存在互排现象是一个不可回避的事实。为解决这一看似矛盾的现象,本文提出了一条原则,即在一组"互排条款"中,被排除对象范围比较具体的条款,通常总是优先于被排除对象范围一般的条款适用。这一推论可视作一种广义的"具体列名"原则,也可理解为法律体系中特别法优先于一般法适用的原则在商品归类中的引申。

注:
① 第三十九章不包括品目34.04的蜡,第三十九章为排除主体,品目34.04为被排除对象,聚乙烯蜡同时符合第三十九章的聚合物和品目34.04的蜡,故应优先归入被排除对象所在的品目34.04。

② 第十六类类注一（十二）的被排除对象和第九十章章注一（七）的排除主体相同，均为第九十章。

③ 相反形式为"第九十章不包括品目 84.13 的装有计量装置的泵，但第十六类商品除外"，属于"空有其言，但无其实"。

④ 第三十九章章注二（十九）中，排除主体为第三十九章，被排除对象为第十七类的航空器零件及车辆零件；第十七类类注二（二）中，排除主体为第十七类的"零件、附件"，被排除对象为第三十九章的塑料制"通用零件"。两组排除主体和被排除对象之间只是存在交集，但范围不完全相同，故不能整合成为"……不包括……，但……除外"的形式。

⑤ 对于用作动物饲料的配制酶制剂，还有一种思路是适用总规则三（一）的"具体列名"归入品目 35.07，即认为 35.07 品目条文较 23.09 列名更为具体。由于"互排条款"本质上也属于具体程度的比较，故也可认为"互排条款"适用原则其实是"具体列名"原则在注释条款中的进一步扩展。

品目条文包含"基本特征"的现象研究

一般认为，"基本特征"原则主要是指总规则三（二），但在协调制度中，也有一些品目的条文本身就已包含了"基本特征"。以下将结合具体的商品案例，对品目条文包含"基本特征"的现象展开研究。

一、品目条文包含"基本特征"的案例

（一）含有饼干与巧克力的食品

由饼干与巧克力构成的食品可考虑作为其他含可可的食品归入品目 18.06，或者按不论是否含可可的饼干归入品目 19.05。

尽管 19.05 在品目条文明确"不论是否含可可"，但事实上只有那些在整个货品中饼干较可可呈现基本特征的食品才能归入品目 19.05，否则应按其他含可可的食品归入品目 18.06。例如，外层裹巧克力的华夫饼干应归入品目 19.05，但嵌有少量饼干碎片的巧克力则归品目 18.06。

（二）由塑料衬底与胶黏剂组成的胶带

由塑料衬底与胶黏剂组成的胶带可考虑作为黏合剂归入品目 35.06，或是按自黏塑料带归入品目 39.19。

尽管39.19在品目条文明确塑料带可以是"自粘"的，但在实际归类中只有在自黏产品的塑料衬底相对于胶黏剂呈现基本特征时方归入品目39.19，反之则应按黏合剂归入品目35.06。例如，那些塑料衬底仅起保护作用并在使用时丢弃的双面胶应按黏合剂归入品目35.06，而不是作为自黏的塑料带归39.19。

（三）由聚合物溶于90％乙醇的溶液

由聚合物溶于90％乙醇形成的溶液可考虑作为按容量计酒精浓度在80％及以上的未改性乙醇归入品目22.07，或是按第三十二章章注四所述的溶液归入品目32.08。

如果仅根据乙醇的含量，该商品也符合22.07品目条文关于"按容量计酒精浓度在80％及以上"的规定，但一般只有以乙醇为基本特征的产品，如中性酒精，才能归品目22.07，以聚合物为基本特征的溶液则应归入品目32.08。

二、品目条文含"基本特征"现象的讨论

三个案例在归类时均考虑了"基本特征"，但它们的"基本特征"是由品目条文本身所体现，因此不存在对总规则三（二）的适用。

对于品目19.05，尽管其品目条文为"面包、糕点、饼干及其他烘焙糕饼，不论是否含可可"，但作为"含者"的面包、糕点、饼干及其他烘焙糕饼自然应该较作为"被含者"的可可为主。所以归入该品目的商品应以面包、糕点、饼干及其他烘焙糕饼为基本特征，而不应理解为品目19.05包括含有任意比例可可的产品。

在39.19品目条文中，"自粘"和"塑料板、片、膜、箔、带、扁条及其他扁平形状材料"为修饰和被修饰的关系，因此归入该品目的商品应以被修饰的塑料板、片、膜、箔、带、扁条及其他扁平形状材料为基本特征，而不应理解为品目39.19包括任意情况下塑料扁平状材料与胶黏剂的组合物。

根据第三十九章章注四的规定："品目32.08包括由品目39.01至39.13所列产品溶于挥发性有机溶剂的溶液（胶棉除外），但溶剂重量必须超过溶液重量的50％。"，因此在品目32.08所称"本章注释四所述的溶液"中，作为溶质的品目39.01至39.13所列产品应较作为溶剂的挥发性有机溶剂呈现基本特征，而不应理解为该品目包括任何情况下聚合物与有机挥发性溶剂的混合物。

由此可见，协调制度的某些品目条文本身就暗含了"基本特征"，而不同于总

规则三(二)对于"基本特征"的规定。尽管在适用两者时都需要判断商品的基本特征,但在适用包含"基本特征"的品目条文进行归类时,所归商品的成分或组成和最终归入品目所列的商品范围通常是"对等"的,例如,以麦精为基料的调制食品归入品目 19.01;而在适用总规则三(二)按构成商品基本特征的材料或部件归类时,所归商品的成分或组成与最终归入品目所列的商品范围其实是"不对等"的,例如,含牛肉三明治和炸土豆片的成套包装归入品目 16.02①。

注:
① 又见本书《研究篇·规则研究分·"基本特征"原则的比较研究》。

总规则三(二)于多功能货品的适用性研究

多功能货品是指具有两种及两种以上功能的商品。 对于第八十四章、第八十五章和第九十章的多功能机器及仪器来讲,除条文另有规定的以外,应按其主要功能确定归类。 例如,单光子发射断层及 X 射线计算机体层摄影成像系统(SPECT/CT)一般应按具有主要功能的 SPECT 归入品目 90.18①。

然而,多功能货品并不仅限于机器或仪器,一些化工品、材料类商品或机器与非机器的组合货品,也可能具有多种不同的功能②。 此时因货品构成已超出了第十六类或第九十章的范围,故在归类时就不能适用机器及仪器按主要功能确定归类的规定,而常考虑适用总规则三(二)"基本特征"的规定。

另一方面,由于总规则三(二)本身也存在一定的适用限制,故通过分析其具体的适用条件,对总规则三(二)于多功能货品的适用性进行讨论。

一、总规则三(二)的适用条件

虽然通常认为总规则三(二)就是对商品基本特征的确定,但根据其完整表述:

(二)混合物、不同材料构成或不同部件组成的组合物以及零售的成套货品,如果不能按照规则三(一)归类时,在本款可适用的条件下,应按构成货品基本特征的材料或部件归类。

及总规则三（二）的注释：

第二种归类方法仅涉及：

（一）混合物。

（二）不同材料的组合货品。

（三）不同部件的组合货品。

（四）零售的成套货品。

只有在不能按照规则三（一）归类时，才能运用本款规则。

可知该款规则的适用是有一定条件的，主要表现为适用顺序、适用对象和适用方法三个方面：

（一）适用顺序

作为总规则二（二）的延伸，总规则三（二）是在品目条文、章注或类注、总规则二（一）无其他规定，又不能按照总规则三（一）归类时适用的一条规则。

（二）适用对象

总规则三（二）的适用对象仅限于四类商品：混合物、不同材料的组合货品、不同部件的组合货品、零售的成套货品，并未直接提及可适用于具有多种不同功能的多功能货品。

（三）适用方法

总规则三（二）的适用方法是根据"基本特征"，而不是"主要功能"[3]。

因此，不论在适用对象还是适用方法上，总规则三（二）都没有直接述及多功能货品可按主要功能确定归类的方法。

二、多功能货品的归类原则

总规则三（二）不能直接适用于多功能货品，但并不意味着在任何情况下多功能货品的归类都不能适用总规则三（二）。

在某些场合，多功能货品或呈以组合货品的状态。例如，一种由吊扇和顶灯组合而成的多功能货品，吊扇、顶灯两者均可独立使用，即可依据总规则三（二）适用对象包括不同部件的组合货品，按该商品的"主要功能"（实为基本特征）归入品目 84.14 或 94.05。当主要功能（或基本特征）无法确定时，再顺序适用总规则三（三）从后归入品目 94.05。

然而，多功能货品并非总是组合物，如两侧分别为切割刃面和锯齿刃面的工具刀，或同时可用作紧急滑梯和充气筏的飞机逃生滑梯筏等。此时，常依据商品本身的属性归入对应的税目，或适用总规则三（三）从后确定归类⑤。

吊扇灯④

多功能货品归类的一般原则

多功能货品的类型		适用依据	归类方法	商品举例
多功能机器及仪器		品目条文	归入相应税目	加工中心
		第十六类类注三	按主要功能归类	利用可互换刀具加工金属的机床；SPECT/CT
		第九十章章注三		
		总规则三（三）	从后归类	
多功能的其他货品	混合物、组合物、零售成套的货品	品目条文	归入相应税目	中药酒
		总规则三（二）	按主要功能（基本特征）归类	吊扇灯
		总规则三（三）	从后归类	
	其他	品目条文	归入相应税目	带刃口和锯齿的工具刀
		总规则三（三）	从后归类	飞机逃生滑梯筏

注：
① 条文另有规定的情况，主要为已在某些品目具体列名的多功能机器，如品目 84.57 所列可进行多种机械加工操作的加工中心。关于 SPECT/CT 的归类分析见本书《应用篇·机电仪器分·CT 和 ECT 的原理与归类》。
② 例如，可同时作用于真菌和细菌的单方杀菌消毒剂。
③ 严格来说，"基本特征"包括"主要功能"，但不限于"主要功能"。
④ 图片来源：item.jd.com/28415167418.html。
⑤ 带切割刃和锯齿刃的工具刀应作为不论是否带有锯齿的刀归入品目 82.11（总规则一）；可用作紧急滑梯和充气筏的飞机逃生滑梯筏应作为筏从后归入品目 89.07［总规则三（三）］。

我国子目层级的归类条款适用顺序研究

根据总规则六的规定,商品在子目层级的归类应按子目条文或有关子目注释以及各条总规则(在必要的地方稍加修改后)确定,除条文另有规定的以外,也可适用有关的类注、章注。 其中,"除条文另有规定的以外"是指"除类、章注释与子目条文或子目注释不相一致的以外",这意味着在子目层级的归类中,子目条文或子目注释应优先于类、章注释适用。

但是,子目条文既包括有具体列名的情况,也包括列名为"其他"的情况。 在不同的场合,这些"其他"子目相较于类、章注释或某些总规则,往往存在不同的适用情况。 以下结合几组案例,对我国子目层级的各种归类条款,尤其是"其他"子目与章注、总规则三(二)的适用顺序进行讨论①。

一、子目注释与章注适用顺序的比较②

根据总规则六的规定,当子目注释的规定与章注不相一致时,应优先适用子目注释的规定。 例如,第二十九章章注三规定:"可以归入本章两个或两个以上品目的货品,应归入有关品目中的最后一个品目。"但同时第二十九章子目注释二也规定:"第二十九章注释三不适用于本章的子目。"故可于第二十九章品目层级适用的章注三就不能适用于子目。

二、子目条文与章注适用顺序的比较③

子目条文由于存在列为"其他"的情况,因此相较于子目注释,其与章注的关系更为复杂。 一般来讲,具体列名的子目条文应优先于章注适用,但列为"其他"的子目条文与章注的适用关系对于不同的商品往往并不一致,且这种不一致主要存在于本国子目水平。 以下给出三组实例,分别对应于化工品、材料类商品和机电产品。

(一) 有机化合物的无机盐

根据第二十九章章注五(三)1:"第一分章至第十分章及品目29.42的有

机化合物的无机盐,例如,含酸基、酚基或烯醇基的化合物及有机碱的无机盐,应归入相应的有机化合物的品目;"即有机化合物的无机盐应按相应的有机化合物归类。考察该条章注在不同子目结构中的适用情况。

1. 子目条文有"盐"的列名

在第二十九章,许多有机化合物的盐在子目条文是有列名的。例如,2925.1100"糖精及其盐"、2933.3220"六氢吡啶(哌啶)的盐"等。此时有机化合物的无机盐应直接适用子目条文归入列名为"盐"的子目,而无须再考虑适用章注五(三)1的规定,即具体列名的子目条文优先于章注适用。

2. 子目条文无"盐"的列名

在同级没有列名为"盐"的子目,但存在"其他"子目时,有机化合物的无机盐一般归入"其他"子目,而不是适用章注五(三)1归入相应有机化合物所在的子目。例如,"格鲁米特(INN)"列于2925.12,但"格鲁米特的盐"应归入"其他"子目2925.19(十位商品编码29251900.10)。

因此对于有机化合物的无机盐来讲,不论是列名为"盐"还是"其他"的子目,其条文均优先于章注适用。

(二)"铂"的范围

第七十一章的章注和子目注释都有关于"铂"的规定,但由于子目注释二仅适用于部分子目(子目7110.11及7110.19),因此"铂"在该章的品目和不同子目中有着不同的指代范围。

1. 品目所称"铂"

根据第七十一章章注四(二):"所称'铂',是指铂、铱、锇、钯、铑及钌。"因此该章品目条文中出现的"铂",均包括铂、铱、锇、钯、铑及钌。

2. 子目7110.11及7110.19所称"铂"

根据第七十一章子目注释二:"子目7110.11及7110.19所称'铂',可不受本章注释四(二)的规定约束,不包括铱、锇、钯、铑及钌。"因此子目7110.11及7110.19所称的"铂"仅指铂,而不包括铱、锇、钯、铑及钌。

3. 子目7112.92所称"铂"

由于子目注释二只规定了子目7110.11及7110.19"铂"的范围,因此子目7112.92"铂及包铂的废碎料,但含有其他贵金属的地脚除外"中所称的"铂",仍可适用章注四(二)的规定,即包括铂、铱、锇、钯、铑及钌。

4. 子目 7113.192 所称"铂"

在本国子目的层级，一般认为子目 7113.192 所列的"铂"也不能适用章注四（二）的规定，即其范围应仅限于铂，而不包括铱、锇、钯、铑及钌。

这是因为品目 71.13 有着这样的子目结构：先由一级子目 7113.1"贵金属制，不论是否包、镀贵金属"拆分出两个二级子目 7113.11"银制，不论是否包、镀其他贵金属"和 7113.19"其他贵金属制，不论是否包、镀贵金属"，再由二级子目 7113.19 拆分出三个三级子目 7113.191"黄金制"、7113.192"铂制"和 7113.199"其他"。由于第七十一章所称"贵金属"只包括银、金及铂，而子目 7113.11、7113.191 和 7113.192 已经涵盖了银、金、铂，但除此之外却还设置了"其他"子目 7113.199。此时只能认为子目 7113.192 所称的"铂"不包括铱、锇、钯、铑及钌，否则就没有可归入子目 7113.199 的商品了。

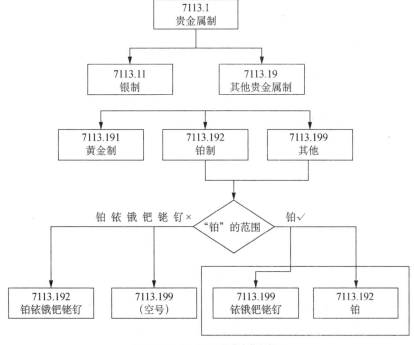

子目 7113.192 所称"铂"的范围推导

因此在第七十一章子目的归类中，"铂"的范围应优先适用子目注释的规定（子目 7110.11 及 7110.19）；子目注释没有规定时，通常也可适用章注（子目 7112.92）；但如果适用章注会导致同级"其他"子目成为"空号"，则应避免"空号"的产生而不适用章注（子目 7113.192）。

（三）机器、仪器或器具的零件、附件

根据第九十章章注二（二）："其他零件、附件，如果专用于或主要用于某种或同一品目项下的多种机器、仪器或器具（包括品目 90.10、90.13 或 90.31 的机器、仪器或器具），应归入相应机器、仪器或器具的品目；"因此第九十章机器、仪器或器具的零件、附件在本身不构成第九十章或第八十四章、第八十五章或第九十一章各品目所包括的货品的情况下，应归入相应的整机所在的品目，而零件、附件在子目层级的归类，根据不同品目下的子目结构，主要包括三种情况：

1. 同级有"零件、附件"子目

例如，品目 90.12 的一、二级子目：

90.12　显微镜，但光学显微镜除外；衍射设备：

　　10　—　　显微镜，但光学显微镜除外；衍射设备

　　90　—　　零件、附件

由于"零件、附件"已在子目 9012.90 列名，因此该品目的仪器及装置的零件、附件应直接按子目条文归入 9012.90，而无须考虑适用章注二（二）归入整机所在的子目。

2. 同级没有"零件、附件"子目，也没有"其他"子目

例如，品目 90.19 的一、二级子目：

90.19　机械疗法器具；按摩器具；心理功能测验装置；臭氧治疗器；氧气治疗、喷雾治疗器、人工呼吸器及其他治疗用呼吸器具：

　　10　—　　机械疗法器具；按摩器具；心理功能测验装置

　　20　—　　臭氧治疗器、氧气治疗器、喷雾治疗器、人工呼吸器或其他治疗用呼吸器具

由于该品目前六位仅列有 9019.10 和 9019.20 两个"整机"子目，同级没有列为"零件、附件"或"其他"的子目，此时可在子目层级适用章注二（二），将零件、附件归入对应的整机子目，如按摩器具的零件、附件应归入按摩器具整机所在的子目 9019.10。

3. 同级没有"零件、附件"子目，但有"其他"子目

这种情况通常存在于本国子目层级，例如，品目 90.18 下本国子目的场合见下表。

税则号列	商品名称
90.18	医疗、外科、牙科或兽医用仪器及器具,包括闪烁扫描装置、其他电气医疗装置及视力检查仪器:
	……
9018.1210	——B型超声波诊断仪
	——其他
9018.1291	———彩色超声波诊断仪
9018.1299	———其他
	……

"彩色超声波诊断仪"列于子目9018.1291,同级没有列为"零件、附件"的子目,但有一个"其他"子目9018.1299。在我国,彩色超声波诊断仪的零件、附件应归入整机所在的9018.1291(十位商品编码90181291.90),即适用章注二(二)的规定,而不是"其他"子目。

因此对于第九十章机器、仪器或器具的零件、附件来讲,列为"零件、附件"子目应优先于章注适用,而章注优先于"其他"子目适用。

在子目归类中,三类商品子目条文与章注的适用关系可归纳如下。

三类商品子目条文与章注的适用顺序比较

商品种类	子目条文与章注的关系
有机化合物的无机盐	"盐"和"其他"子目均优先于章注适用
铂及铂的制品	如果适用章注会导致同级"其他"子目成为"空号",则不适用章注
机器、仪器或器具的零件、附件	"零件、附件"子目优先于章注适用,章注优先于"其他"子目适用

三、子目条文与总规则适用顺序的比较

总规则六及其注释没有明确给出子目条文与其他总规则的适用顺序,但一般来讲,总规则二至五在子目归类中的运用与在品目层级有着类似的方式,而

子目条文与总规则适用关系的矛盾则主要体现在某些复合材料制品对于"其他"子目或总规则三（二）的适用。

（一）橡胶复合垫片

世界海关组织（WCO）曾将一款按重量计 65% 的非海绵状合成硫化橡胶及 35% 软木构成的"成品垫片"按总规则三（二）归入了子目 4016.93[④]，而非同级的"其他"子目 4016.99，即总规则三（二）优先于"其他"子目适用。

（二）玻璃纤维布浸胶制品

浸胶是织物纤维浸上胶浆的过程，常用的浸液包括树脂和橡胶的乳液，因此玻璃纤维布浸胶制品是一种玻璃纤维与塑料、橡胶的复合制品。我国将"玻璃纤维布浸胶制品"以本国子目 7019.902 的形式列在了"其他"子目 7019.90，而不是根据总规则三（二）按基本特征归入子目 7019.3"薄片（巴厘纱）、纤维网、席、垫、板及类似无纺产品"、7019.4"粗纱机织物"或 7019.5"其他机织物"，即"其他"子目优先于总规则三（二）适用。

橡胶复合垫片和玻璃纤维布浸胶制品在子目归类的条款适用顺序如表。

"其他"子目与总规则三（二）的适用顺序比较

商品种类	"其他"子目与总规则三（二）的关系
橡胶复合垫片	总规则三（二）优先于"其他"子目适用
玻璃纤维布浸胶制品	"其他"子目优先于总规则三（二）适用

四、我国子目层级的归类条款适用顺序

通过对总规则六及部分商品子目归类的研究不难总结，我国子目层级归类条款的适用顺序具有如下特点：

1. 子目注释总是优先于章注适用。

2. 具体列名的子目条文，优先于章注适用。

3. 在本国子目的水平，某些商品（例如，有机化合物的无机盐）归类时"其他"子目优先于章注适用；某些商品（例如，铂的首饰及其零件）归类时"其他"子目在一定条件下优先于章注适用；某些商品（例如，机器、仪器及器具的零件、附件）归类时章注优先于"其他"子目适用。

4. 在一、二级子目水平，某些复合材料制品（例如，硫化橡胶复合垫

片）归类时总规则三（二）优先于"其他"子目适用；在本国子目水平，某些复合材料制品（例如，玻璃纤维布浸胶制品）归类时"其他"子目优先于总规则三（二）适用。

其中3和4所描述的不一致情况均与本国子目的设置相关，尚不清此种差异的缘由，待考。

注：
① 所称适用顺序仅针对不同条文规定间存在冲突的情况，若本无冲突，自可配合适用，而无顺序之说。
② 子目注释与类注存在冲突的情况较少，故只讨论子目注释与章注的适用顺序。
③ 子目条文与类注存在冲突的情况较少，故只讨论子目条文与章注的适用顺序
④ 见归类决定 W2005-232 "成品垫片"。

互变异构体的归类规则研究

互变异构（tautomerism）是一种比较特殊的官能团异构现象，它是由于某些有机化合物分子中的原子在不同位置之间迅速移动而产生的构造异构现象，这些构造异构体往往互相迅速变换而处于动态平衡。

互变异构现象[①]

例如，乙酰丙酮作为一类具有酮-烯醇互变异构现象的物质，其酮式符合品目 29.14 所列的酮，烯醇式则符合品目 29.32 所列的氧杂环化合物。 换言

之，乙酰丙酮实际上是两种互变异构体的混合物，那么其到底应该归入品目 29.14 还是 29.32 呢？

以下将结合常见的互变异构现象，对互变异构体的归类规则进行讨论。

乙酰丙酮的互变异构②

一、常见的互变异构现象

（一）酮-烯醇互变异构（keto-enol tautomerism）

一般情况下所有的酮都能发生烯醇式和酮式的互变，差别在于所占含量的大小。如果烯醇式能够形成共轭，则所占比例就会大一些。烯醇式的互变可以被酸或碱催化。

酮-烯醇互变异构③   苯酚的酚-酮互变异构④

（二）酚-酮互变异构（phenol-keto tautomerism）

酚类物质通常存在酮式互变异构体。以苯酚为例，由于形成封闭的共轭体系，苯酚主要以烯醇式结构为主存在。

（三）亚胺-烯胺互变异构（imine-enamine tautomerism）

亚胺-烯胺互变异构是指亚胺与烯胺之间发生的可逆异构化作用，这种互变异构只有当烯胺分子的氮原子上连有氢原子时才能发生。亚胺-烯胺互变异构与酮-烯醇互变异构类似，一般情况下平衡倾向于亚胺一边，但也有少数例外情况，例如苯胺。

亚胺-烯胺互变异构⑤

（四）环-链互变异构（ring-chain tautomerism）

典型的环-链互变异构是葡萄糖的变旋现象（mutarotation）。醛和醇可以形成半缩醛，葡萄糖的开链结构式中既含有醛基又含有羟基，因此分子内也可以发生类似醛和醇的加成反应，形成环状半缩醛结构。在溶液中 α-D-葡萄糖可转变为开链式结构，再由开链结构转变为 β-D-葡萄糖；同样 β-D-葡萄糖也转变为开链式结构，再转变为 α-D-葡萄糖。经过一段时间后，三种异构体达到平衡，形成一个互变异构平衡体系。

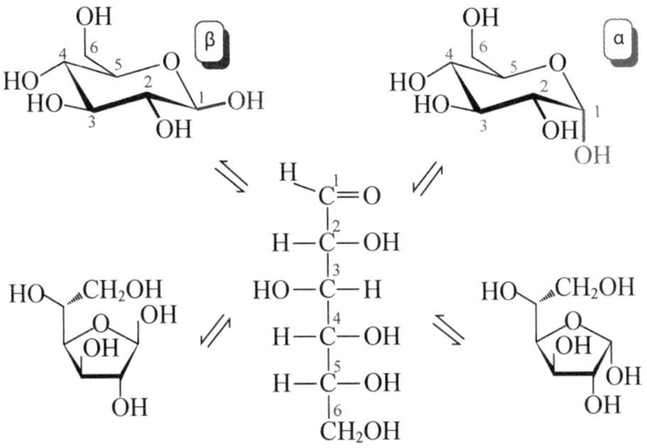

葡萄糖的变旋现象⑥

二、互变异构体的归类研究

尽管互变异构现象普遍存在于有机化合物中，但是有关互变异构体的归类规定在注释却不多见，以下为部分和互变异构相关的条款：

29.08品目注释：

邻-、间-、对-亚硝基苯酚。亚硝基苯酚起互变异构而成的醌肟，仍归入本品目。

29.14品目注释：

酮可有两种互变异构形式，真酮形式（—CO—）及烯醇形式[＝C(OH)—]，这两种形式的酮均归入本品目⑦。

29.21品目注释：

可以反应成为醌亚胺肟类互变异构体的亚硝胺，也应归入本品目。

29.28品目注释：

亚硝基苯酚是醌肟的互变异构体，亚硝胺是醌亚胺肟的互变异构体，它们均不包括在本品目内（参见品目29.08及品目29.21的注释）。

29.33品目注释：

本品目还包括内酰亚胺类，它是内酰胺的烯醇互变异构体（这些物质是酮的异构体）。

理论上，所有包含烯醇、酮、亚胺、亚硝基、单糖等结构的有机化合物都可能存在互变异构现象，但相关注释并未将这些情况一一列举，如协调制度及

其注释就未见任何关于环-链互变异构的规定。

虽然存在环-链互变异构现象的葡萄糖应作为固体糖归入品目 17.02，无论分子处于哪种结构都不影响它的归类，但葡萄糖的一些衍生物，如氨基葡萄糖硫酸钾，其环式和链式就对应于第二十九章的不同品目。而归类决定 Z2006-0124 将一款白色粉末状态的 D-氨基葡萄糖硫酸盐（钾型）作为仅含氧杂原子的杂环化合物归入了品目 29.32[⑧]。

此外，虽然某些互变异构现象的归类在注释中没有明确说明，但根据税目或注释列名可以发现，互变异构体一般是按平衡所倾向的那种结构归类的。以亚胺-烯胺互变异构体为例，平衡倾向烯胺的苯胺就作为氨基化合物归入品目 29.21，而其他倾向亚胺的化合物一般归入品目 29.25。因此，各种互变异构体的归类方法及依据可归纳为下表。

互变异构体的归类方法及依据

互变异构类型	归类方法	归类依据
酮-烯醇互变异构	按酮式归入品目 29.14	29.14 品目注释
酚-酮互变异构	苯酚归入品目 29.07	2907.11 子目条文
亚胺-烯胺互变异构	苯胺归入品目 29.21	2921.41 子目条文
	亚胺归入品目 29.25	2925.2 子目条文
亚硝基-肟互变异构	亚硝基苯酚归入品目 29.08	29.08 品目注释
	亚硝胺归入品目 29.21	29.21 品目注释
酰胺-亚胺酸互变异构	内酰亚胺归入品目 29.33	29.33 品目注释
环-链互变异构	氨基葡萄糖硫酸钾归入品目 29.32	Z2006-0124

注：
① 图片来源：Vaccinationist [Public domain or Public domain], from Wikimedia Commons.
② 图片来源：Vaccinationist [Public domain or Public domain], from Wikimedia Commons.
③ 图片来源：Jü [Public domain], from Wikimedia Commons.
④ 图片来源：Ed (Edgar181) [Public domain], from Wikimedia Commons.
⑤ 图片来源：Jü [Public domain], from Wikimedia Commons.
⑥ 图片来源：Laghi.l [GFDL (http://www.gnu.org/copyleft/fdl.html) or CC-BY-SA-3.0 (http://creativecommons.org/licenses/by-sa/3.0/)], from Wikimedia Common.
⑦ 故乙酰丙酮应归入品目 29.14。
⑧ 归类决定 Z2006-0124"氨基葡萄糖硫酸盐"："氨基葡萄糖硫酸盐为白色粉末，海

关化验鉴定该商品为氨基葡萄糖的盐类,随附文字资料说明该商品为氨基葡萄糖的硫酸复盐,与海关化验鉴定吻合。因此,可确定该商品为'D-氨基葡萄糖硫酸盐(钾型)(D-Glucosamine Sulphate·2KCl)'。根据《税则注释》第二十九章章注五(三)1的规定,'有机化合物的无机盐……应归入相应的有机化合物的税号',因此该氨基葡萄糖的硫酸盐应按氨基葡萄糖归入税则号列2932.9990。"

品目30.02所称"免疫制品"之商品范围注疏

现版第三十章章注二关于品目30.02所称"免疫制品"的规定是在2007版"修饰免疫制品"的基础上①,以增列某些用于免疫调节的物质为目的而修订的②。在不了解其修订背景的情况下,该款注释中出现的许多用语在理解时都具有较大难度,故现予疏解如下:

二、品目30.02所称的"免疫制品"[现版第三十章章注二关于品目30.02所称"免疫制品"由两部分组成:原2007版注释所称的"修饰免疫制品",即单克隆抗体(MAB)、抗体片段、抗体偶联物及抗体片段偶联物;不论是否修饰或通过生物工艺加工制得的其他免疫制品,即白介素、干扰素(IFN)、趋化因子及特定的肿瘤坏死因子(TNF)、生长因子(GF)、促红细胞生成素及集落刺激因子(CSF)等]是指直接[所称"直接"旨在将某些虽对免疫调节过程存在影响,却不属于免疫系统的物质剔除出品目30.02所称"免疫制品"的范畴。这意味着诸如免疫刺激剂(immunostimulant)或抗炎药(anti-inflammatory)这样的产品通常应依据其具体性质或化学结构归于他处。另一方面,某些免疫活性剂(immunological agents for active immunization)则应作为多肽疫苗归入子目3002.20或3002.30]参与免疫过程调节的多肽及蛋白质[所称"多肽及蛋白质"旨在将品目30.02所称"免疫制品"的范围限于多肽及蛋白质类产品(例如,融合蛋白)。这主要是因为"免疫调节剂"的概念过于广泛,不仅包括白介素、干扰素、集落刺激因子、趋化因子,也包括免疫调节性酰亚胺药物(例如,沙利度胺、来那度胺、阿普斯特)与胞嘧啶磷酸鸟苷、寡脱氧核苷酸、葡聚糖等](品目29.37的货品除外),例如,单克隆抗体(MAB)、抗体片段、抗体偶联物及抗体片段偶联物、白介素、干扰素(IFN)、趋化因子及特定的[所称"特定的"旨在明确尽管白介素、干扰素、趋化因子总是与免疫过程相关,但并非所有的肿瘤坏死因子、生长因子、促红细胞生成素及集落刺激因子均会参与免疫过程的调节。"特定的肿瘤坏死因子（TNF）、生长因子（GF）、促红细胞生成素及集落刺激因子（CSF）"意味着品目 30.02 所称"免疫制品"仅包括那些直接参与免疫过程调节的肿瘤坏死因子、生长因子、促红细胞生成素及集落刺激因子。因此，非与免疫过程相关的此类产品应归于他处，如作为其他血份归入子目 3002.12] 肿瘤坏死因子（TNF）、生长因子（GF）、促红细胞生成素及集落刺激因子（CSF）。

注：
① 2007 版第三十章章注二："税号 30.02 所称的"修饰免疫制品"，仅适用于单克隆抗体（MABs）、抗体及抗体片段缀合物。"
② 这些物质虽未直接参与抗原-抗体的反应过程，但却起到了促进或抑制抗体产生的作用。鉴于其功能与免疫调节过程之高相关性，故 WCO 决定将此类直接参与免疫过程调节的产品亦纳至品目 30.02 所称"免疫制品"的范畴。

聚合物混合体子目归类规则注疏

第三十九章总注释末关于"聚合物混合体的归类"是一条在理解时存在相当难度的条款。在所举三例中，以"由聚丙烯（45%）、聚对苯二甲酸丁二酯（42%）和聚间苯二甲酸乙二酯（13%）组成的混合体"的叙述尤为晦涩，其"言虽简，意却繁"，故疏解如下：

本子目注释一的最后一段是关于聚合物混合体归类的规定。它们应按单体单元比例相等、种类相同的聚合物归入相应子目［多种聚合物的混合体应作为相同单体单元的"单一"聚合物归类］。

以下是说明聚合物混合体归类的例子：

——由 96% 的聚乙烯和 4% 的聚丙烯组成［视作单体单元为 96% 乙烯和 4% 丙烯的"单一"聚合物］，比重大于 0.94 的聚合物混合体，应作为聚乙烯归入子目 3901.20，因为乙烯单体单元占整个聚合物［指聚乙烯和聚丙烯］含量的 95% 以上。

——由 60% 的聚酰胺-6 和 40% 的聚酰胺-6,6 组成的聚合物混合体［视作单体单元为 60% 己内酰胺、40% 己二胺和己二酸的"单一"聚合物］应归入子目

3908.90（"其他"子目），因为聚合物中两者［指聚酰胺-6 和聚酰胺-6，6］的单体单元含量均未达到整个聚合物含量的 95% 及以上。

——由聚丙烯（45%）、聚对苯二甲酸丁二酯（42%）和聚间苯二甲酸乙二酯（13%）组成的混合体应归入品目 39.07［章注四："按聚合物中重量最大的那种共聚单体单元所构成的聚合物归入相应品目"］，因为其所含两种聚酯单体单元合起来［章注四："归入同一品目的聚合物的共聚单体单元应作为一种单体单元对待"］超过了聚丙烯单体单元。考虑聚对苯二甲酸丁二酯和聚间苯二甲酸乙二酯单体单元［对苯二甲酸、丁二醇，间苯二甲酸、乙二醇］时，不应考虑其在混合体中如何化合成独立的聚合物［归类时只考虑聚对苯二甲酸丁二酯和聚间苯二甲酸乙二酯的四种单体单元比例，不考虑聚对苯二甲酸丁二酯和聚间苯二甲酸乙二酯各自作为聚合物本身的比例］。在这个例子中，一个聚对苯二甲酸丁二酯单体单元［单指对苯二甲酸单体，不包括丁二醇单体］和另一个聚间苯二甲酸乙二酯单体单元［单指乙二醇单体，不包括间苯二甲酸单体］均与聚对苯二甲酸乙二酯所含的单体单元［对苯二甲酸和乙二醇］为相同的单体单元。然而，该混合体应归入子目 3907.99［相较于子目 3907.60］，因为在仅考虑聚酯的单体单元的情况下［不考虑不归入品目 39.07 的聚丙烯］，按照正确的化学计量比［计算聚对苯二甲酸乙二酯所含的单体单元比例时注意区分重量和物质的量］，所含"其他聚酯"的单体单元［丁二醇单体、间苯二甲酸单体、部分未能与乙二醇单体"形成"聚对苯二甲酸乙二酯的对苯二甲酸单体］超过了聚对苯二甲酸乙二酯的单体单元［乙二醇单体、部分对苯二甲酸单体］。

"合成橡胶"注释条款注疏

　　协调制度关于"合成橡胶"的注释条款在理解时具有一定难度，尤其是第四十章章注四和五分别引入了硫化拉伸试验可添加物质及报验时可含有物质的"双重标准"，非常容易引起适用时的混淆。现对两条注释疏解如下。

　　四、本章注释一和品目 40.02 所称"合成橡胶"，适用于：

　　（一）不饱和合成物质［故不包括二元乙丙橡胶、硅橡胶等饱和合成物质］，即用硫磺［用硫磺硫化的标准仅限于章注四（一），即在试验时不能使用含硫化合物、有机过氧化物、合成聚合物等硫磺以外的其他种类硫化剂，不论该种类别的"合成橡胶"实际硫化时是否以硫磺作为硫化剂］硫化能使其不可逆地变为非热塑物质，这种物质能在温度18～29℃之间被拉长到其原长度的3倍而不致断裂，拉长到原长度的2倍时，在五分钟内能回复到不超过原长度的1.5倍［故亦不包括不符合上述硫化、延伸及回复要求的不饱和合成物质，如ABS树脂］。为了进行上述试验，可以加入交联所需的硫化活化剂或促进剂［硫化活化剂或促进剂限试验时加入，但报验时不可含有，又见章注五］；也允许含有注释五（二）2及3所述的物质［例如，为进行硫化拉伸试验，将胶乳制备为干样时所添加的凝固剂］。但不能加入非交联所需的物质，例如，增量剂、增塑剂及填料；

（二）聚硫橡胶（TM）［无须经章注四（一）硫化拉伸试验加以验证］；以及

（三）与塑料接枝共聚或混合而改性的天然橡胶、解聚天然橡胶以及不饱和合成物质与饱和合成高聚物的混合物，但这些产品必须符合以上（一）款关于硫化、延伸及回复的要求。

五、

（一）品目40.01及40.02不适用于任何凝结前或凝结后与下列物质相混合的橡胶或橡胶混合物［否则应归入品目40.05］：

1. 硫化剂、促进剂、防焦剂或活性剂（为制造预硫胶乳所加入的除外）［报验时不可含，但为进行章注四（一）的试验可加入］；

2. 颜料或其他着色料，但仅为易于识别而加入的除外；

3. 增塑剂或增量剂（用油增量的橡胶中所加的矿物油除外）、填料、增强剂、有机溶剂或其他物质，但以下（二）款所述的除外；

（二）含有下列物质的橡胶或橡胶混合物，只要仍具有原料的基本特性，应归入品目40.01或40.02：

1. 乳化剂或防粘剂；

2. 少量［一般不超过5%］的乳化剂分解产品；

3. 微量［一般低于2%］的下列物质：热敏剂（一般为制造热敏胶乳用）、阳离子表面活性剂（一般为制造阳性胶乳用）、抗氧剂、凝固剂、碎裂剂、抗冻剂、胶溶剂、保存剂、稳定剂、粘度控制剂或类似的特殊用途添加剂。

功能和用途的区分与归合

功能和用途是商品归类中的两个重要概念，尽管两者在很多场合都具有不同的含义，但仍应避免将功能和用途的界线绝对化的倾向，这主要取决于两者在不同语境下的区分与归合。

一、功能和用途的区分

需要对功能和用途进行区分的场合主要存在于某些机电产品的归类，例如多功能机器和多用途机器，第八十四章机器的"功能优先用途"原则等。

（一）多功能机器和多用途机器

1. 多功能机器和多用途机器的概念

多功能机器是指具有两种或两种以上功能的机器，见于第十六类类注三：

三、由两部及两部以上机器装配在一起形成的组合式机器，或具有两种及两种以上互补或交替功能的机器，除条文另有规定的以外，应按具有主要功能的机器归类。

多用途机器是具有多个用途的机器，见于第八十四章章注七：

七、具有一种以上用途的机器在归类时，其主要用途可作为唯一的用途对待。

除本章注释二、第十六类注释三另有规定的以外，凡任何品目都未列明其主要用途的机器，以及没有哪一种用途是主要用途的机器，均应归入品目84.79。品目84.79还包括将金属丝、纺织纱线或其他各种材料以及它们的混合材料制成绳、缆的机器（例如，捻股机、绞扭机、制缆机）。

2. 多功能机器的"功能"和多用途机器的"用途"

根据第十六类总注释第六款关于多功能机器与多用途机器的规定：

多功能机器（例如，利用可互换刀具加工金属的机床），可进行不同的机械加工（例如，铣削、镗削、磨削）。

……

必须注意，多用途机器（例如，金属及其他材料的加工机床，或造纸、纺织、皮革、塑料等工业通用的打孔机），应按第八十四章注释七的规定归类。

因此，多功能机器的"功能"是指机器本身的工作方式，多用途机器的"用途"一般指机器加工对象的属性，故两者属于不同的概念。

(二)"功能优先用途"原则

1."功能优先用途"原则的内容

一般认为，除了品目84.79和84.87之外，第八十四章对机器和机械器具的列目主要包括三种形式：品目84.01至84.24通常根据机器或装置的"功能"列目；品目84.25至84.78及品目84.86通常根据机器或装置的"用途"列目；品目84.80至84.84则为具有通用性的机器部件或零件。另根据第八十四章章注二：

二、除第十六类注释三及本章注释九另有规定以外，如果某种机器或器具既符合品目84.01至84.24中一个或几个品目的规定，或符合品目84.86的规定，又符合品目84.25至84.80中一个或几个品目的规定，则应酌情归入品目84.01至84.24中的相应品目或品目84.86，而不归入品目84.25至84.80中的有关品目。

这意味着机器和机械器具在归类时一般应优先考虑按"功能"列名的品目84.01至84.24，而不是其他按"用途"列名的品目，故通常也将章注二的此项规定归纳为"功能优先用途"的原则①。

2."功能优先用途"原则的"功能"和"用途"

根据第八十四章总注释第四款：

品目84.01至84.24包括的机器设备（一般按其功能列名）可用于各个产业部门。其他品目的机器或装置则大多数按其所应用的工业或其他行业列名。根据本章注释二的规定，可归入两个及两个以上品目的机器及装置，如果其中一个品目属于第一组品目范围（即品目84.01至84.24）的，应归入第一组的有关品目。

因此，"功能优先用途"原则所称"功能"指机器设备的工作方式，"用途"则是指机器所应用的工业或行业，两者的含义也不相同②。

二、功能和用途的归合

很多商品的工作方式与应用领域是存在密切联系的，因此在描述其功能和用途时往往也会采取"归合"的形式。例如，对于杀菌剂和消毒剂来讲，

"杀"和"消"是功能,"菌"和"毒"是用途,因此杀菌和消毒既可称作"功能",也可称作"用途"③。

(一) 功能机组

功能机组是由不同的独立部件组成,并在组合后明显具有一种第八十四章或第八十五章某个品目所列功能的成套设备。根据第十六类类注四:

四、由不同独立部件(不论是否分开或由管道、传动装置、电缆或其他装置连接)组成的机器(包括机组),如果组合后明显具有一种第八十四章或第八十五章某个品目所列功能,则全部机器应按其功能归入有关品目。

功能机组所具有的"功能",应泛指所有在第八十四章或第八十五章的品目中具体列名的功能。对于第八十四章而言,功能机组可能归入的品目既包括按"功能"列名的品目 84.01 至 84.24,也包括按"用途"列名的其他品目。换句话说,功能机组的"功能"同时涵盖了"功能优先用途"原则的"功能"和"用途",即对两者进行了归合。

(二) 通用工业机器人

通用工业机器人是一种可按程序重复进行一套动作的自动机器设备,通过简单更换不同工具即可执行各种功能。根据 84.79 品目注释第一款第七项的规定:

工业机器人用途广泛,例如,适用于焊接、喷涂、搬运、装卸、切割、装配、修剪金属等;用以代替人在有害环境下(例如,接触有毒物品或在粉尘飞扬等环境下)执行任务或从事体力劳动(移动重型物品、重复镗孔等)。工业机器人配有工具夹具及特制工具(例如,钳、抓爪、焊头等),以便进行各种操作。

本品目仅包括简单更换不同工具即可执行各种功能的工业机器人。但本品目不包括具有某种特定功能的工业机器人;这些工业机器人应按其功能归类(例如,归入品目 84.24、84.28、84.86 或 85.15)。

该款注释在描述通用工业机器人时,称"焊接、喷涂、搬运、装卸、切割、装配、修剪金属等"为"用途";在明确具有某种特定功能的工业机器人归类时,又称"品目 84.24、84.28、84.86 或 85.15"为"功能"。由于焊接、喷涂、搬运、装卸、切割、装配、修剪金属等与品目 84.24、84.28、84.86 或 85.15 之间存在一定的对应性④,故在"通用工业机器人"的条款中所称的"功能"和"用途"同样是以归合的形式存在的。

（三）过滤

过滤属于功能还是用途？

如果从品目84.01至84.24是按"功能"列名的角度，那么列于品目84.21所列的"过滤"应视作一种"功能"，但对于品目38.02的活性碳及活性天然矿产品来讲，"过滤"就被称为一种"用途"，见于38.02品目注释第一款：

碳及矿物质为使其适应于某些用途（例如，脱色、吸气或吸湿、催化、离子交换或过滤）而经适当处理（用热、化学品等进行处理），使其表面结构改变后，即称为活性产品。

由此可见，商品的功能和用途在不同语境下其实存在区分与归合两种关系，故在适用与功能和用途相关的注释条款或归类原则时，当分则分，当合则合，切忌执于名相，舍本逐末。

注：
① 不适用于品目84.19、84.22、84.24及84.86，故称"原则"。
② 虽然多功能机器和"功能优先用途"原则中所称"功能"的含义基本一致，但严格来说，多用途机器和"功能优先用途"原则中所称"用途"的范畴却是存在差异的。前者多指加工对象的材料属性，后者则泛指机器所应用的工业或行业，前者的范围通常小于后者。
③ 这是从中文的角度，fungicide和disinfectant同样可依据字根作类似的解析。
④ 品目84.24所列含喷涂；品目84.28、84.86含搬运、装卸；品目85.15含焊接。四者在84.79品目注释"通用的工业机器人"一款注释中，既属于功能，又属于用途。

零件归类的"最小单元"原则研究

发动机是汽车的组成部分，因此内燃发动机的气缸盖，既是发动机的零件，也是汽车的零配件。但在考虑气缸盖的归类时，总是将其作为发动机的零件归入品目84.09，而不是按汽车零件归入品目87.08。同样地，塑料挤出机用的挤出模具零件，应作为模具的零件与模具一并归入品目84.80，而不是按塑料挤出机的零件归入品目84.77。

零件归类中类似这样例子还有很多，其规律可以归纳为：对于包含多个组成单元的设备，如果组成设备的单元在协调制度的品目也有列名，那么整个设备的零件在本身未构成某个品目列名货品的情况下，总是作为其所适用的最小组成单元的零件来归类①。

零件归类的这一规律通常被称为"最小单元"原则。以下将对"最小单元"原则的本质及适用限制进行讨论。

一、"最小单元"原则的本质

在协调制度及其注释的"官方"条款中，其实并没有零件在归类时应该按"最小单元"原则的明文规定，例如，第十六类类注二、第十七类类注三都没有涉及零件所适用"整机"的层级划分问题。因此，"最小单元"原则只是人们根据零件归类的一些现象，凭经验归纳总结得出的一条规律，故称其为"原则"，而不是"规则"②。

另一方面，很多零件的归类在协调制度及其注释是有明确规定的，例如，根据84.09品目注释："本品目包括品目84.07或84.08所列活塞式内燃机的零件（例如，活塞、气缸及气缸体；气缸盖；气缸衬垫；进气阀或排气阀；进气或排气歧管；活塞环；连杆；汽化器；燃料喷嘴）。"故气缸盖作为发动机的零件，而不是汽车的零件归类，从依据适用的角度也可认为只是根据品目注释。因此，"最小单元"可视为通过对列名零件归类规律的提炼，推广至其他未列名零件的一条原则。

然而，如果只是将"最小单元"原则定性为一条由经验总结得出的"非官方"规律，适用时就难免存在依据不充分的问题，因为有很多此类经验性原则，如化工品归类"纯净物按成分混合物按用途"的原则，机器归类"功能优先用途"的原则等，都不同程度地存在各种例外。因此，除了"经验性"之外，"最小单元"原则还需要一个更为有力的"规则性"支撑。

在所有的"官方"归类条款中，总规则三（一）"具体列名"的内涵可认为最接近"最小单元"原则。根据总规则三（一）的注释："如果某一品目所列名称更为明确地述及某一货品，则该品目要比所列名称不那么明确述及该货品的其他品目更为具体。"则仍以发动机的气缸盖为例，因为相较于品目87.08所列机动车辆的零件，品目84.09所列发动机零件更为明确地述及了气缸盖，故气缸盖应优先归入品目84.09③。

由此可见，零件归类的"最小单元"原则虽看似为一条经验性规律，但其本质实为总规则三（一）的"具体列名"原则在零件归类中的延伸。

二、"最小单元"原则的限制

事实上，对于包含多个组成单元的复杂设备，其零件并非在任何情况下都可以适用"最小单元"的原则，这些适用限制主要体现在两个方面。

（一）不存在最小单元

零件归类适用"最小单元"原则的基本前提为最小单元的存在，故某些多功能设备中的部分零件就不能适用该原则。因为对这些零件来讲，并没有所谓最小单元的存在。

例如，某款美容仪可通过替换刷头或按摩头来实现清洁或按摩皮肤的功效，其清洁和按摩的功能只是通过更换工作头来实现，而仪器的其他部分则是"共用"的[④]。美容仪的刷头和按摩头在归类时并没有与之对应的"家用电动器具"和"按摩器具"两种"最小单元"存在，故两者都应随美容仪整机所在的品目归类[⑤]。

（二）不适于共用部件

尽管一些组合式设备中确实存在最小单元，但这并不意味其所有的零件在归类时都可适用"最小单元"原则。

例如，品目85.02的"发电机组"是由发电机与除电动机以外的原动机所组成的机器。发电机与各种原动机在协调制度的品目均有列名，故两者的零件也可适用"最小单元"原则按发电机或原动机的零件归类。如发电机组中汽轮机的转子应作为汽轮机零件归入品目84.06，而不是按发电机组的零件归在品目85.03。

然而，除发电机和原动机外，发电机组的构成也包括一些共用的部件，如发电机与原动机的安装底座等。这些部件既不属于发电机的零件，也不属于原动机的零件，而是两者"共用"的。对于此类共用部件，也不能适用"最小单元"原则，而应作为整个发电机组的零件归入品目85.03。

注：

① 这里的"设备"是广义的，包括任何存在"零件"的物品，而不仅限于第十六类、第十七类或第九十章的货品。此外，这些"设备"不仅要包含多个组成部分，并且这些组成部分本身必须在协调制度的品目列名(而不是最终归入，因为有很多商品可以在品目没有列名的情况

下适用其他规定归入那些品目,例如某些"功能机组"),这为如何"划分"上述的"组成部分"提供了一套标准。

② 又见本书《研究篇·规则研究分·商品归类中的规则和原则》。

③ 因发动机的范围小于包含发动机的机动车辆,故列名为发动机零件的品目84.09较列名机动车辆零件的87.08更为明确地述及了气缸盖。

④ 又见本书《应用篇·机电仪器分·几种美容仪的归类》。

⑤ 刷头和按摩头不能分别按"家用电动器具"的零件和"按摩器具"的零件归类,是因为清洁和按摩两种功能在美容仪中存在不可分割的共用部分,但美容仪中"可分割"的其他部件的零件,如电动机的零件,在归类时仍可适用"最小单元"原则。

▶ 组合货品作为零件的归类原则研究

在协调制度中,零件和组合货品是两个重要概念。零件是机器、仪器或其他器具的组成部分,有很多零件并非由单一的材料或部件构成,因此零件同时也可以是组合货品。组合货品主要包括不同材料构成的组合货品和不同部件构成的组合货品,前者即通常所称的复合材料制品,后者则可进一步细分为"组合机器"与其他不同部件构成的组合货品。

例如,由发电机、电动机和动力分配装置等组成的混合动力汽车传动装置,既是一种组合货品,又是混合动力汽车的零件。但由于协调制度针对零件与组合货品设置的归类规定,如第十六类类注二、三及总规则三等,往往具有不同的适用范围及适用条件,因此在对此类产品进行归类时,就需要对所有相关的规定加以权衡。以下分别对复合材料制品、组合机器及其他组合货品作为零件时所适用的归类原则进行讨论。

一、复合材料制品作为零件

复合材料制品作为零件时的归类规则适用矛盾通常源于一些类、章的排他条款。例如,根据第八十四章章注一的规定,该章不包括陶瓷材料及玻璃制的物品。因此,由陶瓷或玻璃与其他材料复合制成的机器零件看上去就存在按陶瓷或玻璃制品归入第六十九章或第七十章,以及按机器零件归入第八十四章两种选择。

根据第八十四章总注释第一款的规定，装有其他材料制的非主要部件［例如，塞子、接头、旋塞等，夹紧或固定用的圈或环，或其他紧固件或支承件（支架、三脚架等）］的陶瓷或玻璃机器、机械器具或装置应归入第六十九章或第七十章。 另一方面，由陶瓷或玻璃部件与其他材料（例如，金属）制的许多部件组合而成的物品，由许多陶瓷或玻璃制的部件装在永久固定在其他材料制的支架、壳罩或类似品中而组成的物品，以及由陶瓷或玻璃制的固定部件与其他材料（例如，金属）制的发动机、泵等机械部件组合而成的物品，则通常应视为已失去陶瓷制品、实验室用玻璃器、陶瓷或玻璃机器、器具及其零件的特征，故仍应归入第八十四章。

因此，由于第十六类类注一（一）明确该类不包括除硬质橡胶以外的硫化橡胶制的机器、机械器具、电气器具或其他专门技术用途的物品，所以硫化橡胶制的皮囊即使带有钢制的接头，也应作为硫化橡胶制品归入品目40.16①。 这是因为很多"材料"品目本身就允许包含其他材料制的非主要部件。

二、组合机器作为零件

组合机器在归类时适用的主要依据为第十六类类注三："由两部及两部以上机器装配在一起形成的组合式机器，或具有两种及两种以上互补或交替功能的机器，除条文另有规定的以外，应按具有主要功能的机器归类。"但应注意"除条文另有规定的以外"的适用前提，这意味着其他"另有规定"的品目条文及类、章注释均应优先于该款注释适用。 例如，由电扇及调温、调湿装置等装配在一起构成的空调器应直接归入品目84.15，而不是按其中起主要功能的机器归类。

在组合机器作为零件的场合，组合机器是作为某一更大设备的组成部分，由于组合机器本身又是由更小单元的机器组合而成，因此整个系统中其实包含了大、中、小三个层次的"机器"，而较小层级的"机器"均可视为较大层级"机器"的零件。 例如，混合动力汽车的发动机总成是由循环汽油发动机、电气式无级变速箱、发电机、电动机、功率控制单元组成，该商品既是一种组合机器，但同时也是混合动力汽车的零件。

对于混合动力汽车发动机总成归类的规则适用，本质上是对第十六类注三和87.08品目条文适用顺序的比较。 由于组合机器适用第十六类类注三按具有主要功能的机器归类的前提为"除条文另有规定的以外",故在适用顺序上要低于品目 87.08 所列的"机动车辆的零件、附件",所以混合动力汽车的发动机总成应优先归入"零件"品目 87.08,而不是适用类注三按主要功能确定归类。

另一方面,根据相关注释的规定,某些品目的机器本身就允许带有其他的"附属装置"[②]。例如,品目 84.81 的龙头、阀门等即使配有一些附属装置(例如,配有加热或冷却用复壁、短管、端部有喷头的短管、小型喷泉饮水器、闭锁装置等),仍应归入该品目;品目 85.01 的旋转电动机也可配有皮带轮、齿轮或齿轮箱等。这类组合机器即使用作其他设备的零件,仍可归入相应的"机器"品目。

三、其他组合货品作为零件

构成组合货品的部件未必都是机器,因此除了组合机器以外,也存在其他类型的组合货品作为零件的情况。

这类商品的归类方法类似于复合材料制品作为零件时的思路,因为两者都存在对构成部件"主次"的判断。因此,由滚动轴承与法兰、ABS 传感器构成的汽车轮毂轴承应作为汽车零件归入品目 87.08,因为该商品已失去了品目 84.82 所列滚动轴承的特征[③]。

注:
① 见归类决定 J2011 - 0002"蓄能器用带接头皮囊"。
② 第十六类总注释第三款:"附属的仪器及装置(例如,压力计、温度计、水平仪或其他测量或检验仪器、产量计数器、时钟机构开关、控制板、自动调节器等),如果与所属机器设备同时报验,并专用于测量、检测、控制或调节某种机器或装置[可以是组合机器(参见以下第六部分)或者功能机组(参见以下第七部分)],应与有关机器设备一并归类。但用以检测、控制或调节多台机器(不论是否同一类型)的附属仪器及装置应归入其所属的适当品目。"
③ 又见本书《应用篇·机电仪器分·汽车轮毂轴承单元的演化与归类》。

▶ 机器零件和功能机组的"列名"原则研究

第十六类类注二(一)和四,即机器零件和功能机组的归类规定,看上去都包括在第八十四章或第八十五章某个品目"列名"的适用条件。本文通过比较两款注释的英汉版本,对机器零件和功能机组"列名"原则的内涵进行了讨论。

一、机器零件的"列名"原则

根据第十六类类注二(一):

(一)凡在第八十四章、第八十五章的品目(品目84.09、84.31、84.48、84.66、84.73、84.87、85.03、85.22、85.29、85.38及85.48除外)列名的货品,均应归入该两章的相应品目;

因此,已构成第八十四章或第八十五章某个品目(品目84.09、84.31、84.48、84.66、84.73、84.87、85.03、85.22、85.29、85.38及85.48除外)所列物品的零件,即使专用于或主要用于某种机器,也应归入相应的"列名"品目。例如,液体泵(品目84.13)、压缩机(品目84.14)、加热电阻器(品目85.16)。

二、功能机组的"列名"原则

根据第十六类类注四:

四、由不同独立部件(不论是否分开或由管道、传动装置、电缆或其他装置连接)组成的机器(包括机组),如果组合后明显具有一种第八十四章或第八十五章某个品目所列功能,则全部机器应按其功能归入有关品目。

因此,已明显具有第八十四章或第八十五章某个品目所列功能的机器或机组,即使构成机器或机组的各独立部件单独报验时应分别归入不同的品目,整套设备也应一并归入相应的"列名"品目。例如,由液压动力机组(主要由液压泵、电动机、控制阀及油箱组成)、液压缸及连接液压缸和液压动力装置所需的管道构成的液压系统(品目84.12)。

三、两种"列名"原则的内涵

机器零件和功能机组的两种"列名"原则,即类注二(一)"在第八十四章、第八十五章的品目列名"及类注四"明显具有一种第八十四章或第八十五章某个品目所列功能",虽看似含义相近,但从两者的原文"included in any of the headings of Chapters 84 or 85"及"a clearly defined function covered by one of the headings in Chapter 84 or Chapter 85"看，两款注释所谓的"列名"原则其实具有完全不同的内涵。

在类注二（一）"在第八十四章、第八十五章的品目列名（included in any of the headings of Chapters 84 or 85）"中，"included"被译作"所列"，看上去有"列名"的意思，但"included"实指"包括"，"包括"机器零件的品目既可以是"列名"的，也可以是"未列名"的①。例如，由装有偏心轮的电机构成的震动马达是"未列名"的，但品目84.79"包括"了它，因此即使震动马达用作其他机器的专用零件，仍可适用类注二（一）归入品目84.79②。

在类注四"明显具有一种第八十四章或第八十五章某个品目所列功能（a clearly defined function covered by one of the headings in Chapter 84 or Chapter 85）"中，"a clearly defined function"被译作"明显具有……所列功能"，看上去也有"列名"的意思，但"a clearly defined function"侧重于功能定义的明确性，即具有一种某个品目明确定义的功能，而不是"列名"。例如，尽管普通的装配工作台应按未列名的具有独立功能的机器及机械器具归入品目84.79，但由传送带、机械手、装配工作台和检测设备构成的装配生产线应该分别归类，因为"装配"不属于一种某个品目"明确定义"的功能。

机器零件和功能机组两种"列名"原则的内涵③

商品	规定	译文	原文	内涵
机器零件	类注二（一）	在第八十四章、第八十五章的品目列名	included in any of the headings of Chapters 84 or 85	品目包括
功能机组	类注四	明显具有一种第八十四章或第八十五章某个品目所列功能	a clearly defined function covered by one of the headings in Chapter 84 or Chapter 85	功能明确

注：
① 第十六类总注释第二款的译文也存在类似的问题，其中"covered"应指"包括"，但被译作"所列"，"appropriate heading"应指"适当的品目"，但被译作"具体列名的品目"。
② 见归类决定W2005-376"震动马达"。
③ 在实际操作中，有关机器零件和功能机组"列名"原则的适用差异主要在于对

8479.8999 或 8543.7099 这些"未列名"商品编码的处置，而通常不涉及那些"未列名"品目下的"列名"子目（例如，子目 8543.10 的"粒子加速器"），但这种做法也衍生了一系列规则适用的争议和矛盾。

▶ "功能机组"于"零件"品目的适用性研究

一般认为，第十六类关于"功能机组"的规定多适用于"整机"品目，如液压系统（品目 84.12）、冷藏设备（品目 84.18）、灌溉系统（品目 84.24）等，却鲜有将不同独立部件组成的机器或机组归入"零件"品目的例子。

但根据第十六类类注四：

四、由不同独立部件（不论是否分开或由管道、传动装置、电缆或其他装置连接）组成的机器（包括机组），如果组合后明显具有一种第八十四章或第八十五章某个品目所列功能，则全部机器应按其功能归入有关品目。

即由不同独立部件组成的机器（包括机组）按"功能机组"一并归类的条件为"组合后明显具有一种第八十四章或第八十五章某个品目所列功能"。 由于第八十四章和第八十五章除"整机"品目以外，也包括某些列名为"零件"的品目（例如，品目 85.29），故对"功能机组"于"零件"品目的适用性进行讨论。

以 85.29 品目注释第二款所列商品为例：

二、用于无线电广播或电视广播接收天线的旋转系统，该系统主要由一个电动机及一个控制盒组成。电动机装在天线杆上使之转动。控制盒则是独立的，用于天线的跟踪及定位。

所列用于无线电广播或电视广播接收天线的旋转系统主要由一个电动机及一个控制盒组成，而单独报验的电动机和控制盒分别属于品目 85.01 与品目 85.37（或 90.32）的商品。 在组成旋转系统的场合，两者均为独立部件，故结构上不符合"组合机器"的规定。 同时，两者亦未适用总规则三（二）按构成基本特征的部件，或按电动机和控制器分别归类。 将作为独立部件的电动机和控制盒一并列于"零件"品目 85.29，在规则适用上，只可能是将两者视为"功能机组"①。

因此，在符合"组合后明显具有一种第八十四章或第八十五章某个品目所列功能"的前提下，由不同独立部件组成的"功能机组"其实也有可能归入某些"零件"品目，而不限于通常认为的"整机"品目。

然而，不同的独立部件一同报验时，即使用于相同的设备，也并非总能构成"零件"品目所列的"功能"。例如，非成套的控制装置和执行机构一同报验时，因为两者无法通过组合来实现某一品目所列的功能，在这种情况下就不能视两者构成了"功能机组"。

天线旋转器②

注：

① 归类实践中，亦有观点认为如果一种由不同独立部件组成的机器（包括机组）在品目注释具体列名，即可"跳过"适用第十六类类注四的步骤，而直接根据品目注释归入该品目。按此逻辑，如84.12品目注释列有"液压系统"，故"液压系统"在归入品目84.12的过程中便无须适用类注四。本文没有采用这种观点。

② 图片来源：item.jd.com/21042724783.html.

齿轮及齿轮传动装置注释条款注疏

在84.83品目注释第三款"齿轮及齿轮传动装置（包括摩擦轮）及链轮"中，"齿轮""齿轮传动装置"及"带齿的轮"三者的关系在理解时具有一定难度，或进而引起对子目8483.40所列"齿轮及齿轮传动装置，但单独报验的带齿的轮、链轮及其他传动元件除外"与8483.90所列"单独报验的带齿的轮、链轮及其他传动元件"之间范围的混淆，现疏解如下：

三、齿轮[gears，种类有带齿的轮子、圆筒、圆锥、齿条或蜗杆等，单独报验的齿轮归入子目8483.90，一同报验的成组齿轮归入8483.40]及齿轮传动装置[gearing，指多个齿轮构成的"齿轮系"①]（包括摩擦轮）及链轮

齿轮系②

一般的齿轮是带齿的轮子、圆筒、圆锥、齿条或蜗杆等［解释"齿轮"的种类，包括轮、筒、锥、条、杆等，所以"齿轮"未必是"轮"］。在由多个齿轮组成的齿轮传动装置中［原文为"In an assembly of such gears"，不是标题中的"齿轮传动装置（gearing）"］，各齿轮的齿互相啮合，用以将旋转运动从一个齿轮依次传送到另一个齿轮。按各个独立装置的齿轮齿数状况，旋转运动可以同速传送、加速传送或减速传送［但不包括"齿轮箱及其他变速装置"］。按齿轮种类及其啮合角度的不间［ "间"当作"同"，原文疑误］，可改变传动方向，或将旋传［ "传"当作"转"，原文疑误］运动变成直线运动，反之亦然（例如，利用齿条及小齿轮进行传动转换）。

本组包括各种齿轮，包括简单的嵌齿轮、斜齿轮、锥形齿轮、螺旋齿轮、蜗杆、齿条及小齿轮、差动齿轮等，以及由多个上述齿轮组成的齿轮传动装置［原文为"assemblies of such gears"，不是标题中的"齿轮传动装置（gearing）"］。也包括用于传动链的带齿轮盘或类似轮子［即链轮（sprockets）］。

本组也包括摩擦轮。摩擦轮有轮状、盘状或圆筒状，当分别将其装在主动轴及从动轴上时，可利用互相之间的摩擦传递动力。这种装置通常是用铸铁制成，有时在摩擦面上覆以皮革、木料、粘合纤维或其他材料以加大摩擦力。

注：
① 《韦氏大学英语词典》：gearing - a parts by which motion is transmitted from one portion of machinery to another; especially: a train of gears.
② 图片来源：Andy Dingley (scanner) [Public domain], via Wikimedia Commons.

装有工作机器的机动车底盘或货车归类规则注疏

87.05品目注释中"装有工作机器的机动车底盘或货车"一款主要为说明品目87.05的特殊用途机动车辆与品目84.26、84.29或84.30等自推进式机器的区别，但限于翻译等原因，该款注释在理解时存在一定的难度，现疏解如下：

装有工作机器［working machines，即下文所称"作业机器"］的机动车底盘或货车［motor vehicle chassis or lorries（trucks），84.26和84.30品目注释译为"汽车底盘或卡车"，下同］

必须注意，凡带有起重或搬运机器、土地平整、挖掘或钻探机器等［即工作机器（或作业机器）］的车辆，至少必须配备下列机械装置［指归入品目87.05的必要条件，但不是充分条件，因为还存在两种例外的情况，见下文］，在实质上构成了一台基本完整的机动车底盘或货车，才能归入本品目：推进发动机、变速箱及换档操纵装置、转向及制动装置［即下文的"推进或中心部件"］。

另一方面［例外的第一种情况，当工作机器（或作业机器）不是完全与机动车底盘组成一个整体时］，装在轮式或履带式底盘上的自推进式机器（例如，起重机、挖掘机），如果上述一种或多种推进或中心部件［指推进发动机、变速箱及换档操纵装置、转向及制动装置］装在作业机器［即标题的"工作机器"，下同］的驾驶室［应指"覆盖件"①，下同］内，则不论整台机器是否可以依靠自身的动力在道路上行驶，仍应归入品目84.26、84.29或84.30等。

同样，本品目不包括带有轮子的自推进式机器［例外的第二种情况，当工作机器（或作业机器）完全与机动车底盘组成一个整体时］，它的底盘和作业机器经特制相互构成不可分割的成套机械设备（例如，自推进式平路机）。在这种情况下，作业机器不是简单地装在一个机动车底盘上，而是完全与机动车底盘组成一个整体。机动车底盘尽管可装配有上述汽车的关键部件［不论是否装在工作机器的"覆盖件"内］，但只能作为机器部件使用［原文为"cannot be used for other purposes"，即不能用作其他的用途］。

但必须注意，配有内装式设备的机动犁雪车或吹雪车一律归入本品目［对应于84.30品目注释："装有扫雪及吹雪设备的第十七类所列运输工具不归入本品目。"］。

注：
① 又见本书《研究篇·译文研究分·装有工作机器机动车辆的注释译文研究》。

译文研究分

注释译文差缪综述

研习归类过程中的障碍，除因协调制度本身的专业性外，也可能源于注释译文与原意的偏离。

协调制度由英文和法文两种文字写成，英文和法文是形合文字，两者之间百分之九十以上可以对等。但中文是意合文字，这意味着《税则》和《税则注释》中许多译文都无法做到与原文完全对等，这是由中西方语言的特点所决定的。

翻译有直译和意译，判断注释译文有否达标，最重要的就是看内容上是否忠实于原文。协调制度不是文学作品，故在形式和内容发生冲突时，译文可以放弃"形美"而采用直译，以求在内容上尽可能忠实于原文。但直译不等于硬译，硬译既无形美，也不达意。另一方面，原文的某些条款不适合直译，如果直译会严重影响译文的通顺，所以偶尔会采用意译。但意译不等于滥译，如果在形式和内容上都不忠于原文，就属于滥译。

形式主义的硬译和自由主义的滥译都是翻译《税则》与《税则注释》时应防止的两种偏向。存在差缪的注释译文或偏离原文含义，或容易引起歧义，归纳起来主要有曲解原意、异物同译和形不达意三类问题。

一、曲解原意

注释某些译文与原文意思的偏差，是由纯粹的曲解原意所造成的。

（一）"whether...or..."译作"不论是否……或……"①

《税则》和《税则注释》似乎存在将"whether...or..."译为"不论是否……或……"的倾向。"不论是否……或……"对应的英文应为"whether or not...or..."，而不是"whether...or..."。

严格来说,"whether...or..."和"whether or not...or..."所指代的范围是不同的。前者只在两者间择其一,后者除了两者之外,也包括了不属于两者的情况,故在适用范围上会大于前者。换句话说,将"whether...or..."译为"不论是否……或……"会扩大原文的适用范围。

在12.11品目注释有关药用植物的条款中,"whether for therapeutic or prophylactic purposes"意为"供治疗或预防疾病用",但现译"不论是否治疗或预防疾病用"将条款的适用范围扩大到了"非供治疗或预防疾病用"的情况,从而与注释的其他部分产生了矛盾。

在第十六类类注四关于功能机组的规定里,"whether separate or interconnected by piping, by transmission devices, by electric cables or by other devices"意为"不论分开或由管道、传动装置、电缆或其他装置连接",但现译"不论是否分开或由管道、传动装置、电缆或其他装置连接"意味着除了"分开"或"由管道、传动装置、电缆或其他装置连接"之外,还包括"非分开"或"非由管道、传动装置、电缆或其他装置连接"的情况。现译扩大了功能机组的范围,导致其看上去与某些组合机器的连接方式产生了交叉。

(二)"not...and..."译作"都不"②

"not...and..."表示部分否定,且被否定的通常为 and 后面的内容,故不同于"not...or..."的完全否定,但 25.06 品目注释却将"not...and..."译作了表示完全否定的"都不"。

在 25.06 品目注释关于归入该品目的石英须符合的两款规定中,"It must not be of a variety and quality suitable for the manufacture of gemstones"被译为"品种和质量都不适合于制造宝石"。但石英是第七十一章附录列名的宝石种类,故其实并不存在石英在品种和质量上都不符合宝石的情况,而这一逻辑矛盾完全是由将"not...and..."曲译为"都不"造成的。

(三)"solvents"译作"有机溶剂"③

"solvents"是溶剂的意思,溶剂既包括有机溶剂,也包括水或水与水溶性溶剂的混合物组成的"水介质"。将"solvents"译作"有机溶剂",其实是缩小了注释可适用的商品范围。

在 32.15 品目注释第一款关于"印刷油墨"的规定中,"dispersed in oils or dissolved in solvents"被译为"分散于油或溶于有机溶剂中",从而导致一些水性产品(例如,某些水性喷墨墨水)在中文注释下不能作为印刷油墨归类。但这完全是由对条文原意的曲解所造成。因为"印刷油墨"的原文为"printing inks",而 ink 既可指油墨,也可指墨水,因此并不限于非水性的产品。

（四）"Non-electrical articles"译作"非电器用"④

子目 6815.10 的原文为"Non-electrical articles of graphite or other carbon"。

"Non-electrical articles"是"非电气器具","of"在这里指"由……制成的……",所以子目 6815.10 应指"石墨或其他碳精制的非电气器具"。

而在现译"非电气器用的石墨或其他碳精制品"中,"非电气器具"被简化为"非电器","of"被译作"……用的……"。但电器在中文习惯里一般指用电的器具,而不是电气器具,且"……用的……"和"由……制成的……"的意思也不相同。

结果相较于"Non-electrical articles of graphite or other carbon"的原意,现译 6815.10 子目条文看上去就变成了"非用于用电器具的石墨或其他碳精制品"的意思,完全曲解了原文中"Non-electrical articles"与"graphite or other carbon"的关系。

（五）"other than"译作"但……除外"⑤

"other than"的意思是"除了……之外",本来并没有转折的意思,但在 85.05 品目注释第三款关于机床用夹具的规定中,"other than"被译为"但……除外",凭空增添了一层转折关系。

由于转折的对象"用于机器的夹具"是为品目 85.05 所包括的,因此经转折后就产生了品目 85.05 不应包括"机床用的夹具"的歧义,而这都是由对注释原意的曲解所造成的。

（六）"complete automatic control systems"译作"完整控制系统"⑥

在 90.32 品目注释关于第一类自动控制仪器及装置的条款中,"complete automatic control systems"被译为"完整控制系统"。complete 虽然有完整的意思,但也可解释为完全(absolute)。因为协调制度本身就包括不完整品作为完整品归类的规定,所以通常并不需要特别在注释中强调某种商品的完整性。

在 90.32 品目注释第二款,"complete automatic control systems"就被译为"全自动控制系统",因此注释第一款所称的"完整控制系统",其实应指"全自动控制系统"。

二、异物同译⑦

异物同译是将不同英文名称的货品译为相同中文名称的情况,如果孤立地看待每组原文和译文,不能算是偏离了原意。但相同的译名会让《税则》和《税则注释》的普通使用者,特别是那些"列名"偏好者误将原本相异的存在视为同样的商品。

（一）天青石⑧

25.30品目注释及第七十一章附录所列"天青石"是两种不同的矿物。

品目25.30"天青石"的英文为"Celestite",是一种硫酸盐矿物,属于天然宝石。第七十一章"天青石"的英文为"Lapis",是一种碱性硅酸盐矿物,属于天然玉石。

虽然25.30注释以括号的形式提示该品目的"天青石"为一种天然硫酸锶,以区别于第七十一章的青金石系"天青石（Lapis）",但如果不具备一定的矿物学和宝石学知识,还是很容易误解两种"天青石"为质量不同的同系矿石。

（二）衣帽架⑨

44.20与94.03品目注释所列"衣帽架"其实是两种不同的家具。

品目44.20"衣帽架"的原文为"coat or hat rack",品目94.03的"衣帽架"为"hall stands"。虽然rack和stand都有"架"的意思,但品目94.03的"衣帽架"是一种落地式的家具,而44.20的"衣帽架"一般指固定于墙壁的非落地式衣帽架。

（三）脚踏板⑩

83.02与87.08品目注释都列有"脚踏板",但两者对应于不同的车辆附件。

品目83.02"脚踏板"的原文为"foot rests",指车厢中用于搁脚的支撑物,而87.08所列"脚踏板"为"running-boards",指车身侧面助于进入车辆的踏板。

从表达意思的程度来讲,原文"foot rests"和"running-boards"可以大致反映两种商品的功能,但译文"脚踏板"却无从提供此方面的信息,特别是没能译出"foot rests"的"静态"和"running-boards"的"动态"。译文虽不至于歪曲原文,但表达意思的程度明显不如原文。

（四）机床附件⑪

84.66品目条文和8466.30子目条文列有两种不同的机床"附件"。

两种"附件"的原文分别为"accessories"和"attachments"。其中 accessory 指非必需的"附件",属于与"零件"相对的概念,attachment 则指作为附属装置的"附件",故在 84.66 品目注释中被译为了"装置"。

同时,子目 8466.30 中所称"附件"的原文也是"attachments",并不是与零件相对的 accessory,但现译会造成子目 8466.3 和 8466.9 是以附件和零件进行区分的错觉。

(五) 焊头⑫

85.15 品目注释在整机和零件部分列有两种不同的"焊头"。

注释第一款的"焊头"英文为"welding head",零件部分的"焊头"为"soldering heads"。weld 和 solder 是两种不同的焊接方式,weld 为熔焊,solder 是钎焊。译文只译出了"焊",但未能体现出是哪种焊,故此处译文不仅在表达意思的程度上劣于原文,同时也会让人产生"焊头"究竟应作为焊接设备的整机还是零件归类的困扰。

(六) 变阻器⑬

85.33 和 85.41 品目注释中都出现了"变阻器"。

85.33 品目注释第二款"变阻器"的英文为"Rheostats",是一种可变电阻器;85.41 品目注释第一款第三项排他条款中出现的"变阻器"英文为"varistors","varistors"在 85.33 品目注释中被译作"压敏电阻器",其电阻率可随施加电压发生变化,属于 85.33 品目注释第一款第五项"非线性电阻器"的一种。

两种"变阻器"分别对应 85.33 品目注释的不同款项,其实是两种工作原理完全不同的电阻器。

三、形不达意

除了曲解原意和异物同译外,注释译文的差缪更多则表现为"形不达意"。形不达意一般包括两种情况:一是译文机械适用原文的常规释义,没有根据具体语境作相应调整,译文的形达不到原文的意,因此只能算硬译;二是译文片面追求"形美",而在内容上违背了原意,如果在形式和内容上都不符合原文,那么就是滥译。

(一) 非天然苷的"乙缩醛基"⑭

29.38 品目注释关于非天然苷的排他条款中,"actel"被译作"乙缩醛"。

虽然"actel"确实有乙缩醛的意思，但苷是由糖或糖的衍生物与非糖物质通过糖的半缩醛或半缩酮羟基与苷元脱水形成的一类化合物，所以一般不太可能含有乙缩醛基。

由于糖分子的环式结构本来就是由链式中的醛基和一分子羟基反应得到一个半缩醛所形成的，而在与糖苷配基形成苷的时，其半缩醛的羟基通过醚化反应正好可以与另一个醇羟基形成一个缩醛基，故在此语境将"acetal"译作其另一个意思"缩醛"，显然更符合苷的性质。

（二） 化学改性聚合物[15]

第三十九章章注五是有关化学改性聚合物归类的规定，但该款注释将"that is"引导的从句直译为"即……"，会让人觉得章注五不仅规定了化学改性聚合物的归类方法，还将其定义为"聚合物主链上的支链通过化学反应发生了变化的聚合物"，而这一定义其实是有悖于专业领域对化学改性聚合物的认知的。

现译关于化学改性聚合物"定义"的原文为"in which only appendages to the main polymer chain have been changed by chemical reaction"，在语法上属于定语从句，因此可认为"in which"后的内容是对化学改性聚合物的修饰，而不是定义。 换句话说，除了章注五规定的化学改性聚合物之外，还存在其他类型的化学改性聚合物，但它们在归类时不受限于章注五的归类规定。

（三） 工作机器的"驾驶室"[16]

87.05品目注释关于"装有工作机器的机动车底盘或货车"的条款规定："……如果上述一种或多种推进或中心部件装在作业机器的驾驶室内，则不论整台机器是否可以依靠自身的动力在道路上行驶，仍应归入品目 84.26、84.29 或 84.30 等。"但自推进式机器的推进或中心部件通常并不会装于作业机器的驾驶室内。"驾驶室"的原文为"cab"，cab 其实也有 shelter 的意思，显然对自推进式机器来讲，将用于安装推进或中心部件的 cab 译作"覆盖件"更符合商品实际。

（四） 水平仪和水准仪[17]

"水平仪"和"水准仪"的列名见于子目 9015.30 及 90.15 和 90.31 品目注释，两者的原文均为"levels"。 但在中文环境下，一般将水平仪归为机械量检测仪器，光学水准仪归为大地测量仪器。 因此，归入品目 90.15 的商品应称为"水准仪",而非子目 9015.30 所译之"水平仪"。

（五）陶瓷与陶、瓷⑬

69.12 品目条文的原文为"Ceramic tableware, kitchenware, other household articles and toilet articles, other than of porcelain or china",指"陶瓷餐具、厨房器具及其他家用或盥洗用器具,但瓷制的除外"。

虽然在字面上,除瓷以外的陶瓷看上去就是陶,所以现译将 69.12 品目条文译为"陶餐具、厨房器具及其他家用或盥洗用陶器",但第六十九章的陶瓷其实也包括陶器和瓷器之外的陶瓷材料。所以现译将"Ceramic... other than of porcelain or china"译作"陶",虽然与 69.11 品目条文中的"瓷"形成了字数上"一陶一瓷"的工整,但实际上却缩小了品目 69.12 的范围。

四、历版差缪

《税则》与《税则注释》的译文其实在每一版都有不同程度的改进,如 2017 版注释就对 2012 版中不少存在瑕疵的地方进行了修正。

（一）汽酒的规定

22.04 品目注释有关"汽酒"的注释原文为:

Sparkling wines. These wines are charged with carbon dioxide, either by conducting the final fermentation in a closed vessel (sparkling wines proper), or by adding the gas artificially after bottling (aerated wines).

"charge"有装载和充电的意思,所以 2012 版注释将"are charged with"译成了"加入":

汽酒,即最后发酵过程中在密封容器内加入二氧化碳的葡萄酒（原装汽酒）,或装瓶后人工充气的葡萄酒（充汽酒）。

但原装汽酒里的二氧化碳是自然发酵产生的,而不是"加入"的,2012 版注释将"are charged with"译为"加入"没有考虑具体的语境,故存在一定硬译的倾向⑲。

2017 版注释则对该问题进行了修正,"are charged with"改译成了"含有":

汽酒,这类葡萄酒中含有二氧化碳,二氧化碳是在密封容器中最后发酵产生（原生起泡酒）,或装瓶后人工充入（充汽酒）。

(二) 宝石名称

2012版《税则注释》中有不少宝石的译名都不符合 GB/T 16552-2010《珠宝玉石 名称》规定的标准名称,比如将"smoky quartz"译作"墨晶","amethyst"译作"紫石英","rose quartz"译作"蔷薇石英"。 2017版注释根据 GB/T 16552-2010 规范性附录中的宝石名称,将三者的译名分别调整为"烟晶""紫晶"和"芙蓉石"[20]。

(三) 液压动力装置

在2012版《税则注释》,84.12品目注释第二款中的"HYDRAULIC POWER ENGINES AND MOTORS"和"hydraulic power unit"均被译为"液压动力装置"。 但前者为第二款的标题,后者属于液压系统(Hydraulic systems)的组成部分之一,主要由液压泵、电动机、控制阀及油箱组成。 两者的译名于2017版注释分别被修正为"液压发动机及动力装置"和"液压动力机组"。

注:
① 又见本书《研究篇·译文研究分·含"whether... or..."结构的注释译文研究》。
② 又见本书《研究篇·译文研究分·含"not... and..."结构的注释译文研究》。
③ 又见本书《研究篇·译文研究分·印刷油墨的注释译文研究》。
④ 又见本书《研究篇·译文研究分·石墨或其他碳精制品的相关译文研究》。
⑤ 又见本书《研究篇·译文研究分·机床用磁性夹具的注释译文研究》。
⑥ 又见本书《研究篇·商品研究分·品目90.32下两类自动控制仪器及装置的比较研究》。
⑦ 又见本书《研究篇·译文研究分·注释译文的"异物同译"现象研究》。
⑧ 又见本书《研究篇·商品研究分·25.30品目注释和第七十一章附录所列"天青石"的区别研究》。
⑨ 又见本书《研究篇·商品研究分·44.20和94.03品目注释所列"衣帽架"的区别研究》。
⑩ 又见本书《研究篇·商品研究分·83.02和87.08品目注释所列"脚踏板"的区别研究》。
⑪ 又见本书《研究篇·译文研究分·机床用零件、附件的相关译文研究》。
⑫ 又见本书《研究篇·商品研究分·85.15品目注释所列两种"焊头"的区别研究》。
⑬ 又见本书《研究篇·商品研究分·85.33和85.41品目注释所列"变阻器"的区别研究》。
⑭ 又见本书《研究篇·译文研究分·非天然苷的注释译文研究》。
⑮ 又见本书《研究篇·译文研究分·化学改性聚合物的注释译文研究》。
⑯ 又见本书《研究篇·译文研究分·装有工作机器机动车辆的注释译文研究》。
⑰ 又见本书《研究篇·译文研究分·水平仪和水准仪的区分标准及相关译文研究》。
⑱ 又见本书《研究篇·译文研究分·陶瓷的分类及相关品目的译文研究》。
⑲ 例如,高泡葡萄酒是一种汽酒,其二氧化碳全部由自然发酵产生。GB/T 17204-2008《饮料酒分类》:"4.1.2.2.3 高泡葡萄酒 high-sparkling wines 在20 ℃时,二氧化碳(全

部自然发酵产生）压力大于等于 0.35 MPa（对于容量小于 250 mL 的瓶子二氧化碳压力等于或大于 0.3 MPa）的起泡葡萄酒。"

⑳ 依据 GB/T 16552-2010 是因为 GB/T 16552-2017 的发布和实施日期晚于 2017 版《税则注释》。调整译名的宝石还包括空晶石、金绿宝石、变石、祖母绿、碧玺、托帕石、绿水晶、月光石、日光石、欧泊、萤石等。

注释译文的"异物同译"现象研究

在《税则》与《税则注释》中，存在不少将不同英文名称的货品译为相同中文的情况，这种"异物同译"现象为《税则》和《税则注释》的普通使用者带来了困扰。本文列举了六组存在这种现象的商品，并在不违背英文原意和中文习惯的前提下，对其中部分译文提出了修改建议，以供参考。

一、品目 25.30 和第七十一章的"天青石"①

25.30 品目注释及第七十一章附录均列有"天青石"。

25.30 品目注释：

本组主要包括：

……

（五）天青石（天然硫酸锶）；冰洲晶石（或方解石）及霰石，即晶体碳酸钙；鳞云母（锂云母）（氟硅铝酸钾及锂）及磷铝石（磷酸铝-氟化锂）。

第七十一章附录：

附　录

归入品目 71.03 的宝石或半宝石清表

矿物学名称	商业名称
青金石	青金石 杂青金石 天青石

其中，25.30 品目注释所列"天青石"对应的英文为"Celestite"，是一

种主要成分为 $SrSO_4$ 的硫酸盐矿物,属于天然宝石,而第七十一章所列"天青石"的英文为"Lapis",是一种主要成分 $(Na, Ca)_{7\sim8}(Al, Si)_{12}(O, S)_{24}[SO_4, Cl_2(OH)_2]$ 的碱性硅酸盐矿物,属于天然玉石。

虽然"Celestite"和"Lapis"是两种截然不同的"天青石",但由于 GB/T 16552-2017《珠宝玉石 名称》仅规定了"Celestite"的基本名称为"天青石",而未规范"Lapis"的标准名称,故中文注释将"Lapis"译作"天青石",可能是为了与"青金石(Lazurite)""杂青金石(Lapis-lazuli)"等商业名称进行区分,但其实完全可以将"Lazurite""Lapis-lazuli"和"Lapis"三者合译为"青金石"。

二、品目 44.20 和 94.03 的"衣帽架"②

品目 44.20 与 94.03 的注释中均列有"衣帽架"。

44.20 品目注释:

二、木制家具,但第九十四章的木家具除外(参见本章总注释)。本品目包括衣帽架、衣刷挂架、办公用信件盘、烟灰盅、笔盘及墨水台。

94.03 品目注释:

一、住宅、旅馆等用的家具。例如,橱柜、被服箱、面包箱、木柴箱;五斗橱、高脚柜;各种底座、花木架;梳妆台;台座式桌子;衣柜、衣橱;衣帽架、伞架;餐具柜、食具柜、碗碟橱;食物橱;床头柜;床(包括衣柜床、行军床、折叠床、帆布床等);刺绣桌;脚凳、壁炉防火屏;屏风;落地式烟灰缸;乐谱柜、架或台;婴儿围栏;食物推车(不论是否装有加热板)。

44.20 品目注释所列"衣帽架"对应英文为"coat or hat racks",94.03 的"衣帽架"为"hall stands"。rack 和 stand 都有"架"的意思,但品目 94.03 一般指落地式或某些架式家具(shelved funiture),而品目 44.20 为第九十四章以外的木质家具,故在不违背英文原意的前提下,可将"coat or hat racks"译作"衣帽架子",而将"hall stands"直译为"大厅衣帽架"。"衣帽架子"与"大厅衣帽架"虽在含义上仍然相近,但因采用了不同的表述,可起到提示两者实际上对应不同商品的作用。

三、品目 83.02 和 87.08 的"脚踏板"③

品目 83.02 与 87.08 的注释中均列有"脚踏板"。

299

83.02 品目注释：

三、不属于第十七类所列零件或附件范围的机动车辆（例如，小客车、货车、旅行车）用附件及架座。例如，制成的串珠饰带；脚踏板；扶手杆、条及把手；遮帘用的配件（杆、托架、紧固件、弹簧机构等）；车内行李架；开窗机件；专用烟灰缸；后车厢板扣件。

87.08 品目注释：

（二）车身零件及其配套附件，例如，底板、侧板、前面板、后面板、行李舱等；门及其零件；发动机罩；带框玻璃窗、装有加热电阻器及电气接头的窗、窗框；脚踏板；挡泥板、叶子板；仪表板；散热器护罩；牌照托架；保险杠；转向柱托架；外部行李架；遮阳板；由车辆发动机供热的非电气供暖及除霜设备；固定装在机动车内用以保护人身安全的座位安全带；地毡（纺织材料或未硬化硫化橡胶制的除外）等。

83.02 品目注释所列"脚踏板"对应的英文名称为"foot rests"，为车厢中用于搁脚的支撑物，而 87.08 所列"脚踏板"英文为"running-boards"，指车身侧面有助于进入车辆的踏板，故可将品目 83.02 的"foot rests"译作"搁脚板"，以同品目 87.08 的"脚踏板"进行区分。

四、品目 84.66 的"附件"④

84.66 品目条文有两处"附件"：

84.66 专用于或主要用于品目 84.56 至 84.65 所列机器的零件、附件，包括工件或工具的夹具、自启板牙切头、分度头及其他专用于机床的附件；各种手提工具的工具夹具

第一处"附件"对应的英文名称为"accessories"，第二处"附件"则为"attachments"。accessory 和 attachment 虽然都可以译为"附件"，但 accessory 为非必需的"附件"，可视作与零件（part）相对的概念，而 attachment 则指作为附属装置的"附件"，并在 84.66 品目注释中被译作"装置"，故可参照品目注释，将 84.66 品目条文以及 8466.30 子条文中的"attachments"译作"装置"，以同"附件（accessories）"进行区别。

五、品目 85.15 的"焊头"⑤

85.15 品目注释列有三处"焊头"：

一、软钎焊、硬钎焊或其他熔焊机器及器具

本组包括某些软钎焊、硬钎焊或熔焊机器及器具。不论是便携式的还是固定式的。兼有切割功能的此类机器及器具也归入本品目。

……

一般来说，软钎焊、硬钎焊或其他熔焊机器使用直流发电机供给的低压直流电，或者使用降压变压器供给的低压交流电。变压器等一般装在电焊机内。但在某些情况下（例如，在某些移动式电焊机中），焊头或焊接器具是以电缆与变压器等连接的。即使是在后一种情况下，只要变压器等与焊头或焊接器具一起报验，整套装置仍归入本品目；如果单独报验，变压器或发电机应归入其所属的适当品目（品目85.02或85.04）。

……

零　件

除零件的归类总原则另有规定的以外（参见第十六类总注释），本品目所列货品的零件也应归入本品目。

这些零件主要包括焊头及焊钳、电焊条夹及金属接触电极（例如，接触头、接触滚及接触夹片）；还包括手提原子氢焊接设备用的焊枪头及其成套喷嘴。

注释第一款所列两处"焊头"的英文为"welding head"，而零件部分所列"焊头"为"soldering heads"。 weld和solder是两种不同的焊接方式，以金属焊接为例，weld指通过加热将两块金属熔化使其整合在一起的焊接方法，solder则是使用熔化的软金属将两块金属焊件连在一起的焊接方法。同时参照85.15品目注释第一款标题的译文"软钎焊、硬钎焊或其他熔焊机器及器具（SOLDERING, BRAZING OR WELDING MACHINES）"，故不妨将"soldering heads"译作"钎焊头"，以示与"焊头（welding head）"的区别。

六、变阻器⑥

85.33和85.41品目注释均提到了"变阻器"。

85.33品目注释：

二、变阻器，为一种可变电阻器，装有一个滑动接触器或其他装置，能随意改变电路中的电阻值。变阻器的种类有：滑线变阻器，其游标在电阻线圈上滑动；步进变阻器；液体变阻器，其可移动电极浸入液体导体中；自动变阻器

（例如，配有最大或最小电流或电压操纵装置的变阻器）；离心变阻器。

85.41品目注释：

但本组不包括某些半导体器件。这些半导体器件与上述半导体器件不同，主要利用温度、压力等进行工作。例如，非线性半导体电阻器（热敏电阻器、变阻器、磁电阻器等）（品目85.33）。

85.33品目注释所列"变阻器"的原文为"Rheostats"，是一种由电阻元件或部件和转接装置组成的可变电阻器；85.41品目注释排他条款中出现的"变阻器"原文为"varistors"，是一种电阻率随施加电压发生变化的非线性电阻器。

根据GB/T 2900.18-2008《电工术语 低压电器》：

4.6.2 变阻器 rheostat

由电阻材料制成的电阻元件或部件和转接装置组成的电器，可在不分断电路的情况下有级地或均匀地改变电阻值。

因此"变阻器"属于rheostat的标准译名。

varistor虽看似由variable（可变的）和resistor（电阻器）两者结合而成，但其特指一种电阻率随电压改变的半导体电阻器，故相较于"变阻器"，显然将"varistors"译作"压敏电阻器"更能体现其实际的工作原理。

注：
① 又见本书《研究篇·商品研究分·25.30品目注释和第七十一章附录所列"天青石"的区别研究》。
② 又见本书《研究篇·商品研究分·44.20和94.03品目注释所列"衣帽架"的区别研究》。
③ 又见本书《研究篇·商品研究分·83.02和87.08品目注释所列"脚踏板"的区别研究》。
④ 又见本书《研究篇·译文研究分·机床用零件、附件的相关译文研究》。
⑤ 又见本书《研究篇·商品研究分·85.15品目注释所列两种"焊头"的区别研究》。
⑥ 又见本书《研究篇·商品研究分·85.33和85.41品目注释所列"变阻器"的区别研究》。

含"whether...or..."结构的注释译文研究

"whether...or..."是"不论……或……"的意思，但现版《税则注释》似乎存在将其译作"不论是否……或……"的倾向,分别见于 12.11 品目注释及第十六类类注四的相关译文。

一、12.11 品目注释

12.11 是和药用植物相关的品目,根据该品目的注释:

必须注意,下列产品应酌情归入品目 30.03、30.04、33.03 至 33.07 或 38.08:

(一)本品目的产品,虽未混合但已制成一定剂量或作为零售包装的,不论是否治疗或预防疾病用,或零售包装作为香料产品、杀虫药、杀菌剂或类似产品出售的。

(二)供以上(一)项所述用途的混合产品。

有些植物产品因主要用于制药而归入本品目,但这并不意味着当这些植物产品混合后或虽未混合但已制成一定剂量或作为零售包装后,就可作为药品归入品目 30.03 或 30.04。品目 30.03 或 30.04 所称"药品",仅指具有治疗或预防疾病作用的产品,而广义的"药品"含义较广,既包括药品,又包括无治疗或预防疾病作用的产品(例如,滋补饮料、营养食品、血型试剂)

严格来说,注释着重部分的内容是存在矛盾的。

注释前半部分的意思为,品目 12.11 的产品不论是否治疗或预防疾病用,如果已制成一定剂量或作为零售包装,则应酌情归入品目 30.03 或 30.04。后半部分又指出,品目 12.11 的产品即使制成一定剂量或作为零售包装,也未必可归入品目 30.03 或 30.04,因为品目 30.03 或 30.04 所称"药品",仅指具有治疗或预防疾病作用的产品。 由于后半部分内容更符合归类实践中对"药品"范围的认知,故比照注释前半部分的原文以验证其译文的准确性:

It should also be noted that the following products fall in headings 30.03, 30.04, 33.03 to 33.07 or 38.08, as the case may be:

(a) Products of this heading, unmixed, but put up in measured doses or in forms or packings for retail sale, <u>whether for therapeutic or prophylactic purposes</u>, or put up for retail sale as perfumery products or as insecticidal, fungicidal or similar products.

(b) Products which have been mixed for use for the purposes described in (a) above.

其中,"whether for therapeutic or prophylactic purposes"意为"供治疗或预防疾病用",即只包括"治疗"或"预防疾病"两种情况,但现译"不论是否治疗或预防疾病用"除了"治疗"或"预防疾病"外,还包括了"非治疗"或"非预防疾病"的情况。译文扩大了原文的适用范围,从而与其他条款产生了矛盾,故应将"不论是否治疗或预防疾病用"修改为"供治疗或预防疾病用"。

二、第十六类类注四

12.11注释译文的问题本质上在于将"whether... or..."的结构译作"不论是否……或……",从而扩大了条款的适用范围,而相同的问题也存在于第十六类类注四关于功能机组组成方式的译文:

四、由不同独立部件(不论是否分开或由管道、传动装置、电缆或其他装置连接)组成的机器(包括机组),如果组合后明显具有一种第八十四章或第八十五章某个品目所列功能,则全部机器应按其功能归入有关品目。

4. Where a machine (including a combination of machines) consists of individual components (whether separate or interconnected by piping, by transmission devices, by electric cables or by other devices) intended to contribute together to a clearly defined function covered by one of the headings in Chapter 84 or Chapter 85, then the whole falls to be classified in the heading appropriate to that function.

着重部分应该译作"不论分开或由管道、传动装置、电缆或其他装置连接",即功能机组各独立部件的组成方式只包括"分开"或"由管道、传动装置、电缆或其他装置连接",该译也符合归类实践中对功能机组的理解,但现译"不论是否分开或由管道、传动装置、电缆或其他装置连接"意味着除了"分开"或"由管道、传动装置、电缆或其他装置连接"之外,还包括"非分开"或"非由管道、传动装置、电缆或其他装置连接"的情况。现译扩大了功能机组的范围,进而导致其与某些组合机器的连接方式产生了交叉①,故同样建议将"不论是否分开或由管道、传动装置、电缆或其他装置连接"修改为"不论分开或由管道、传动装置、电缆或其他装置连接"。

注:
① "不论是否分开或由管道、传动装置、电缆或其他装置连接"意味着既包括"分开"与"由管道、传动装置、电缆或其他装置连接"的情况,也包括"非分开"与"非由管道、传动装置、

电缆或其他装置连接"的情况。理论上,"非分开"也应包括那些构成组合机器的连接方式,例如一台机器装在另一台机器的内部或上面,或者两者装在同一个底座、支架之上或同一个机壳之内。

含"not...and..."结构的注释译文研究

石英是一种主要成分为二氧化硅的三方晶系矿物。在协调制度中,质量可用于首饰的石英应作为宝石归入品目 71.03,如烟晶(Smoky Quartz)、芙蓉石(Rose Quartz)等;非宝石级的石英一般应归入品目 25.06。

但根据 25.06 品目注释:

归入本品目的石英必须同时符合下列两个条件:

……

二、品种和质量都不适合于制造宝石(例如,岩晶及烟晶、紫晶及芙蓉石)。此类石英即使使用于技术上,例如,用作压电石英或工具零件,也不归入本品目(品目 71.03)。

"都不"表示完全否定,即品种和质量均不适于制造宝石,但第七十一章附录的宝石清表又明确列有石英的品种,故归入品目 25.06 的石英不应存在连品种也不符合宝石的情况。

比照该款注释的原文:

It falls in this heading only if complying with both of the following two conditions:

……

(b) It must <u>not</u> be of a variety <u>and</u> quality suitable for the manufacture of gem-stones (e. g., rock crystal and smoky quartz, amethyst and rose quartz). Such quartz is excluded (heading 71.03), even if intended to be used for technical purposes, e. g., as piezo-electric quartz or for the manufacture of parts of tools.

发现"都不"对应的原文为"not…and…",而"not…and…"是一种表示部分否定的结构,且被否定的通常为 and 后的内容。例如,"He did not speak clearly and correctly"表示"他讲得清楚但不正确","She cannot sing and dance"表示"她会唱歌但不会跳舞"。

因此,"It must not be of a variety and quality suitable for the manufacture of gem-stone"实际上应译为部分否定的形式,如"虽然品种适合但质量不适合于制造宝石"。

非天然苷的注释译文研究

苷(glycoside),又称糖苷或配糖体,是由糖或糖的衍生物与非糖物质(苷元或糖苷配基)通过糖的半缩醛或半缩酮羟基与苷元脱水形成的一类化合物。如芸香苷就是一种常见的苷,是一种广泛存在于植物体内的黄酮醇配糖体。

芸香苷(芦丁)[①]

在《税则》中,苷类物质一般作为天然或合成再制的苷(配糖物)及其盐、醚、酯和其他衍生物归入品目29.38,但同时该品目的注释也指出:

本品目还不包括:

(一)核苷及核苷酸(品目29.34)。

(二)生物碱(例如,番茄苷)(品目29.39)。

(三)其配糖键是一个通过醚化作用在异头碳原子上形成乙缩醛基的非天然苷(品目29.37或29.39的产品除外)[α-甲基苷,三苄葡苷(INN)](品目 29.40)。

(四) 抗菌素（例如，丰加霉素）（品目 29.41）。

排他条款的第一、二、四项商品范围比较清楚，理解起来并无困难，但第三项"配糖键是一个通过醚化作用在异头碳原子上形成乙缩醛基的非天然苷"却令人费解，尤其是其中"形成乙缩醛基"的说法。

该条款包含数个化学概念：醚化（etherification）是指两个醇羟基脱去一个水分子形成醚键的反应；异头碳（anomeric carbon）涉及糖分子变旋成半缩醛环式的现象，由于糖分子由直链变成环状结构时，羰基碳原子成为新的手性中心，导致 C_1 差向异构化，产生两个非对映异构体，所以环状结构中的半缩醛碳原子即为异头碳原子；但"形成乙缩醛基"却极难理解，因为"乙缩醛"本身既可指 1,1-二乙氧基乙烷这样的具体化合物，也可表示由一分子乙醛与两分子醇缩合（通常是假设的）形成的一类通式为 $CH_3CH(OR)_2$ 的产物，但无论是两种情况中的哪一种"乙缩醛"，在单糖分子的环式结构中一般都不太可能出现。

1,1-二乙基缩乙醛②

如果"乙缩醛基"不在苷的糖分子部分，那么只可能存在于糖苷配基，即苷的非糖物质部分。不过这种诠释也很牵强，因为该项排他条款中列举的"α-甲基苷"就不属于这种结构。以 α-D-甲基吡喃葡萄糖苷为例，不论在分子的糖部分还是非糖部分，都不存在任何的乙缩醛结构。

α-D-甲基吡喃葡萄糖苷③

因条款所述不符合商品实际，故转而考察注释译文与原文的对应性：

(3) Non-natural glycosides (other than products of heading 29.37 or 29.39) in which the glycosidic linkage is an <u>acetal</u> function formed by etherification at the anomeric carbon (α-methylglucoside, tribenoside (INN)) (heading 29.40).

发现"乙缩醛"的原文为"acetal"。虽然 acetal 有"乙缩醛"的意思，但也可泛指通过将醛或者酮和醇加热得到的一类含有 $C(OR)_2$ 基团的物质，也就是"缩醛"。

因为糖分子的环式结构本来就是由链式中的醛基和一分子羟基反应得到一个半缩醛所形成的，而在与糖苷配基形成

缩醛的一般结构③

苷的时，其半缩醛的羟基通过醚化反应正好可以与另一个醇羟基形成一个缩醛基。因此相较于限定碳原子数量的"乙缩醛"，在此语境将"acetal"译为"缩醛"其实更加符合苷的性质。

注：
① 图片来源：Yikrazuul [Public domain], from Wikimedia Commons.
② 图片来源：Emeldir [Public domain or Public domain], from Wikimedia Commons.
③ 图片来源：Ed (Edgar181) [Public domain], from Wikimedia Commons.
④《韦氏大学英语词典》：acetal - any of various compounds characterized by the grouping $C(OR)_2$ and obtained especially by heating aldehydes or ketones with alcohols.
⑤ 图片来源：Capaccio [CC BY-SA 3.0 (https://creativecommons.org/licenses/by-sa/3.0)], from Wikimedia Commons.

印刷油墨的注释译文研究

在《税则注释》中，有关"印刷油墨"的规定见于32.15品目注释第一款：

一、印刷油墨（或色料），是不同稠度的浆料，通过将颗粒精细的黑色或有色颜料与一种载色剂混合制得。黑色油墨所用的颜料通常是碳黑，彩色油墨则为有机或无机颜料。载体可由天然树脂或合成聚合体组成，分散于油或溶于有机溶剂中，为了使其具有所要求的性能，还含有少量的添加剂。

因注释限定"印刷油墨"须"分散于油或溶于有机溶剂中"，故看上去不应包括那些分散于或溶于水性介质的产品。例如，我国就将"水性喷墨墨水"以本国子目的形式列在了3215.9020。

但在油墨行业，一般认为印刷油墨也包括水性的产品，见于GB/T 15962-2008《油墨术语》①：

2 印刷油墨 printing ink
由着色料、连结料、辅助剂等成分组成的分散体系，在印刷过程中被转移到承印物上的着色的物质。

……

2.10

水性油墨 water-based ink

由水基型连结料等成分组成的油墨。

另一方面,"印刷油墨"须"分散于油或溶于有机溶剂中"的规定,其实也有违于32.09品目注释排他条款的第二项:

本品目不包括:

……

(二)与油漆质地成分相似,但不适于像油漆般施用的印刷油墨(品目32.15)。

因为归入品目32.09的商品必须是"分散于或溶于水介质的",如果"印刷油墨"只能以油或有机溶剂为分散介质,就不应存在与该品目所列油漆质地成分相似的情况。

鉴于"印刷油墨"中文注释的规定有悖于国家标准及其他注释条款,故比照该款注释的原文:

(A) Printing inks (or colours) are pastes of varying consistency, obtained by mixing a finely divided black or coloured pigment with a vehicle. The pigment is usually carbon black for black inks and may be organic or inorganic for coloured inks. The vehicle consists of either natural resins or synthetic polymers, <u>dispersed in oils or dissolved in solvents</u>, and contains a small quantity of additives to impart desired functional properties.

发现"分散于油或溶于有机溶剂"中"有机溶剂"的原文为"solvents","solvents"是溶剂的意思,而溶剂既包括有机溶剂,也包括水或水与水溶性溶剂的混合物组成的"水介质",现译其实是缩小了"印刷油墨"所包含的商品范围。因此,某些在我国列于子目3215.9的水性油墨,在英文注释中完全可以作为"printing inks"归入子目3215.1。

中文注释将"solvents"译作"有机溶剂",是对原文意思的特殊化和具体化,译者可能是受中文环境下油墨与墨水差异的影响,认为"油墨"不应包含那些溶于水性介质的产品。但"印刷油墨"的原文为"Printing inks",而ink既可指油墨,也可指墨水,故在理解品目32.15的"印刷油墨"时,不应局限于中文环境下的含义②。显然,在翻译该款注释中取"solvents"的原意"溶剂"更加符合商品的实际。

注:

① 在 GB/T 15962-2008 中,"印刷油墨"也包括以染料(dye)为着色料的产品,但根据 32.15 品目注释第一款的规定,该款注释所称"印刷油墨"仅限于颜料制得的产品。

② 同时,printing 既可指印刷,也可指打印,因此"印刷油墨"也应包括那些用于喷墨打印机的打印墨水。

化学改性聚合物的注释译文研究

"化学改性聚合物"在品目层级的归类规定见于第三十九章章注五:

五、化学改性聚合物,即聚合物主链上的支链通过化学反应发生了变化的聚合物,应按未改性的聚合物的相应品目归类。本规定不适用于接枝共聚物。

章注五看上去包含了两层意思:一是给出了"化学改性聚合物"的定义,即"聚合物主链上的支链通过化学反应发生了变化的聚合物";二是明确了"化学改性聚合物"的归类方法,即"应按未改性的聚合物的相应品目归类"。但在专业领域,化学改性聚合物应指所有通过化学反应改变了物理、化学性质的聚合物,而并不限于章注所述支链通过化学反应发生了变化的情况①。

考察章注五的原文:

5. - Chemically modified polymers, that is those in which only appendages to the main polymer chain have been changed by chemical reaction, are to be classified in the heading appropriate to the unmodified polymer. This provision does not apply to graft copolymers.

发现中文注释采取直译的方式,将"that is…"引导的从句译作"即……",但会让人误以为化学改性聚合物只包括支链发生了变化的聚合物,而有悖于专业领域的认知。 从翻译"三似论"的角度,章注五的现有译文只能说是"形似",而没有做到"意似"②。 英文是形合文字,中文是意合文字,如果直译会导致"形不达意",就应该突破原文的形式,以追求内容的相合。

在语法上,"in which only appendages to the main polymer chain

have been changed by chemical reaction"属于定语从句，因此也可理解"in which"后的内容是一种对"化学改性聚合物"的修饰，而非定义，故完全可以将"in which only appendages to the main polymer chain have been changed by chemical reaction"译成定语的形式"那些主链上的支链通过化学反应发生了变化的"。

对比两种译文：

五、化学改性聚合物，即聚合物主链上的支链通过化学反应发生了变化的聚合物，应按未改性的聚合物的相应品目归类。本规定不适用于接枝共聚物。（原译）

五、那些主链上的支链通过化学反应发生了变化的化学改性聚合物，应按未改性的聚合物的相应品目归类。本规定不适用于接枝共聚物。（新译）

经调整后的译文没有将"that is…"译作"即……"，从而规避了原译看似对全部化学改性聚合物作出定义的句式。 新译的章注五规定支链发生变化的化学改性聚合物应按未改性的聚合物归类，换句话说，除此之外还存在其他类型的化学改性聚合物，只是它们在归类时不受限于"应按未改性的聚合物的相应品目归类"的规定③。

注：
①《聚合物改性》（王国全、王秀芬编著）："化学改性包括嵌段和接枝共聚、交联、互穿网络等，是一个门类繁多的博大体系。"故即便排除了接枝共聚物的情况，章注五所称"化学改性聚合物"的范围也远小于专业领域的认知。
② 三似：形似，意似，神似，见于《翻译的艺术》（许渊冲 著）。
③ 例如，子目注释所称的"化学改性聚合物"。

石墨或其他碳精制品的相关译文研究

石墨或其他碳精制品应根据不同的用途分别归入品目68.15或85.45，但现版《税则》有关该类产品的条款译文其实是值得商榷的。

一、6815.10 子目条文

6815.10 子目条文的译文及原文分别为：

68.15　　其他品目未列名的石制品及其他矿物制品（包括碳纤维及其制品和泥煤制品）：

　　10　—　　非电器用的石墨或其他碳精制品

　　20　—　　泥煤制品

　　　　—　　其他制品：

　　91　——　含有菱镁矿、白云石或铬铁矿的

　　99　——　其他

68.15—Articles of stone or of other mineral substances (including carbon fibres, articles of carbon fibres and articles of peat), not elsewhere specified or included.

6815.10—Non-electrical articles of graphite or other carbon

6815.20—Articles of peat

－Other articles：

6815.91 －－Containing magnesite, dolomite or chromite

6815.99 －－Other

"Non-electrical articles"指"非电气器具"，"of"指"由……制成的……"，所以子目 6815.10 "Non-electrical articles of graphite or other carbon"实际上应指"石墨或其他碳精制的非电气器具"。

现版译文"非电器用的石墨或其他碳精制品"则存在两点问题：一是将"非电气器具"简译为"非电器"，由于电器在中文习惯里一般指"用电的器具"，而不是"电气器具"，译作"非电器"会引起"不是用电器具"的歧义；二是将本意为"由……制成的……"的"of"译作了"……用的……"，从而曲解了"Non-electrical articles"和"graphite or other carbon"之间的关系。

现译 6815.10 子目条文"非电器用的石墨或其他碳精制品"看上去是"非用于用电器具的石墨或其他碳精制品"的意思，较原意"石墨或其他碳精制的非电气器具"的偏离还是颇为明显的。

二、85.45 品目条文

85.45 品目条文的译文及原文分别为：

85.45 碳电极、碳刷、灯碳棒、电池碳棒及电气设备用的其他石墨或碳精制品，不论是否带金属

85.45—Carbon electrodes, carbon brushes, lamp carbons, battery carbons and other articles of graphite or other carbon, with or without metal, of a kind used for electrical purposes.

其中，"of a kind used for electrical purposes"应指"作电气用途"，但现译为"电气设备用"，由于电气设备用的器具未必是电气用途的①，因此85.45 品目条文的译文同样存在曲解原意的问题。

根据子目 6815.10 和品目 85.45 的原版条文，石墨或其他碳精制的非电气器具应归入前者，石墨或其他碳精制的电气器具应归入后者，两者本为非此即彼的对应关系。但现译"非电器用的石墨或其他碳精制品"及"电气设备用的其他石墨或碳精制品"凭空引入了对"电器用"和"电气设备用"的判断，从而破坏了原版条文中两者存在的二元关系②。

为此，建议将子目 6815.10 和品目 85.45 的现译条文按原意分别修改为"石墨或其他碳精制的非电气器具"和"碳电极、碳刷、灯碳棒、电池碳棒及其他石墨或碳精制的电气器具，不论是否带金属"，以恢复原版条文中两者所具有的二元对应关系。

注：
① "作电气用途"强调器具本身为电气用途，"电气设备用"强调器具所适用的设备为电气用途。
② 根据现译条文，电气设备用的石墨或其他碳精制品应归入品目 85.45，非电气设备用的石墨或其他碳精制品应归入品目 68.15。但由于电器与电气设备的范围并不完全相同（用电器具未必是电气设备），因此非电器的范围也不同于非电气设备，故而除了子目 6815.10 的非电器用产品以外，也可能存在归入子目 6815.99 的"非电气设备的电器"用产品，从而破坏了原先只可能归入子目 6815.10 或品目 85.45 的二元关系。

陶瓷的分类及相关品目的译文研究

在协调制度中，第六十九章的标题为"陶瓷产品"，根据该章总注释：
所称"陶瓷产品"，是指用下列方法制得的产品：
一、将一般在室温下预先调制成形的无机非金属材料进行烧制。所用原料主要包括粘土、含硅材料、高熔点的材料（例如，氧化物、碳化物、氮化物、石墨或其他碳）及一些如耐火粘土或磷酸盐的粘合剂。
二、将岩石（例如，块滑石）成形后进行烧制。

因此第六十九章所称"陶瓷"应指广义的陶瓷材料（ceramic），即用天然或合成化合物经成形和高温烧结制成的一大类无机非金属材料，而不仅限于字面意义上的陶器（pottery）和瓷器（procelain or china）。

但在现版《税则》中，品目69.11"瓷餐具、厨房器具及其他家用或盥洗用瓷器"和69.12"陶餐具、厨房器具及其他家用或盥洗用陶器"对于家用或盥洗用陶瓷器具的划分，状似仍在采用瓷器与陶器的标准，故而无法涵盖全部的此类器具。因为除了陶器和瓷器之外，第六十九章所称"陶瓷"也包括陶器和瓷器之外的陶瓷材料。

比照两者条文的译文与原文：
69.11 瓷餐具、厨房器具及其他家用或盥洗用瓷器（Tableware, kitchenware, other household articles and toilet articles, of porcelain or china）
69.12 陶餐具、厨房器具及其他家用或盥洗用陶器（Ceramic tableware, kitchenware, other household articles and toilet articles, other than of porcelain or china）

发现69.11品目条文的译文符合原意，但69.12的原文其实应指"陶瓷餐具、厨房器具及其他家用或盥洗用器具，但瓷制的除外"，而非现译的"陶餐具、厨房器具及其他家用或盥洗用陶器"。译者将"Ceramic... other than of porcelain or china"译为"陶"，可能是受中文环境下"陶瓷"的影响，以为第六十九章的陶瓷仅包括陶器和瓷器两种材料，从而将"除瓷之外的陶瓷"等效理解成了"陶"。

鉴于第六十九章其实也包括陶器和瓷器以外的陶瓷产品，故建议遵循按"瓷器"和"其他陶瓷产品"划分的列目原意①，将69.12品目条文由现译的"陶餐具、厨房器具及其他家用或盥洗用陶器"修改为"陶瓷餐具、厨房器具及其他家用或盥洗用器具，但瓷制的除外"。

注：
① 第六十九章第二分章的总注释即将该分章的陶瓷产品按"瓷器"与"其他陶瓷产品"分为两款。此外，该分章下的许多产品的列目都遵循了"瓷制"和"其他"的分类方法，如子目6910.10和6910.90。

功能机组英汉版注释的对比研究

"功能机组"是指一台机器（包括机组）由多个独立部件组成，组合后明显具有一种第八十四章或第八十五章某个品目所列功能的情况，其归类规定见于第十六类类注四：

四、由不同独立部件（不论是否分开或由管道、传动装置、电缆或其他装置连接）组成的机器（包括机组），如果组合后明显具有一种第八十四章或第八十五章某个品目所列功能，则全部机器应按其功能归入有关品目。

其中，对末句所称"全部机器"可有两种解读：一是"全部机器"应作为一个整体理解为整套功能机组；二是"全部机器"应理解为全部的"机器"，且因其是由不同的独立部件组成，故所称"机器"应单指各独立部件。

由于"机器"的范围受限于第十六类类注五的规定：

五、上述各注释所称"机器"，是指第八十四章或第八十五章各品目所列的各种机器、设备、装置及器具。

因此在后一种解读下，构成功能机组的单个独立部件看上去也必须为"第八十四章或第八十五章各品目所列的各种机器、设备、装置及器具"。

显然，这一推论是有悖于实践经验及其他注释条款的，如第十六类总注释第七款就有规定：

本类注释四所指的功能机组举例如下：
……

（四）挤奶机器，所配有的各个独立部件(真空泵、脉动器、奶头吸杯及奶桶)是由软管或管道加以联接的（品目 84.34）。

其中，奶桶作为挤奶机器的独立部件之一，在单独报验时完全有可能不归入第八十四章或第八十五章，从而不符合类注五关于"机器"的规定，但这并不影响整套挤奶机器作为"功能机组"一并归入品目 84.34。

上述关于第十六类类注四末句中"全部机器"的两种解读及对应的推论可表示为：

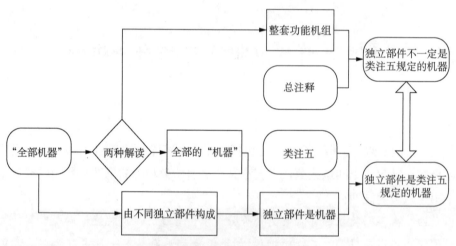

关于"全部机器"的两种解读及对应的推论

事实上，有关"全部机器"理解的分歧仅存在于中文版本的注释，因为根据类注四的原版条款：

4. -Where a machine（including a combination of machines）consists of individual components（whether separate or interconnected by piping, by transmission devices, by electric cables or by other devices）intended to contribute together to a clearly defined function covered by one of the headings in Chapter 84 or Chapter 85, then the whole falls to be classified in the heading appropriate to that function.

发现中文类注所称"全部机器"对应的原文为"the whole"，故此处"机器"是为使译文合乎中文表达习惯而增加的词语。因此，前述构成功能机组的各独立部件必须为"机器"的推论以及由此引发的矛盾在英文注释中并不存在。

相较于类注,第十六类总注释就将"the whole"译作"整套设备","设备"二字虽同属增译,但因未使用"机器"的概念,故而规避了中文环境下类注五对"机器"范围的限制。

"the whole"在第十六类类注及总注释的不同译文及所产生的影响对比

原文	译文		影响
the whole	类注	全部机器	可能引起构成功能机组的各独立部件必须为第八十四章或第八十五章各品目所列各种机器、设备、装置及器具的歧义
	总注释	整套设备	属于为使译文合乎中文表达习惯而采取的合理增译,规避了类注五对"机器"范围的限制,不会引起歧义

故不妨参照总注释中"the whole"的译文,将类注四末句的"全部机器"修改为"整套设备",以避免同类注五规定的"机器"范围产生混淆。

▶ 机床用零件、附件的相关译文研究

品目84.66主要包括各种机床的零件和附件,又因子目8466.3"其他专用于机床的附件"看上去包含了所有未列名的机床附件,故可得出所有的机床零件应归入"其他"子目8466.9的推论,即子目8466.3和8466.9是以附件与零件来作为区分标准的。

84.66　专用于或主要用于品目84.56至84.65所列机器的零件、附件,包括工件或工具的夹具、自启板牙切头、分度头及其他专用于机床的附件;各种手提工具的工具夹具:

10 — 工具夹具及自启板牙切头 ⎫
20 — 工件夹具 ⎬ 附件
30 — 分度头及其他专用于机床的附件 ⎭

```
          ── 其他：
91        ── ── 品目 84.64 所列机器用    ⎫
92        ── ── 品目 84.65 所列机器用    ⎬ 零件
93        ── ── 品目 84.56 至 84.61 所列机器用 ⎪
94        ── ── 品目 84.62 或 84.63 所列机器用 ⎭
```

但在机电产品归类中，区分零件和附件其实是比较困难的，一般只能原则性地认为，零件属于机器必要的组成部件，附件则通常不构成机器必不可少的组成部分。然而，这种按附件或零件区分子目 8466.3 和 8466.9 的逻辑在原版条文中其实并不存在。 以下将通过比照英汉版本的注释条款，对品目 84.66 下的机床用零件、附件的译文及其归类逻辑进行讨论。

一、中英文版品目和子目条文对比

比照 84.66 品目及子目条文的中英版本：

84.66　专用于或主要用于品目 84.56 至 84.65 所列机器的零件、附件，包括工件或工具的夹具、自启板牙切头、分度头及其他专用于机床的附件；各种手提工具的工具夹具：

　　10　──　工具夹具及自启板牙切头

　　20　──　工件夹具

　　30　──　分度头及其他专用于机床的附件

　　　　　　── 其他：

　　91　── ──　品目 84.64 所列机器用

　　92　── ──　品目 84.65 所列机器用

　　93　── ──　品目 84.56 至 84.61 所列机器用

　　94　── ──　品目 84.62 或 84.63 所列机器用

84.66—Parts and <u>accessories</u> suitable for use solely or principally with the machines of headings 84.56 to 84.65, including work or tool holders, self-opening dieheads, dividing heads and other special <u>attachments</u> for machine-tools; tool holders for any type of tool for working in the hand.

　　10 -　Tool holders and self-opening dieheads

　　20 -　Work holders

　　30 -　Dividing heads and other special <u>attachments</u> for machine-tools

```
-       Other:
91 - -   For machines of heading 84.64
92 - -   For machines of heading 84.65
93 - -   For machines of headings 84.56 to 84.61
94 - -   For machines of heading 84.62 or 84.63
```

发现中文版品目条文的两处"附件"在英文版本中其实对应于两个不同的单词——"专用于或主要用于品目 84.56 至 84.65 所列机器的零件、附件"中"附件"的原文为"accessories","其他专用于机床的附件"中"附件"的原文为"attachments"。此外,子目 8466.30"分度头及其他专用于机床的附件"中"附件"的原文也是"attachments"。

在 84.66 品目和子目条文中,"accessories"和"attachments"均被译作"附件",也就是存在"异物同译"的现象。

二、中英文版品目注释对比

比照 84.66 品目注释的中英版本:

归入本品目的零件及附件范围很广,它们包括:

……

(三)用于车削凹槽或球面等的辅助装置。

(四)仿形装置(包括电气或电子操作的),用于自动按样复制产品。

(五)装在车床、刨床、牛头刨床等机器上的表面精修装置。

(六)机械式或气动式自动控制装置,用以在进行加工时,对工件及工具的进级进行自动控制。

(七)其他特种辅助装置,用以提高机床的精确度,但其本身并不参与加工操作……

The very wide range of parts and <u>accessories</u> classified here includes:

……

(3) Auxiliary <u>attachments</u> for notching, for spherical turning, etc.

(4) Copying <u>attachments</u> (including those which are electrically or electronically operated) for the automatic reproduction of work according to a pattern.

(5) Surface-finishing <u>attachments</u> for lathes, planing, shaping, etc.,

machines.

（6）Mechanical or pneumatic attachments used to automatically control the progress of the work or the tool in the course of working.

（7）Other special auxiliary attachments, designed to increase the precision of the machine without actually entering into its operation……

发现品目注释中"accessories"的译文仍为"附件"，但各种"attachments"均被译为了"装置"：用于车削凹槽或球面等的辅助装置，仿形装置，装在车床、刨床、牛头刨床等机器上的表面精修装置，机械式或气动式自动控制装置以及其他特种辅助装置。

品目注释将"accessories"和"attachments"分别译为"附件"与"装置"，避免了混淆两者的可能。

三、part、accessory 与 attachment 的译文及关系

根据《韦氏大学英语词典》对于 part、accessory 和 attachment 的解释：

part—a constituent member of a machine or other apparatus.
accessory—an object or device not essential in itself but adding to the beauty, convenience, or effectiveness of something else.
attachment—a device attached to a machine or implement.

因此 part 是机器或其他装置的组成部分，即零件。accessory 与 attachment 虽皆可译作"附件"，但前者指非必不可少之"附件"，可视为与零件相对的概念，而后者为附属装置之"附件"，即品目注释所译的"装置"。

part、accessory 及 attachment 的译文

英文版本	中文版本		
	品目条文	子目条文	品目注释
part	零件	零件	零件
accessory	附件	附件	附件
attachment	附件	附件	装置

同时，由于品目注释所列的各种"attachments"都属于"The very wide range of parts and accessories classified here"的范畴，所以

attachment 既可以是 part，也可为 accessory。

part、accessory 及 attachment 的关系

四、"其他专用于机床的附件"的商品范围

因为子目 8466.30"分度头及其他专用于机床的附件"中"附件"的原文为"attachments"，而非与 part 相对的 accessory，所以子目 8466.3 与 8466.9 的区分在原版条文中并不是以附件（accessory）或零件（part）作为界线。

另一方面，由于 attachment 既可以是 accessory，也可以是 part，因此子目 8466.30 所称"其他专用于机床的附件"的范围实际上应该对应于品目注释所列的各种"装置"：用于车削凹槽或球面等的辅助装置，仿形装置，装在车床、刨床、牛头刨床等机器上的表面精修装置，机械式或气动式自动控制装置以及其他特种辅助装置。

84.66 专用于或主要用于品目 84.56 至 84.65 所列机器的零件、附件，包括工件或工具的夹具、自启板牙切头、分度头及其他专用于机床的附件；各种手提工具的工具夹具：

10	—	工具夹具及自启板牙切头
20	—	工件夹具
30	—	分度头及其他专用于机床的附件

装置（attachment）

	—	其他：
91	——	品目 84.64 所列机器用
92	——	品目 84.65 所列机器用
93	——	品目 84.56 至 84.61 所列机器用
94	——	品目 84.62 或 84.63 所列机器用

除装置（attachment）之外的其他零件（part）或附件（accessory）

机床用磁性夹具的注释译文研究

机床夹具是机床上用以装夹工件和引导刀具的一种装置，一般应按专用于或主要用于品目 84.56 至 84.65 所列机器的零件、附件归入品目 84.66，但根据 84.66 品目注释的排他条款：

本品目也不包括：

……

（六）电气或电子零件及附件（例如，磁性夹盘及数字控制板）（第八十五章）。

即机床用的磁性夹具应归入第八十五章。

在第八十五章中，与磁性夹具相关的品目主要有 85.05 所列的"电磁铁或永磁铁卡盘、夹具及类似的工件夹具"，但根据 85.05 品目注释第三款的规定：

这些器具主要是各种工件夹具。加工工件时，这些器具利用磁铁把工件夹紧，固定不动。本组还包括用于机器的夹具（例如，在印刷机器中用于夹紧印板的磁铁夹具），但机床用夹具除外。

即品目 85.05 包括机器用的磁性夹具，但机床用的磁性夹具除外。

由于 84.66 品目注释的排他条款规定磁性夹具应归入第八十五章，而 85.05 品目注释又明确不包括机床用的夹具，则在第八十五章没有其他列名品目可归的情况下，便只能得出机床用磁性夹具状似应按未列名的电气装置归入品目 85.43 的奇怪推论。

但通过比照 85.05 品目注释第三款的原文：

These are mainly devices of various types in which magnets are used to hold work pieces in place while they are being worked. This group also covers holding devices for machines other than machine-tools (for example, magnetic devices for holding printing plates in printing machinery).

发现在注释原文中，并不存在现版译文"但机床用夹具除外"这样的转折关系。"This group also covers holding devices for machines other than machine-tools (for example, magnetic devices for holding printing plates in printing machinery)"应指"本组也包括用于除机床之外的机器的夹具（例如，在印刷机器中用于夹紧印板的磁铁夹具）"，其本意是为强调该组的磁性夹具也可用于除了机床之外的机器。因为相对于非机床的机器用夹具，机床用的夹具更为常见，所以无须特别强调机床用磁性夹具的归属。也就是说，整条注释其实都是以默认该组包括机床用磁性夹具为前提的，故在原版注释中，品目 85.05 也包括机床用磁性夹具。

现版译文"但机床用夹具除外"在原文的基础上，凭空增添了一层转折关系。由于转折对象"用于机器的夹具"是为该组所包括的，故经转折后的意思自然就变成了"机床用的夹具"不应为该组所包括，即机床用的磁性夹具不能归入品目 85.05。

鉴于现版 85.05 品目注释第三款的译文显然存在对注释原意的曲解，并会造成品目 85.05 看上去不包括机床用磁性夹具的歧义，因此建议将"本组还包括用于机器的夹具（例如，在印刷机器中用于夹紧印板的磁铁夹具），但机床用夹具除外"据注释的本意修改为"本组也包括用于除机床之外的机器的夹具（例如，在印刷机器中用于夹紧印板的磁铁夹具）"。

▶ 装有工作机器机动车辆的注释译文研究

归入品目 87.05 的部分机动车辆与第八十四章的某些自推进式机器在结构上是具有一定相似性的。

品目 87.05 的车辆[①]

品目 84.29 的自推进机器[②]

两者的区别主要见于 87.05 品目注释中关于"装有工作机器的机动车底盘或货车"的规定③：

必须注意，凡带有起重或搬运机器、土地平整、挖掘或钻探机器等的车辆，至少必须配备下列机械装置，在实质上构成了一台基本完整的机动车底盘或货车，才能归入本品目：推进发动机、变速箱及换档操纵装置、转向及制动装置。

另一方面，装在轮式或履带式底盘上的自推进式机器（例如，起重机、挖掘机），如果上述一种或多种推进或中心部件装在作业机器的驾驶室内，则不论整台机器是否可以依靠自身的动力在道路上行驶，仍应归入品目 84.26、84.29 或 84.30 等。

……

根据该款注释的规定，归入品目 87.05 的带有作业机器的车辆须配备推进发动机、变速箱及换档操纵装置、转向及制动装置，但如果这些推进或中心部件装于作业机器的驾驶室内，则仍应按自推进式机器归入品目 84.26、84.29 或 84.30 等。

然而，自推进式机器的发动机、变速箱等通常并不会装在作业机器的驾驶室内，因此注释"一种或多种推进或中心部件装在作业机器的驾驶室内"的规定有违于此类机器的一般结构。

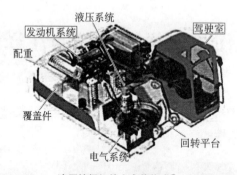

液压挖掘机的上车体构成④

比照该款注释的原文：

It should be noted that to be classified in this heading, a vehicle comprising lifting or handling machinery, earth levelling, excavating or boring machinery, etc., must form what is in fact an essentially complete motor vehicle chassis or lorry (truck) in that it comprises at least the following

mechanical features: propelling engine, gear box and controls for gear-changing, and steering and braking facilities.

On the other hand, self-propelled machines (e. g., cranes, excavators) in which <u>one or more of the propelling or central elements referred to above are located in the cab of a working machine</u> mounted on a wheeled or track-laying chassis, whether or not the whole can be driven on the road under its own power, remain classified in, for example, heading 84.26, 84.29 or 84.30.

发现其中"驾驶室"所对应的原文为"cab",虽然 cab 通常可指驾驶室或司机室,但对于自推进式机器来讲,用于安装发动机、变速箱等推进或中心部件的部分其实并不适合称作"驾驶室"。 由于 cab 也可指用于覆盖操作装置的外壳⑤,故在此语境将 cab 译作"覆盖件"显然更符合商品的实际⑥。

注:
① 图片来源:© 2010 K. Krallis, SV1XV[CC BY-SA 3.0(https://creativecommons.org/licenses/by-sa/3.0)], from Wikimedia Commons.
② 图片来源:Swingmaster[CC BY-SA 3.0(https://creativecommons.org/licenses/by-sa/3.0)], from Wikimedia Commons.
③ 又见本书《研究篇·规则研究分·装有工作机器的机动车底盘或货车归类规则注疏》。
④ 图片来源:《双色图解挖掘机操作工一本通》(林明智 主编)。
⑤《韦氏大学英语词典》:cab—a comparable shelter(as on truck) housing operating controls.
⑥ "覆盖件"的译文同样适用于 84.26 和 84.30 品目注释的相关条款。

▶ 水平仪和水准仪的区分标准及相关译文研究

"水平仪"和"水准仪"是两种第九十章的测量仪器。 在协调制度中,不同类型的水平仪或水准仪应分别归入品目 90.15 或 90.31,见于子目 9015.30 "水平仪"以及 90.31 品目注释第一款第十项:
10. 各行业用的气泡水平仪,包括可调测微水平仪(带内装测微器的气泡

光学水准仪[1]

水平仪）、工程技术上用的平放水准仪（金属框架上有两个水准仪）及根据连通器原理工作的液体水平仪。必须注意，本品目不包括专用于大地测量的水平仪（品目90.15）。

对照以上注释的英文版本：

（10）Bubble levels, used in numerous trades, including micrometric adjustable levels (bubble level with built-in micrometer), block levels (metal frame with two levels) used in engineering, and liquid levels based on the communicating vessels principle.

发现"水平仪"和"水准仪"的原文实际上都是"levels"，只是翻译时采用了不同的译文。在90.31品目注释中，"bubble levels""adjustable levels""block levels"和"liquid levels"被分别译作"气泡水平仪""可调测微水平仪""平放水准仪"及"液体水平仪"[2]。同一条款内"水平仪"和"水准仪"两种译名交替出现，说明英文同为"levels"的两者，在中文环境下应指不同的仪器设备。

在专业领域，水平仪一般指利用重力对物体的作用，使之保持铅垂方向或水平位置的原理来测量小角度的量具，属于一种机械量检测仪器。光学水准仪通常用于水准测量、地形测量、工程测量和矿山测量，属于一种大地测量仪器。因此，水平仪和水准仪的区别主要在于应用领域[3]。

然而，若以机械量检测仪器与大地测量仪器作为区分水平仪和水准仪的标准，那么归入品目90.15的商品其实应该称作"水准仪"，而非现译子目9015.30的条文"水平仪"。另一方面，90.15品目注释第一款第二项"Optical levels"的译文也是"光学水准仪"。

因此，不论是从专业分类的角度，还是与品目注释译文对应的角度，都建议将子目9015.30的现有条文"水平仪"修改为"水准仪"[4]。

注：

① 图片来源：Brien Aho [Public domain], via Wikimedia Commons.

② 另有名为"gradienter"的"水平仪"，是一种通过切线测量倾角，以及测量水平距离的装置，本文仅讨论名为"level"的仪器。

③ 主要参考资料：《机械工程手册》（第二版）检测、控制与仪器仪表卷。

④ 该建议同样适用于 90.31 品目注释第一款第十项排他条款中的"水平仪":"本品目不包括专用于大地测量的水平仪(品目 90.15)。"

X 射线断层检查仪的注释译文研究

X 射线断层检查仪(Computed tomography apparatus),即通常所称的 CT 设备。9022.12 子目注释对于该子目所列"X 射线断层检查仪"有如下规定:

本子目包括所谓 X 射线全身断层检查仪。这是一种无线电诊断系统,应用电子人体断面射线摄影技术(X 射线断层摄影技术)对全身进行检查。病人躺在圆筒形通道内的检查台上,人体部位用 X 射线分步分层进行扫描,在该通道上环形布满了数百个探测器,测量 X 射线在人体内的不同衰减量。

但在实际的临床应用中,各类 CT 设备的应用范围不仅包括人体医疗,也可用于兽医或小动物活体观测。

比照子目注释的原文:

活体小动物 CT①

This subheading includes so-called whole-body computed tomographs. These are radiodiagnosis systems for wholebody examination by electronic body-section radiography (tomography). The regions of the body are scanned by an X-ray beam in individual steps and layers and the varying attenuation of the X-rays in the body is measured by hundreds of detectors arranged annularly around the tunnel in which the patient lies on a table.

尽管"body"也可指动物的身体,但末句的"patient"表明注释所称"body"确实应指"人体",即中文注释将"body"译作"人体"其实是符合英文注释原意的。

注:
① 图片来源:szhsfd.com/AnimalCT.jsp。

杂 说 篇

SHANGPIN GUILEI JINGYAO

归类新语分

归类行文略讲

商品归类与进出口货物的适用税率、贸易监管及统计分析密切相关，为说明归类相关的问题，即有归类行文之必要，不论是出于教培、学术或其他目的。然而，要写好归类文章，单有扎实的业务基础往往是不够的，以下主要从文体选择、结构设计、行文技巧三个方面，对归类行文的一些经验方法略加介绍。

一、文体选择

商品归类涉及的文体主要包括指引类和研讨类文章。此外，某些行业或风险分析报告也可包含归类相关的内容。各类归类文章虽具一定共性，如一般都包含商品介绍、归类分析、归类结论的部分，但往往各有侧重。针对不同的行文目的，应选取适当的文体。

（一）归类指引

归类指引是对一类商品进行归类介绍的文体，正文结构相对固定，所涉观点通常少有争议，故行文难度较低，更侧重于题材的选择和介绍。

归类指引选取的题材常常是一组属性类同但归类存在差异的商品，行文目的一般是采用"控制变量法"将相似产品间得以影响归类结论的"关键点"展现给读者。

（二）归类研讨

不同于指引对一类商品的"面向"介绍，归类研讨更多地是对某一特定商品或注释条款的"点向"讨论，且所涉题材通常具有一定争议，故行文难度相对较高，更侧重于结构设计和引证说理。

归类研讨应根据研讨对象的性质设计适当的行文结构,其一般方法为:对于具体商品的研究,可按归类要素分段;对于注释条款的讨论,可按引证来源分段;对于归类课题的研讨,可按待解决的具体问题分段。

(三) 分析报告

分析报告主要有行业分析和风险分析,通常具有明确的指向性,因此更侧重于应对方案的可行性和操作性。对于此类文体,应加强图表的运用。

二、结构设计

归类指引和分析报告的行文结构相对固定,以下主要介绍研讨类文章的结构设计。按研讨对象的不同,归类研讨的类型主要有商品研讨、条文研讨、课题研讨三种。

(一) 商品研讨

商品研讨离不开对商品属性的解析,因此可按不同的归类要素确立分述式结构。

一般来讲,非机电产品应着重讨论原料性质、加工程度、成分含量、外观状态等;机电产品应着重讨论结构组成、工作原理、功能用途等;一些特定商品还可引入专业领域的分类标准,如在动、植物产品的归类讨论中引入生物分类学的概念等。

(二) 条文研讨

条文研讨是对协调制度某些注释条款的解读,在解读过程中常常需要引证,故可根据引证的来源分段成文。

具体而言,对因断章取义导致的解读偏差,可引用其他归类条款以为印证;对因翻译不当造成的理解失当,可引用英文原版注释正名定分;对因标准模糊引起的适用分歧,还可引用国家或行业标准、专业文献、归类先例等作为补充。

(三) 课题研讨

课题研讨的对象一般为归类实践中存在的具体问题。对于某些包含数个子项的课题,可直接以专题形式分别讨论各个子项。如果各子项的内涵存在联系和交叉,则须重新设计行文结构,以避免重复引证。

三、行文技巧

除了选题准确、结构合理、条理清晰外,优秀的归类文章亦需一些行文技巧的点缀。这些技巧包括对层进、图表、注解等的善用。

（一）层层递进

协调制度是具有层次的体系，这种层次主要体现为类、章、目的逐级设置与归类规则的顺序适用，因此看似并列的分述结构也可与层层递进的内容实质相结合。例如，按相关列目的层级讨论归类要素，或按先后主次的关系排列引证顺序。

（二）图文并茂

对于一些单靠文字表达效果不甚理想的内容，可辅以相应的图片。附图并不限于商品实物，也包括各类图表、思维导图、逻辑图等。图文并茂既能给予读者更为直观的感受，又可以不同形式重复某些要点。

（三）善用注解

很多时候，逻辑严密和文句精练是归类行文的一对矛盾，观点的"无懈可击"时常伴有冗长的表述或失衡的结构。为缓和这一矛盾，可将一些不适合置于正文的内容转为注解。

注解主要有三方面作用：一是完善正文逻辑；二是平衡行文结构；三是显现内容主次。在行文中善用注解，能够兼顾文章的逻辑性和条理性。

归类应试论集

商品归类是一门学科，但凡学科就可能以试题的形式测试水平，不论这种测试是正式的还是非正式的。可以说，归类之水平，累积于钻研，提升于实践，聚焦于个案，彰显于试卷。

然而，商品类别，错综复杂，归类规定，交错纵横，要掌握全部的商品种类和归类规定几乎是不可能的，对于普通的归类工作者来讲，也没有这个必要。本文提出了数个关于归类应试的理论，对这些方法的了解和掌握，有助于考生在应对各类归类水平测试时取得事半功倍的效果。

一、考点论

考点论是有关预测易考点的理论。

适于出题之条款，有普通规定，亦有特殊规定。普通规定如塑料产品应归入第三十九章，特殊规定如塑料产品不归入第三十九章，而对特殊规定之偏好，是考点选择的一般规律。

特殊规定主要包括排他条款和列举条款：

（一）排他条款

"排他"一词本来就意味着特殊。例如，第三十九章章注二规定该章不包括润滑剂、蜡、合成橡胶、纺织物、机器、仪器、家具等，而这些产品全都可能具有塑料（或聚合物）的属性，因为一般的塑料（或聚合物）产品应归入第三十九章，所以该章不包括的塑料（或聚合物）产品就是特殊的。

从这个角度讲，所有类、章乃至品目注释下的排他条款——如果存在的话——都属于易考点，要掌握这些规定并非容易之事，但鉴于条款的排他主体与被排内容间存在的关联性，所以事实上这一过程并没有看上去的那么艰巨。例如，如果本来就知道聚乙二醇蜡应作为合成蜡归于品目34.04，那么即使不依据第三十九章的排他条款，也不会影响对其归类的判断。

（二）列举条款

不同于仅涉及单一商品或归类要素的普通条款，列举条款是罗列一类商品在不同场合下的归类方法，或罗列多项归类要素的规定。前者如第二章总注释关于杂碎的归类规定，其将杂碎按主要供人食用、专供制药用、既可供人食用又可供制药用、可供人食用或有其他用途的标准分为四类；后者如第十五类类注五（三）关于该类所称"合金"包括的三种情况：金属粉末的烧结混合物、熔化而得的不均匀紧密混合物（金属陶瓷除外）及金属间化合物。

被列举的内容通常同时包含一般项和特殊项。杂碎中的干制药用杂碎（品目30.01）及"合金"所不包含的"金属陶瓷"都属于特殊情况，而具有特殊性的条款就属于易考点。例如：

【单项选择题】制药用的干制动物胎盘应归入品目（   ）。
A. 02.06　　　　B. 05.10　　　　C. 05.11　　　　D. 30.01
答案：D

【多项选择题】第十五类所称"合金"，包括（   ）。
A. 金属粉末的烧结混合物　　　　B. 熔化而得的不均匀紧密混合物
C. 金属陶瓷　　　　　　　　　　D. 金属间化合物
答案：ABD

二、题干论

题干的严谨性是任何学科试卷的基本要求。为此,可以预期规范的试题均应有源可溯,比如正规的英语试卷就常以权威词典中出现的例句,在必要地方稍加修改后,作为某些试题的题干。

归类试题的题干,按性质主要包括条款和商品,而为保证试题之严谨,两者亦须遵循有据可依的要求。

(一) 条款为题干

商品归类的过程主要是依据适用,因此题干中出现的条款也应有所凭依,而不太会有"凭空创造"的情况。这是因为即便是对条款看似无关紧要的改动——除非这种改动是为制造"迷惑项"的刻意之举——都有可能破坏原题的严谨性。例如,第十六类类注三的原文为:

三、由两部及两部以上机器装配在一起形成的组合式机器,或具有两种或两种以上互补或交替功能的机器,除条文另有规定的以外,应按具有主要功能的机器归类。

若将其"简化"为如下判断题的形式:

【判断题】组合机器和多功能机器应按主要功能归类。( )

答案:错误

这种对原文的删减就可能引起题干在理解上的歧义——如果在"除条文另有规定的以外"的前提条件下,该题的答案应为"正确",否则即为"错误"。但考生并不清楚,该题是以何种前提作为出题背景的。

这意味着有经验的出题者一般不会对条款原文作大幅的改动,因此所有无须改动,或仅须细微改动即可成题的条款都适合作为出题的素材。

排他条款和列举条款都是现成的多项选择题(或不定项选择题)素材。例如:

【多项选择题】第七十一章所称"贵金属"包括( )。

A. 金　　　　B. 银　　　　C. 铂　　　　D. 铼

答案:ABC

而概念性的普通条款则可通过关键表述的改动出作判断题等,例如,将第十六类类注五的适用范围由"上述各注释所称'机器'"改为"协调制度所称'机器'":

【判断题】协调制度所称"机器",是指第八十四章或第八十五章各品目所列的各种机器、设备、装置及器具。（　　）

答案：错误

（二）商品为题干

归类试题中出现的商品同样不太可能是"无中生有"的。适于出题的商品来源通常有两种：

1. 日常生活中的常见商品，在属性认知上不易产生分歧，例如，糖果包装的果冻。

2. 在日常生活中虽不算常见，但其归类已通过公告形式（归类决定或行政裁定）明确了的商品，例如，含量95.8%的茶多酚。

三、题型论

归类测试的题型有客观题和主观题：客观题包括填空题、单项选择题、多项选择题、不定项选择题、判断题等；主观题的类型主要有案例分析题。各种题型还可整合成为情景题、综合题等。

（一）填空题和单项选择题

某一特定商品理论上只可能归入唯一的商品编码，商品归类的这一特性完全符合填空题和单项选择题的属性，故两者最常见的形式就是以商品为题干，考察对应的商品编码。例如：

【单项选择题】装有紫外光灯具，利用紫外光对疾病进行放射性治疗的射线疗法设备应归入品目（　　）。

A. 85.43　　　B. 90.18　　　C. 90.22　　　D. 94.05

答案：B

（二）多项选择题和不定项选择题

由商品考察归类的模式不符合多项或不定项选择题的特性，故而往往会以相反的形式。例如：

【多项选择题】下列可按超过一百年的古物归入品目97.06的商品有（　　）。

A. 16世纪的油画　　　　　　　　B. 16世纪的雕塑品原件

C. 16世纪的古版书　　　　　　　D. 16世纪的珠宝首饰

答案：CD

另一种常见形式为对列举条款的考察，例如：

【多项选择题】品目26.01至26.17所称"矿砂"，是指冶金工业中用于提炼（　　）的矿物。

A. 放射性金属元素　　　　　　B. 贵金属

C. 稀土金属　　　　　　　　　D. 贱金属

答案：ABD

少数情况下，多项选择题或不定项选择题亦可呈以考察某类商品可能归类的形式。例如：

【不定项选择题】初级形状的乙丙橡胶可能归入的品目包括（　　）。

A. 39.01　　　B. 39.02　　　C. 39.05　　　D. 40.02

答案：ABD

（三）判断题

判断题以考察概念性的注释条款为主。

答案为"正确"的题干可与原条款基本一致，尽管条款的内容本身可能是反常规思维的。例如：

【判断题】蒸过或用水煮过的带壳甲壳动物应归入第三章。（　　）

答案：正确

答案为"错误"的题干通常由对原条款某些关键性表述修改而得。例如：

【判断题】环氧化动植物油应作为环氧树脂归入品目39.07。（　　）

答案：错误

（四）案例分析题

案例分析题由"案例"和"分析"构成，故考察内容既包含具体的商品，也包含依据的适用，且一般来讲，对于这些案例的分析都不太会是"一步到位"的。这意味着该题型的易考点往往是混合物、复合材料制品、功能机组等在归类时须考虑多项规定或要素的商品。但除非题干中有明显的提示，否则在归类的过程中是不太可能包含"基本特征""主要功能"这类主观性过于明显的依据适用的。

此外，案例分析题的得分点除了归类结论，往往也与依据适用的准确性相关。因此在第二十九章品目层级适用"从后归类"的规定时，如果将适用的依据写作总规则三（三），而不是第二十九章类注三，那么即使最后的归类结论正确，依据适用部分的分数也应扣除。该题型的样题如：

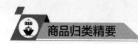

【案例分析题】初级形状的由30％聚对苯二甲酸乙二酯、32％聚对苯二甲酸丁二酯和38％聚间苯二甲酸乙二酯组成的混合体，请给出该商品的6位子目，并阐述理由及引用的依据，包括考虑单体单元比例的具体过程。

答案：3907.60；分析略。

四、要素论

商品归类本质上是商品依据一定归类规则确定商品编码的活动，要素论是以商品归类的三项基本要素——商品、商品编码、归类规则——作为出题基准的理论。

商品即物，编码即类，商品与编码不能独立存在于试题，故不是"由物及类"，就是"由类及物"；归类规则即注释条款，一般同时包含商品与编码，故既可独立作为考点，也可与物、类结合出题。

（一）由物及类

由物及类就是以商品为题干，考察商品应归入的商品编码，涉及题型以填空题、单项选择题和案例分析题为主。例如：

【填空题】用于机动车辆点燃活塞内燃发动机的铝制进气歧管应归入品目（　　）。

答案：84.09

（二）由类及物

由类及物通常以类、章、品目等为题干，考察其包含或不包含的商品，主要涉及多项选择题和不定项选择题。例如：

【不定项选择题】下列可归入品目38.23的商品有（　　）。

A. 40％硬脂酸和60％软脂酸的混合物

B. 纯度90％的硬脂酸

C. 纯度80％的油酸

D. 工业用脂肪酸，二聚的

答案：AC

（三）注释条款

归类规则是对注释条款本身的考察，简单条款可作为判断题的素材，复杂条款可出作多项选择题或不定项选择题。例如：

【判断题】品目27.10所称"石油及从沥青矿物提取的油类"包括主要含

有不饱和烃混合物的油,且其芳族成分的重量必须超过非芳族成分。(　　)

答案:错误

五、原变论

原变论是有关出题时是否变换注释条款原有内容或形式的理论。

同一注释条款作为出题依据时,可以原有的内容或形式,亦可加以变换。对于判断题来讲,条款关键内容的变换与否往往直接决定了答案。多数情况下,"变形题"的难度要高于"原形题"。

(一) 原形题

原形题是呈以注释条款原有形式的题型,例如,第十五类类注二明确了协调制度所称"通用零件"的范围,以此为据的原形题可出为:

【多项选择题】下列属于本协调制度所称"通用零件"的商品有(　　)。

A. 法兰　　　　　B. 垫圈　　　　　C. 弹簧　　　　　D. 铰链

答案:ABCD

但对于可查阅《税则》或《税则注释》的"开卷"形式来讲,原形题的难度过低,故常变换形式以提升试题难度。

(二) 变形题

由于变换了注释条款的原有形式,故变形题一般无法根据单一的条文获取答案。例如,第三十章章注一规定了该章所不包括的商品,故可逆向考察该章包括哪些商品:

【多项选择题】以下可归入第三十章的商品有(　　)。

A. 利君沙原药　　B. 人血　　　　C. 培养微生物　　D. 废药物

答案:BCD

六、闭卷论

商品归类的特点决定其测试方式通常应为可以查阅注释及商品编码(通常为《税则》及《税则注释》)的"开卷"形式,但在少数情况下,尤其是在归类作为数个业务模块之一的综合性测试中,也完全可能采取不能查阅任何资料的"闭卷"形式。闭卷论就是关于闭卷形式下归类试题特点的理论。

(一) 开卷试题特点

开卷是归类测试的常规模式,因可查阅《税则》及《税则注释》,故常涉及较多"由物及类"或"变形题"的题型。理论上开卷测试的出题范围可涉及《税则》与《税则注释》的任何部分，甚至还可包括两者未包含的《本国子目注释》与某些公告的内容。

(二) 闭卷试题特点

闭卷不是归类测试的常规方式，故在考点选择与题干设计上往往也存在一定的限制。因不能查阅《税则》或《税则注释》，故题型多偏于"由类及物"和"原形题"，且以考察类、章范围为主。例如：

【不定项选择题】下列可归入第十五章的商品有（　　）。

A. 未炼制的猪脂肪　　　　　　B. 已炼制的猪油

C. 可可油　　　　　　　　　　D. 黄油

答案：B

即使包含"以物及类"的题型，选项中一般也会提示商品编码所对应的范围。例如：

【单项选择题】无乳糖配方特殊婴儿奶粉应归入品目（　　）。

A. 04.02（浓缩、加糖或其他甜物质的乳及奶油）

B. 04.04（其他品目未列名的含天然乳的产品）

C. 19.01（品目 04.01 至 04.04 所列货品制的其他品目未列名的食品）

D. 21.06（其他品目未列名的食品）

答案：D

一般来讲，闭卷形式的归类测试难度反而低于开卷。

商品归类的应试理论可归纳为：

　　　　　　　　特殊规定，易为考点。

　　　　　　　　试卷题干，可溯其源。

　　　　　　　　题型不离，填选判案。

　　　　　　　　归类要素，物类条款。

　　　　　　　　难易调整，原形变换。

　　　　　　　　闭卷形式，反而简单。

商品归类的三要素

在我国，商品归类被定义为：在《商品名称及编码协调制度公约》商品分类目录体系下，以《中华人民共和国进出口税则》为基础，按照《进出口税则商品及品目注释》《中华人民共和国进出口税则本国子目注释》以及海关总署发布的关于商品归类的行政裁定、商品归类决定的要求，确定进出口货物商品编码的活动[①]。

在上述定义中，"《商品名称及编码协调制度公约》商品分类目录体系"是商品编码所在的体系；"以《中华人民共和国进出口税则》为基础，按照《进出口税则商品及品目注释》《中华人民共和国进出口税则本国子目注释》以及海关总署发布的关于商品归类的行政裁定、商品归类决定的要求"是商品归类所依据的规则；"进出口货物"是商品归类的具体对象。

商品归类的活动无法脱离商品编码、归类规则或所归商品进行，故称商品、商品编码及归类规则为商品归类的三个基本要素，而商品归类的本质就是对特定商品适用一定归类规则以确定商品编码的过程。

将商品归类的活动按不同要素予以区分，有助于厘清归类过程中常见的对"所归"与"所列"之间的混淆。

例如，将某种钢铁管件归入列名为"无缝钢铁管及空心异型材"的品目73.04时，钢铁管件为"所归"，"无缝钢铁管"为"所列"。"所归"属于"商品"的要素范畴，"所列"属于品目条文，即"归类规则"的要素范畴[②]。因此，一种钢铁接头所适用的管件按机器零件归入第十六类，并不影响接头本身作为管子附件归入品目73.07[③]。

又如，热敏电阻器归入列名为"电阻器"的品目85.33，并不影响其作为一种半导体器件的"商品"属性[④]。因为"所列"与"所归"之间只能进行适用和匹配，但无法相互影响对方的实质。因此，对热敏电阻器进行电量测试的仪器设备仍可作为"测试或检验半导体圆片或器件用"的装置归入子目9030.82。

注：

① 《中华人民共和国海关进出口货物商品归类管理规定》（海关总署第158号令）第二条。

② 总规则一："具有法律效力的归类，应按品目条文和有关类注或章注确定……"

③ 贱金属管子不属于"通用零件"，因此用作机器零件时，一般应根据第十五类类注一（六）优先归入第十六类。但不归入列名为"管"的商品编码并不影响其本身所具有的"管"的属性，因此其所适用的接头依然可作为"钢铁管子附件"归入品目73.07（管子附件是一种"通用零件"）。

④ 85.41品目注释第一款第三项："但本组不包括某些半导体器件。这些半导体器件与上述半导体器件不同，主要利用温度、压力等进行工作。例如，非线性半导体电阻器（热敏电阻器、变阻器、磁电阻器等）（品目85.33）。"

智能化归类前瞻

现所谓智能化归类多指通过关键字对商品名称及描述进行模糊搜索的模式，但这种方法至多作为人工归类的辅助工具，且强烈依赖数据库本身的质量，无法真正实现商品归类的"人工智能"。

不依赖人工和历史数据，适用于全新商品的智能化归类应基于归类的三要素，即商品、商品编码及归类规则①，以及"归类规则：商品→商品编码"的映射过程②。然而，其最大困难则在于找到合适的算法将商品的"非数"信息转化为商品编码的"数"：

算法：商品（非数）→商品编码（数） △

一种很自然的想法是先将"非数"的商品信息"参数化"，再由同为"数字"的商品信息映射到商品编码：

算法：商品（非数）→商品（数）→商品编码（数） ○

规范申报与申报要素可视为在此方面的一种努力，但以智能化归类的标准，两者仍处于非常初级的阶段。

例如，机电商品的申报要素一般有品牌型号、功能和用途等，品牌型号对确定全新商品的作用有限，而对于一套由不同部件构成的设备，确定归类所需

的信息通常包含：整套设备的功能、各部件的连接方式、各部件的功能、各部件的结构等，且这些要素在适用时还存在一定的逻辑顺序和关系。

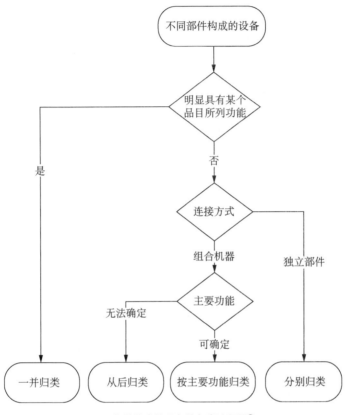

不同部件构成的设备的归类流程图③

显然，将机电商品的信息简单分解为功能、用途等要素完全无法满足智能化归类的要求。 即便是基于略为复杂的流程图，各步骤转换成算法时也存在诸多障碍。 例如，"明显具有某个品目所列功能"本身就要求先对第八十四章、第八十五章及第九十章各品目的范围进行参数定义，对"主要功能"的判断更是缺乏固定的标准。 可见，要实现真正的智能化归类仍可谓任重而道远。

注：
① 又见本书《杂说篇·归类新语分·商品归类的三要素》。
② 又见本书《研究篇·规则研究分·商品归类的映射过程和"二分法"原则》。
③ 该流程图未将"功能机组"和"组合机器"对于"未列名"税目适用性的差异纳入考虑。

归类才情分

联想记忆法

观今之"归林",专才不少,通才不多。 不通,多顺序记忆之弊也。

顺序者,一至九七,一贯到底,如布之梭织,经纬相交,然人脑非布,故不织。

布有梭织,亦可钩编。 学有顺序,亦可联想。 联想记忆,如针织钩编,蜿蜒回绕,纵横交错。 阴阳不测,故谓之神。 神而融会,故贯以通。

联想记忆法,诚通才之基也。

若:

活猪(品目 01.03)→猪肉(品目 02.03)→未炼制的猪脂肪(品目 02.09)→炼制的猪油(品目 15.01)→大豆油(品目 15.07)→人造黄油(品目 15.17)→天然黄油(品目 04.05)→乳(品目 04.01)→酸乳(品目 04.03)→乳酸(品目 29.18)→乳酸菌(品目 30.02)→已死的单细胞微生物(品目 21.02)→已死的单细胞藻类(品目 21.02)→海藻(品目 12.12)→甘蔗(品目 12.12)→蔗糖(品目 17.01)→乳糖(品目 17.02)→半乳糖(品目 29.40)→多糖(品目 39.12)→多糖即纤维素→亚麻纤维(品目 53.01)→尼龙短纤(品目 55.03)→碳纤维(品目 68.15)→玻璃纤维(品目 70.19)→光导纤维(品目 90.01)→单根纤维未被覆光缆(品目 90.01)→单根纤维被覆光缆(品目 85.44)→光缆用连接器(品目85.36)→有线数字通讯设备(品目 85.17)→电话机(品目 85.17)→家用电动器具(品目 85.09)→家用电热炉(品目 85.16)→工业用电炉(品目 85.14)→非电热的工业炉(品目 84.17)→非电热的钢铁制家用炉(品目 73.21)→钢

铁制螺丝（品目73.18）→螺丝刀（品目82.05）→剃刀（品目82.12）→电动剃须刀（品目85.10）→手术刀（品目90.18）→医学解剖模型（品目90.23）→立体地图（品目90.23）→印刷地图（品目49.05）→书籍（品目49.01）→古版书（品目97.06）

协调制度，一至九七，起于动物，终于古物。今抛数砖，为引碧玉，信手拈来，岂不美哉？

商品归类与熵

熵（entropy）是一个热力学概念，即体系的混乱程度。熵值越高，体系越是混乱。混乱程度的反面即有序化程度，两者为一体两面。然而，本文并非旨在探讨物理概念，故即将引用之数理内容，其实是看似无关的商品归类在热力学范畴的映射。

玻尔兹曼的熵公式为：

$$S = k \ln V$$

其中，k为玻尔兹曼常数，它的值很小，$k=1.3865\cdots\times10^{-23}\text{J}\cdot\text{K}^{-1}$；ln为自然对数；但要解释式中的$V$则略显困难，它被定义为相空间"粗粒化（coarse graining）区域"的体积，属于同一粗粒化区域的两点在宏观参数上被认为是"不可区分的"。

如此解释到底还是令人感到费解，但若以商品归类进行类比就会清晰很多。例如，书店有两本不同的字典，语言、内容和包装都不相同，但如果仅考虑归类，则两者应归入相同的子目4901.99。换句话说，虽然两本字典确实是不同的存在，但在协调制度这个"相空间"里，它们是"不可区分的"。对字典而言，子目4901.99就是它们的"粗粒化区域"。

从这个角度看，若撇开征税、监管、贸易、统计等衍生职能，商品归类本质上只是一个将纷繁复杂的各类商品"有序化"的过程，即对原本"混乱"的商品"做功",进而"降低"整个体系的"熵"。

然而,正如"粗粒化区域"在物理学中的定义所言,其大小的确定与宏观参数有关,而宏观参数不仅与体系的状态相关,事实上也与测量的手段相关。例如,对流体而言,仅考虑它的温度、压力和密度的粗粒化区域体积一定比进一步考虑其颜色、化学组成等属性的粗粒化区域体积来得要大,而既然熵的大小是由粗粒化区域体积 V 来确定的(公式的其余部分为常数),于是一个体系的混乱(或者有序化)程度,除了与其本身的状态有关,其实还取决于我们希望考虑多少细节。

物理学的宏观参数,比之归类即商品参数。一个商品归在哪里,除了与其固有的商品属性有关之外,更与归类规定要求考虑哪些要素相关。至于那些未被要求考虑的商品参数,在归类时就会被"粗粒化"。

如此说来,岂非设置尽可能多的要素,将商品分得越是精细,则归类后的熵值就越小,商品也就越是有序了吗?然而,根据热力学第二定律(又称"熵增定律"),一个系统的熵总是增加的(至少不会减少),所以依据现有的归类体系也好,修订规则和列目将商品分得更为精细也好,这种试图将商品有序化的过程必将伴随外部混乱程度的加剧。例如,归类规则和列目越是繁琐,维持商品有序化的压力便会相应增大,产生争议和不一致的可能也越大,从而导致了整体的熵增。

可见,商品归类同样遵循"热力学第二定律",一个系统总的混乱度,即熵,是不会减少的。归类的过程即是"做功",因此在将商品分类体系有序化的努力过程中,不应忽视潜在的"熵增"。

商品归类的体用观

初接触商品归类,见到什么,便是什么,物物清晰,事事明确。结果学到深处,却愈发对什么都道不出个"是"字。愈不言是,则愈擅于不是,乃至言遍各处不是,初学归类时的生涩却在不觉中一消而尽,归类能力更是在认知各种"不是"中驶入了一个新的境界。

归类人如是，归类本身亦如是。

协调制度及注释，本可安安分分，将每种商品具体列出，道清某目包含某物便是，却又偏偏说毕是来又言非，编制诸多排他条款。让外行们对着铺天盖地的排他条款和另有规定，顾此失彼，左右不是。令人不禁想问，协调制度何以此般拐弯抹角，不愿直来直往？

是不愿，还是不能？

在惯于正向看待事物的今天，此种现象实属不可思议。若要扯开，这一问题可以说得很大，但从"体"与"用"的哲学范畴，却着实可以探出一般端倪。

"体"，就是事物的本体，是形而上的范畴，不可道亦不可名，故不能直接认知。可以命名，道出个所以然，能让人们看到的，便已落入了形而下的"用"，"用"虽是"体"的投影，但究竟和"体"是不同的。既然不能直接说清楚本体究竟是什么，不得已只能间接通过处处提醒"不是"来防止人们误将看到的"用"错认为那个不可道名的"体"。所谓遮法，此也，谓勿要认指为月，亦此。

以商品归类而言，协调制度的列目亦不过只是一个名称、一个代号，同一代号在不同人的主观投影里，只可说是相似或接近，但绝不会完全相同。故而即便有配套之注释，终究也不过如人以手捏目所望之第二月，仍旧难以彻底避免主观认知上的差异。

既然做不到在"体"的层面统一对"是"的认知，倒不如退而求之于"用"，通过排尽诸非来求得一个"如是"，实可谓：

> 初学归类苦难圆，
> 只道功夫半未全。
> 至今方知非力取，
> 三分如是七分非。

▶ 商品归类和十二星座①

越是复杂的工作，越能显现不同性格个体的差异。作为一项专业性极强的工作，商品归类在不同个性主体上的投射亦千差万别。

在性格剖析的层面，以十二星座为基础的占星学提供了一个优秀的框架。在西方，很多心理学家和精神治疗师也会涉足占星学，故本文的性质仅为在商品归类与个性禀赋之间建立联系的一次尝试，而不存在任何将"算命"或"唯心"的因素引入归类这一崇尚严谨之学科的意图。

一、白羊座

具有白羊特质的人在归类工作中往往能表现出经久不衰的活力和开创精神，通常不会畏惧传统意义上的难题并且乐于接受挑战。然而，鲁莽会让他们缺乏归类工作必要的细腻和深思熟虑，也可能因为善于争执的性格而难以与人合作。白羊座厌烦缓慢的步调，因此一旦掌握相应技巧就能具备很快的反应速度。

白羊座象征生命、活力和战争，因此和此星座相关的货品包括第一类的活动物和第十九类的武器。此外，和能源有关的商品，比如第二十七章的矿物燃料，还有品目85.01的电动机和发电机也是具有白羊特质的。

二、金牛座

金牛座的关键词是"存在"和"拥有"，因此该星座特质明显的人往往难以接受虚无缥缈的概念性描述。如果有机会，他们宁愿看到实实在在的实物。金牛座脚踏实地，具有相当程度的持久力，即便是看上去枯燥的重复性工作也能很好地胜任。不过和热爱开创的白羊不同，金牛座倾向于维持现状，因此一旦观点与他人不同，容易给人落下固执的印象。

传统认为金牛座对形式和质感的知觉敏锐，因此第十一类的纺织品受该星座的管辖。金牛座也和大地有关，所以和第五类的矿产品和第十三类的各种石料制品也有关系。

三、双子座

双子座的法则就是沟通和交流，也象征贸易。因为协调制度本身就是为贸易服务的分类体系，从这个角度讲，商品归类和双子座的关系非常密切。不过并不是说双子特质的人一定比其他星座更适合归类工作，这取决于具体分工。在商品信息的搜集和传播方面，双子座拥有无与伦比的优势，不过一旦涉及对资讯的处理和筛选，显然辨识和分析能力卓越的处女座会更胜一筹。

双子座的研究方向通常不专一，因此该星座特质强烈的人可能对各类商品都有涉猎但是缺乏特长，双子座也具有善变的特点，他们的观点往往是游移不定的。

和双子座有关的商品包括第十七类的交通工具以及 85.17 的电话、手机和其他通信设备。

四、巨蟹座

巨蟹座具有怀旧特质，所以受该星座强烈影响的人和良好的记忆有关。和螃蟹的动作一样，巨蟹也善于旁敲侧击，因此在归类工作中倾向于从不同的角度审视自己的结论，不过这种细腻的特点也意味着巨蟹的工作节奏是不那么快的。

巨蟹座符号的象征意义之一是胸部，因此第四章的乳品和其他章节与乳相关的产品都受其管辖。巨蟹座也和家居生活有关，所以第九十四章的家具、寝具，包括活动房屋都有该星座的特质。此外，巨蟹强烈的怀旧倾向表明第九十七章的古董也是受其支配的。

五、狮子座

狮子座高尚、勇敢、受人尊敬，但这种说法其实有点夸大。狮子座性格积极的一面是自尊自重，糟糕的一面则是自大和骄傲。狮子座这种以自我为中心的特质看起来好像并不适合讲究客观公正的商品归类工作，但其实很多狮子人都有着不错的归类水平。决定一个人能否胜任某项工作，性格只是一方面，另外还有很大程度取决于他的基础能力。大多数狮子座都有上进心且兴趣广泛，他们通常具有归类工作所必需的知识广度，有时候他们会表现出自大的一面，但这种自大往往有其值得仰仗的资本。

即便如此，专职从事归类工作的狮子座并不多见，一方面可能是因为他们在数个领域都很出色，所以看上去反而没什么特长，另一方面狮子座总是需要一个展现自己的舞台，显然像商品归类这种"幕后"属性强的工作类型是很难满足他们表现自我的需求的，所以最理想的情况就是成为归类培训师这种可以展示个人才华的职业。

狮子座就像一个大孩子，因此和该星座相关的商品包括第九十五章的玩具、游乐场设备及其他娱乐用品。这个星座也和奢华类的消遣和享乐用品有关，所以第七十一章的珠宝、贵金属及其他章节的奢侈品都是受其管辖的。

六、处女座

很多人都会将处女座和吹毛求疵联系在一起，其实这个星座真正关切的是事物的运作方式，决定什么有用，什么无用，再把无用的淘汰掉。这样看起来处女座是一个真正适合从事商品归类的星座，因为归类工作的大多数时候都是在做选择题，不仅包括在几个候选税目中选出最适合的，协调制度本身还充斥着各种存在先后适用顺序的条款。此外，提升归类技能必须过的一关就是辨别各种看上去差不多的税目和商品，而处女座是很擅长处理这些问题的。

处女座也是非常具有观察力的，他们关注细节和琐碎的事物，尤其是别人容易忽略的事。对处女座而言，在归类工作中唯一需要注意的是防止被细节捆绑，从而见树不见林。有些处女座因不断分析某个局部，从而错失了事物的要点及核心部分。最糟糕的情况是一些处女座人在归类时脱离大的商品背景而孤立地死抠某些局部条文。与狮子座相反，典型的处女座为人低调，注重服务，并羞于夸示或炫耀，所以在和他人产生争执时他们往往倾向于礼节性地接受对方的观点。

处女座的任务是检验和分析，因此最具处女座特质的商品就是第九十章的检测分析仪器。

七、天秤座

天秤座的符号就是一座天秤，因此这个星座主要关切的议题就是平衡和协调。虽然听上去天秤座这一特质和协调制度的名称是很搭配，但其实归类的多数场合是充满争议的，而这些矛盾往往会超过天秤座人所能承受的限度，因此专职从事归类技术工作的天秤座并不多见，有些天秤座会从事和归类相关的协调工作。

天秤座是注重公正性的星座，但只有当反复衡量各种观点时才能做出公正的决定，因此对于该星座的人而言，要成为一名优秀的归类工作者往往意味着双倍的思考压力。很多其他星座的人在正式归类前就已经带有自己的倾向性意见了，然后再不断修正最初带有偏见的观点，但天秤座使用的则是截然不同的思考方式，他们习惯于同时权衡两种相反的观点，然后得出尽可能公正的结论。

和处女座类似，天秤座也是厌恶观点与他人发生冲突的一个星座，所不同的是处女座解决争执的方法是表面认同对方，但心里依旧坚持自己经过仔细验证的结论，而天秤座在争议面前却会产生真正的动摇，有时候天秤座甚至宁愿舍弃一部分原则也要维护表面的和平。从事归类工作的天秤座最糟糕的情况是陷入优柔寡断的泥潭，但那些基础扎实，擅长驾驭自身性格矛盾的天秤座则总能提出客观公正的见解。

天秤座是由无机物象征的星座，缺乏动物性，意味着天秤座是一个非常文明的星座，而和人类文明最有关联的商品无疑是第四十九章的书籍及各种印刷品了。

八、天蝎座

如果说天秤座奉行的是中庸之道，那么天蝎座就是喜欢走极端的星座。在商品归类中，观点鲜明并不是什么坏事，特别是像天蝎座这种善于看到事物本质的星座。因为当产生争议时，如果每个人都保持中立，归类工作就没法开展下去了。有强烈天蝎倾向的人总是以怀疑的态度看待已有结论，他们不是那种能够轻易接受他人观点和妥协的类型，有些天蝎座人持有某种观点的动机甚至就是为了推翻别人。

天蝎座最大的武器就是绝不从表面看事物，有很多天蝎座擅长解读一般人难以理解的条文，也有些人会去探究某些隐含的归类逻辑。这个星座还非常善于辩论，他们的优势不是双子座那种注重语言技巧的伶牙俐齿，而是因为天蝎座的观点通常是切中要害的。

天蝎座的象征是一只蝎子，这种动物容易让人联想到毒药，不过在西方的同类疗法里，很多毒药都是可以用来治病的，所以和天蝎座相关的商品首数第三十章的药品，但事实上整个第六类的化工品都可以认为是具有该星座特质的。

九、射手座

射手座心智活跃，富有探索精神，不少射手座都拥有哲学或涉外类的专业背景（分别代表对内在和外在世界的探索），且接受过高等教育，不过这类专业往往与商品学没有直接的关系。

射手座比较随性，不喜欢受到拘束，即使从事商品归类这种以严谨著称的工作也不太会是那种一板一眼死抠条文的风格。除非经过深思熟虑，否则他们在思考过程中发表的喃喃自语似的观点是没有太大价值的。

射手座容易被新奇的商品吸引，但往往只关注商品的概要而对琐碎的细节不感兴趣，这意味着他们适合调研新兴商品，而不是对疑难问题进行严密的思考。如果这些调研工作还涉及外文译制的内容，那就更适合不过了。

与射手座相关的商品包括各类文教用品和交通工具，虽然双子座也涉及第十七类的商品，但射手座偏向客机、游轮这样的长途旅行，而双子座对应的往往是短途代步工具。

十、摩羯座

与射手座的随性相反，摩羯座是以自我克制著称的星座，同时也是世俗和现实主义的代名词。

以严谨的态度注重物质世界的摩羯座虽然在某种程度上具有一定的归类才能，却少有在技术层面真正精进到非常深的存在。这是因为商品归类不仅需要客观地看待物质世界，也要求尽可能排除归类之外的信息干扰，而摩羯座是典型"不会就技术而技术"的代表。比起理论上的无懈可击，摩羯座更注重归类对世界的实质影响。

如果说同为土象的处女座代表精密的检测仪器，那么摩羯座就是接近于"大工业"概念的粗放型机器，当然现在大多数工业机器的精密程度其实早已达到不亚于检测仪器的地步了。

十一、水瓶座

水瓶座通过自省摩羯座的世俗倾向，而开始向独立和知性发展。不过，反世俗并不意味着空想或者唯心，而是将理论和逻辑作为关注的主要方面。从某些角度来看，商品归类本身就是一套强调逻辑的理论体系，所以在水瓶座当中出现众多优秀的归类人才也就没有太多值得奇怪的地方了。

擅长独立思考和敢于挑战传统都是水瓶座之所以适合从事归类工作的宝贵特质，尽管直言不讳和欠缺技巧的表达方式有时候会让他们的观点难以在一开始受到广泛认同。水瓶座人也存在一定的教条主义和理想主义倾向，因此相对摩羯的现实，水瓶座的归类工作者自然便是"就技术而技术"的典范了。

虽然任何和科技进步存在密切联系的商品都具有水瓶座特性，但因为自协调制度产生以来大部分科技进步的成果都集中在电子产品领域，因此第八十五章的商品最具有这一星座的特性。

十二、双鱼座

双鱼座具有强烈的消融界线和彼此渗透的倾向，就像海水那样，因此强调泾渭分明的归类工作并非鱼儿们所擅长。此外，这个星座的其他特质，如空想、缺乏明确定位、不擅长下定义等，也让双鱼座较其他星座更难做到对事物进行分类和阐明。

基于上述原因，尽管双鱼座偶尔也会在模糊的想法里得到一丝灵感，但专门从事归类工作的双鱼座确实不多见。最好的情况是他们通过强大的包容力和保持开放的心态消化不同意见，不过与天秤座左右为难地权衡各方立场不同，双鱼座是通过消融边界的方式来处理各方意见的。从负面的角度看，这也意味着他们缺乏定见，容易受人影响。

由于双鱼座的诸多特质缺乏物质性，能够和该星座攀上关系的恐怕就只有第六类的精神和麻醉药物了。

注：
① 主要参考资料：《当代占星研究》（苏·汤普金斯 著 胡因梦 译）。

两小儿辩归类

橙元子梦游，见两小儿辩斗。

一儿曰："我以汽车排气管为管也。"

一儿以汽车排气管非管也。

一儿曰："汽车排气管状如无缝管，此不为管乎？"

一儿曰："汽车排气管归车零件，此不为零件乎？"

橙元子笑而不语,两小儿又辩。
一儿曰:"我以排气管接头为管子附件。"
一儿以排气管接头非管附件。
一儿曰:"排气管为管,其接头不为管子附件乎?"
一儿曰:"排气管归零件,其接头不亦为零件乎?"

橙元子似笑非笑,谓两小儿曰:
"汝不知所归与所列之别乎?"

直译、意译与妙译

知之者不如好之者,好之者不如乐之者。

——《论语》

协调制度不是文学作品,讲究科学的"真",而非艺术的"美"。因此对协调制度的翻译,通常采取直译,偶尔使用意译,尽量避免硬译,万万不可滥译。

但翻译并不限于直译和意译,故在一些非正式场合,也可突破直译或意译的方法,以我国特有的文言形式加强表意,即妙译。例如:

As an initial matter, the Secretariat would point out that any amendment to the General Interpretative Rules of the Harmonized System should be done with care. The HS is used by more than 200 countries and economies around the world and the GIRs are the foundation of the principles of classification of goods under the HS. Any amendment to the GIRs will have an impact on the classification of goods throughout the Nomenclature. Bearing that caveat in mind, the Secretariat can offer some observations on the EU's proposal[①].

作为首要事项,秘书处指出对协调制度总规则的任何修订都应采取谨慎的态度。全世界有200多个国家、地区和经济体使用协调制度，而总规则是协调制度商品归类原则的基础。对总规则的任何修订都将对商品归类产生全局性的影响。考虑到这一点，秘书处可以对欧盟的提议提出一些意见。（直译）

秘书处警言，慎改总规则，任意微细修，影响在全局。二百余国度，以协调制度，善分商品类，规则为基石。此诚铭于心，再作如下论。（妙译）

注：
① 选自 www.wcoomd.org/~/media/meeting-documents/hs-review-sub-committee/54/NR1296E。

归 类 至 人

商品、规则、语义的修习到此地步，研习归类的目标已非单纯地追求正确之"果"，而是深入地探究其所因之"理"，进而达到"归类至人"的境界。

——本书《启蒙篇·归类研习要略》

大千商品，恒河沙数，归类争讼，层现叠出。
前知活物，后晓杂项，勤而善悟，归类至人。

巧解难疑，审细谛观，妙译英汉，信兼达雅。
思绪若风，慧笔似箭，胸有沟壑，志比鲲鹏。

为而不恃，功成不居，夫唯不居，是以不去。
归物于实，化理于真，精知于微，治心于朴。

如水归海，渐成深广，亦如磨镜，垢去明存。
先求境界，后言是非，众随成心，彼齐物论。

附 录

SHANGPIN GUILEI JINGYAO

归类水平趣味自测

注意事项：

1. 建议 60 分钟内完成。

2. 答题时可查阅《税则》与《税则注释》，但请于初次作答时禁用一切《税则》或《税则注释》的电子搜索功能。

3. 归类水平按得分判为归神（90 分及以上）、归霸（80—89 分）、归民（60—79 分）与归弱（60 分以下）四个等第。

一、单项选择题(每题 3 分,共 10 题)

1. 无乳糖配方特殊婴幼儿奶粉应归入品目（　　）。
   A. 04.02　　　B. 04.04　　　C. 19.01　　　D. 21.06

2. 加蜂王浆的天然蜂蜜应归入品目（　　）。
   A. 04.09　　　B. 04.10　　　C. 17.02　　　D. 21.06

3. 杏（apricot）的果仁应归入品目（　　）。
   A. 08.02　　　B. 08.09　　　C. 12.11　　　D. 12.12

4. 6-二甲氨基-4-羟基-2-萘磺酸应归入子目（　　）。
   A. 2922.1　　　B. 2922.2　　　C. 2922.4　　　D. 2922.5

5. 破碎的陶器应归入（　　）。
   A. 第二十五章　　　　　B. 第三十八章
   C. 第六十八章　　　　　D. 第六十九章

6. 玻璃仿宝石制的装饰摆件应归入品目（　　）。
   A. 70.13　　　B. 70.18　　　C. 71.16　　　D. 71.17

7. 钢铁制的回形针应归入品目（　　）。
   A. 73.19　　　B. 73.26　　　C. 83.05　　　D. 83.08

8. 装有电动机的滚筒,用于辊式运输机,应归入品目（　　）。
   A. 84.20　　　B. 84.28　　　C. 84.31　　　D. 85.01

9. 未装有发动机的货车底盘应归入品目（　　）。
   A. 87.04　　　B. 87.06　　　C. 87.07　　　D. 87.08

10. 应用 X 射线断层扫描技术的小动物活体成像系统应归入品目（　　）。
    A. 90.18　　　B. 90.22　　　C. 90.27　　　D. 90.30

二、多项选择题(每题 5 分,共 10 题)

1. 以下属于适用总规则三（一）的归类有（　　）。
   A. 电动剃须刀及电动理发推子应归入品目 85.10,而不应作为本身装有电动机的手提式工具归入品目 84.67 或作为家用电动机械器具归入品目 85.09
   B. 确定为用于小汽车的簇绒地毯,不应作为小汽车附件归入品目 87.08,而应归入品目 57.03
   C. 谷物的分选机器应归入品目 84.37,而不应归入品目 84.38 或 84.79
   D. 钢化或层压玻璃制的未镶框安全玻璃,已制成一定形状并确定用于飞机上。该货品不应作为品目 88.01 或 88.02 所列货品的零件归入品目 88.03,而应归入品目 70.07

2. 以下可归入第三章的有（　　）。
   A. 熏制前烹煮了的熏鱼　　　　B. 用面包屑包裹的鱼片
   C. 水煮过的去壳甲壳动物　　　D. 烹煮过的鱼制得的细粉

3. 品目 26.01 至 26.17 所称"矿砂",是指冶金工业中用于提炼（　　）的矿物。
   A. 放射性金属元素　　　　　　B. 贵金属
   C. 稀土金属　　　　　　　　　D. 贱金属

4. 以下可归入品目 34.04 的有（　　）。
   A. 动物蜡与植物蜡混合制得的蜡　　B. 动物蜡与矿物蜡混合制得的蜡
   C. 不同矿物蜡相互混合制得的蜡　　D. 矿物蜡与聚乙烯混合制得的蜡

5. 以下属于品目 39.09 所列氨基树脂的有（　　）。
   A. 尿素树脂　　B. 聚氨酯　　C. 聚胺树脂　　D. 蜜胺树脂

6. 第十五类所称"合金"，包括（　　）。
   A. 金属粉末的烧结混合物　　B. 熔化而得的不均匀紧密混合物
   C. 金属陶瓷　　D. 金属间化合物

7. 品目 72.01 所列生铁及镜铁的形态包括（　　）。
   A. 锭　　B. 块　　C. 颗粒　　D. 粉末

8. 品目 85.42 所列"多元件集成电路"可包含的元件有（　　）。
   A. 硅基执行器　　B. 变压器　　C. 电磁铁　　D. 热敏电阻

9. 热电偶可能归入的品目包括（　　）。
   A. 85.03　　B. 85.48　　C. 90.25　　D. 90.33

10. 以下可归入品目 97.06 的有（　　）。
    A. 18 世纪的油画　　B. 18 世纪的雕塑品原件
    C. 18 世纪的古版书　　D. 18 世纪的珠宝首饰

三、判断题（每题 2 分，共 10 题）

1. 类注释的效力高于章注释，章注释的效力高于品目条文。（　　）

2. 因具有多种用途看起来可归入子目 3808.91 至 3808.99 中一个以上子目的货品，一般应按归类总规则三的规定确定归类。（　　）

3. 环氧化动植物油应作为环氧树脂归入品目 39.07。（　　）

4. 开菲尔（kephir）酸乳酒应归入第二十二章。（　　）

5. 品目 27.10 所称"石油及从沥青矿物提取的油类"包括主要含有不饱和烃混合物的油，且其芳族成分的重量必须超过非芳族成分。（　　）

6. 以一层或多层专用纸浸渍热固性氨基树脂，铺装在刨花板、高密度纤维板等人造板基材表面，背面加平衡层、正面加耐磨层，经热压、成型的强化木地板应归入品目 44.13。（　　）

7. 品目 56.08 所列"纺织材料制成的渔网及其他网"应符合第十一类类注七关于"制成的"的规定。（　　）

8. 协调制度所称"机器"，是指第八十四章或第八十五章各品目所列的各

种机器、设备、装置及器具。　　　　　　　　　　　　　（　）

9. 在报验时已经装在拖拉机上的作为可互换工具的农业机械应与拖拉机一并归入品目 87.01。　　　　　　　　　　　　　　　　　　　（　）

10. 装有气体喷嘴、龙头装置等的实验室工作台（laboratory bench）应按家具归入品目 94.03。　　　　　　　　　　　　　　　　　　（　）

四、答案与解析

（一）单项选择题

1. 答案：D

解析：第四章章注四（二）："以一种物质（例如，油酸脂）代替乳中一种或多种天然成分（例如，丁酸脂）而制得的产品（品目 19.01 或 21.06）。"；本国商品编码 21069090.01 包括乳蛋白部分水解配方、乳蛋白深度水解配方、氨基酸配方、无乳糖配方婴幼儿奶粉。

2. 答案：D

解析：04.09 品目注释："本品目包括蜜蜂或其他昆虫所产的蜂蜜，不论是离心分离、仍存于蜂巢内或是带有蜂巢碎块，但不得加糖或其他任何物质。"；21.06 品目注释："本品目主要包括：……（五）加蜂王浆的天然蜂蜜。"

3. 答案：D

解析：12.12 品目注释第四款："因此，本品目包括桃（含油桃）、杏及李的果仁（主要用作巴旦杏仁代用品），尽管这些果仁可用于提取植物油，但仍归入本品目。"；注意与扁桃仁（品目 08.02）及杏子（品目 08.09）进行区分。

4. 答案：B

解析：6-二甲氨基-4-羟基-2-萘磺酸的结构包含氨基、萘酚及磺酸基。根据第二十九章章注四："品目 29.11、29.12、29.14、29.18 及 29.22 所称'含氧基'，仅限于品目 29.05 至 29.20 的各种含氧基（其特征为有机含氧基）。"因此，在确定该商品的子目归类时，不应将磺酸基视作一种含氧基，故其应按氨基萘酚归入子目 2922.2。

5. 答案：A

解析：25.30 品目注释第四款项："本组主要包括：……（九）破碎陶器、破碎砖块及破碎混凝土块。"；又见于第六十九章总注释："本章不包括：

(一) 破碎陶瓷及破碎砖块（品目 25.30）。"

    6. 答案：B

    解析：品目 70.18 包括除仿首饰之外的玻璃仿宝石装饰品。

    7. 答案：C

    解析：回形针属于一种品目 83.05 所列的"夹"。

    8. 答案：C

    解析：85.01 品目注释："本品目也不包括：（一）装有电动机的滚筒或滚轴，适用于带式或辊式运输机（品目 84.31）。"

    9. 答案：D

    解析：87.06 品目注释："本品目也不包括：……（二）未装有发动机的机动车底盘，不论是否装有各种机械零件（品目 87.08）。"

    10. 答案：B

    解析：90.27 品目注释："本品目不包括：……（五）X 射线等设备（品目 90.22）。"，该商品应作为 X 射线应用设备归入品目 90.22。

（二）多项选择题

    1. 答案：ABD

    解析：选项 ABD 见于总规则三注释第四款的例举；选项 C 的谷物分选机列于品目 84.37，不符合品目 84.38 和 84.79 所称"本章其他品目未列名"，因此不存在按总规则三（一）比较列名具体程度的过程。

    2. 答案：AD

    解析：第三章所允许的加工程度见于该章总注释。一般来讲，该章不包括经烹煮或未按该章规定方法制作或保藏的产品，但在熏制前或熏制过程中烹煮了的熏鱼及熏制的甲壳动物、软体动物或其他水生无脊椎动物，以及蒸过或用水煮过的带壳甲壳动物，以及用烹煮过的鱼、甲壳动物、软体动物或其他水生无脊椎动物制得的细粉、粗粉及团粒仍可归入第三章的有关品目。

    3. 答案：ABD

    解析：第二十六章章注二："品目 26.01 至 26.17 所称'矿砂'，是指冶金工业中提炼汞、品目 28.44 的金属以及第十四类、第十五类金属的矿物，即使这些矿物不用于冶金工业，也包括在内……"；稀土金属矿砂应归入品目 25.30。

    4. 答案：ABD

解析：不同矿物蜡相互混合制得的蜡应归入品目27.12。

5. 答案：AD

解析：39.09品目注释第一款："本类树脂由胺或酰胺与醛（甲醛、糠醛等）缩聚而成。最重要的有尿素树脂（例如，脲甲醛）、硫脲树脂（例如，硫脲甲醛）、蜜胺树脂（例如，蜜胺甲醛）及苯胺树脂（例如，苯胺甲醛）。"；聚氨酯由多官能异氰酸酯与多羟基化合物反应生成；聚胺树脂（polyamine resin）应归入品目39.11。

6. 答案：ABD

解析：第十五类类注五（三）："本类所称'合金'，包括金属粉末的烧结混合物、熔化而得的不均匀紧密混合物（金属陶瓷除外）及金属间化合物。"

7. 答案：AB

解析：生铁及镜铁的颗粒和粉末应归入品目72.05。

8. 答案：AD

解析：第八十五章章注九（二）4："多元件集成电路（MCOs）：由一个或多个单片、混合或多芯片集成电路以及下列至少一个元件组成：硅基传感器、执行器、振荡器、谐振器或其组件所构成的组合体，或者具有品目85.32、85.33、85.41所列商品功能的元件，或品目85.04的电感器。"；选项B为品目85.04所列，但不是电感器，选项C为品目85.05所列，两者均不符合章注释关于多元件集成电路的规定。

9. 答案：ABCD

解析：85.06品目注释："本品目不包括：……（五）热电偶（例如，品目85.03、85.48、90.33）。"；90.32品目注释第二款："它们主要由以下装置构成：（一）测量装置（传感装置、转换器、电阻测温器探头、热电偶等）……如果不符合上述规定，这些装置应按以下规定进行归类：1. 电气测量装置一般归入品目90.25、90.26或90.30。"

10. 答案：CD

解析：97.06品目注释："本品目包括：……二、印刷业的产品：古版书（尤指十六世纪前的书）及其他书、乐谱、地图、版画（品目97.02的除外）……五、珠宝首饰。"；第九十七章章注四（二）："品目97.06不适用于可以归入本章其他各品目的物品。"，故选项A应归入品目97.01，选项B应归入品目97.03。

（三）判断题

1. 答案：错误

解析：总体而言，类注、章注和品目条文在各自的适用范围内具有相应的效力，除非某些条款存在诸如"除条文另有规定的以外"之规定，否则三者之间没有绝对的效力高低之分。

2. 答案：正确

解析：见于相关的子目注释。

3. 答案：错误

解析：环氧化动植物油应归入品目 15.18。

4. 答案：错误

解析：开菲尔酸乳酒是以乳为原料，添加开菲尔粒发酵剂，经发酵酿制而成的一种含酒精发酵乳饮料，应作为其他发酵的乳归入品目 04.03。

5. 答案：错误

解析：应为非芳族成分的重量必须超过芳族成分。

6. 答案：错误

解析：品目 44.13 所称"强化木"是指经过化学或物理方法处理，从而增加了密度或硬度并改善了机械强度、抗化学或抗电性能的木材；题干的强化木地板又称浸渍纸层压木质地板（laminate flooring），一般应按基板的属性归入相应品目（例如，品目 44.11）。

7. 答案：错误

解析：第十一类类注八（一）："第五十章至第五十五章和第六十章，以及除条文另有规定以外的第五十六章至第五十九章，不适用于上述注释七所规定的制成货品"。

8. 答案：错误

解析：第十六类类注五的原文为："上述各注释所称'机器'，是指第八十四章或第八十五章各品目所列的各种机器、设备、装置及器具。"，故该款对"机器"范围的限定仅适用于第十六类类注一至四，而不是整个协调制度。

9. 答案：错误

解析：87.01 品目注释："必须注意，装在拖拉机上作为可互换工具的农业机械（犁、耙、锄等），即使在报验时已经装在拖拉机上，仍应归入其相应品目，而拖拉机本身则应归入本品目。"

10. 答案：正确

解析：94.03品目注释："本品目包括下列用途的家具：……六、实验室或技术室用的家具。例如，显微镜台、实验室工作台（不论是否装有玻璃箱、气体喷嘴、龙头装置等）、排烟橱、无绘图仪器的绘图台。"

参 考 文 献

1. 海关总署关税征管司. 中华人民共和国进出口税则［M］. 中国海关出版社，2019.
2. 进出口税则对照使用手册编写组. 进出口税则对照使用手册［M］. 中国海关出版社，2019.
3. 海关总署关税征管司. 进出口税则商品及品目注释［M］. 中国海关出版社，2017.
4. 海关总署关税征管司. 2012年版进出口税则商品及品目注释［M］. 中国海关出版社，2012.
5. 海关总署关税征管司. 中华人民共和国进出口税则本国子目注释［M］. 中国海关出版社，2013.
6. 海关总署关税征管司. 中华人民共和国海关总署商品归类决定汇编（世界海关组织1988—2000年归类决定）［M］. 中国海关出版社，2006.
7. WORLD CUSTOMS ORGANIZATION. Harmonized Commodity Description and Coding System EXPLANATORY NOTES sixth edition (2017). World Customs Organization, 2016.
8. 美国梅里亚姆-韦伯斯特公司. 韦氏大学英语词典［M］. 中国大百科全书出版社，2014.
9. 机械工程手册电机工程手册编辑委员会. 机械工程手册（第二版）［M］. 机械工业出版社，1997.
10. 王同亿. 现代科学技术词典［M］. 上海科学技术出版社，1980.
11. 仓理. 涂料工艺（第二版）［M］. 化学工业出版社，2010.
12. 王国全，王秀芬. 聚合物改性［M］. 中国轻工业出版社，2000.
13. 林明智，等. 双色图解挖掘机操作工一本通［M］. 机械工业出版社，2014.
14. 张蓓莉. 系统宝石学（第二版）［M］. 地质出版社，2006.
15. 许渊冲. 翻译的艺术［M］. 五洲传播出版社，2018.

16. 苏·汤普金斯.当代占星研究［M］.胡因梦译.云南人民出版社,2012.

17. ISO 527.1-2012 塑料 拉伸性能的测定［S］.

18. ISO 4618-2014 色漆及清漆 术语和定义［S］.

19. CODEX STAN 243-2003 发酵乳［S］.

20. ASTM D 3960-2005（2013）涂料及相关涂层中挥发性有机化合物含量测定的标准实施规程［S］.

21. DIN 55649-2001 涂料和清漆 水稀释乳胶涂料中挥发性有机化合物含量的测定［S］.

22. GB/T 271-2017 滚动轴承 分类［S］.

23. GB/T 2035-2008 塑料术语及其定义［S］.

24. GB 2760-2014 食品安全国家标准 食品添加剂使用标准［S］.

25. GB/T 2900.18-2008 电工术语 低压电器［S］.

26. GB 4789.35-2016 食品安全国家标准 食品微生物学检验 乳酸菌检验［S］.

27. GB/T 5206-2015 色漆和清漆 术语和定义［S］.

28. GB/T 6477-2008 金属切削机床 术语［S］.

29. GB/T 7024-2008 电梯、自动扶梯、自动人行道术语［S］.

30. GB 7718-2011 食品安全国家标准 预包装食品标签通则［S］.

31. GB/T 8845-2017 模具 术语［S］.

32. GB/T 10789-2015 饮料通则［S］.

33. GB/T 18102-2007 浸渍纸层压木质地板［S］.

34. GB 13122-2016 食品安全国家标准 谷物加工卫生规范［S］.

35. GB/T 15962-2008 油墨术语［S］.

36. GB/T 16552-2017 珠宝玉石 名称［S］.

37. GB/T 16552-2010 珠宝玉石 名称［S］.

38. GB 16740-2014 食品安全国家标准 保健食品［S］.

39. GB/T 17204-2008 饮料酒分类［S］.

40. GB 18582-2008 室内装饰装修材料内墙涂料中有害物质限量［S］.

41. GB 19302-2010 食品安全国家标准 发酵乳［S］.

42. GB 19644-2010 食品安全国家标准 乳粉［S］.

43. GB/T 19855-2015 月饼［S］.

44. GB 25596-2010 食品安全国家标准　特殊医学用途婴儿配方食品通则［S］.

45. GB/T 30029-2013 自动引导车（AGV）设计通则［S］.

46. GB/T 30030-2013 自动引导车（AGV）术语［S］.

47. GB 30616-2014 食品安全国家标准　食品用香精［S］.

48. GB/T 30766-2014 茶叶分类［S］.

49. JB/T 7973-1999 正弦规［S］.

50. JB/T 10238-2017 滚动轴承 汽车轮毂轴承单元［S］.

51. www.customs.gov.cn.

52. www.wcoomd.org.

53. rulings.cbp.gov.

54. en.wikipedia.org.

图书在版编目(CIP)数据

商品归类精要/陈征科著. —上海:复旦大学出版社,2019.7(2020.8 重印)
ISBN 978-7-309-14352-2

Ⅰ.①商… Ⅱ.①陈… Ⅲ.①商品管理 Ⅳ.①F760.4

中国版本图书馆 CIP 数据核字(2019)第 097129 号

商品归类精要
陈征科　著
责任编辑/戚雅斯

复旦大学出版社有限公司出版发行
上海市国权路 579 号　邮编:200433
网址: fupnet@fudanpress.com　http://www.fudanpress.com
门市零售: 86-21-65102580　团体订购: 86-21-65104505
外埠邮购: 86-21-65642846　出版部电话: 86-21-65642845
上海春秋印刷厂

开本 787×1092　1/16　印张 24　字数 384 千
2020 年 8 月第 1 版第 3 次印刷

ISBN 978-7-309-14352-2/F·2575
定价: 56.00 元

如有印装质量问题,请向复旦大学出版社有限公司出版部调换。
版权所有　侵权必究